JN285618

江戸の真実

別冊宝島編集部 編

宝島社
文　庫

宝島社

江戸の真実

【イントロダクション】

未知なる江戸へようこそ！——あの時代がたまらなく面白いのはなぜか

一、江戸の「粋」にはうんざりだ！

これは江戸時代の「粋」やら「遊び」やらを紹介する本ではない。通常江戸を評価するときのそんな見方はここには登場しない。華麗で美しい江戸をことさらもちあげるのは江戸をつまらなくするだけのこと。そんなことはどうでもよい。

江戸という時代をめぐって流布している表層的な言葉を拭い去ることからはじめなければならない。たとえば、泰平の世・江戸、封建社会という不自由な時代、絶対男優位の社会だとかといった時代理解がそれだ。われわれの脳ミソにこびりついているステレオタイプ化された江戸像を洗い流す必要がある。そして虚心に江戸時代をつぶさに見ていくと、われわれの常識をくつがえす事実はいくらでもある。日本の歴史のなかで、とほうもなく豊かで、すさまじくエネルギッシュで、きわめて特異な江戸という時代空間を見つけ、私たちは驚かされるだろう。

二、「道理」がわからないと江戸はわからない!

確かに江戸は身分制社会であり、身分的な位階秩序は歴然としていた。だが、身分制度であったとしても、江戸時代には自由がなかったとか、人びとが没個性的だったとは言えない。そもそも自由やら個人とかといった概念は、明治の近代化=西洋化に伴って輸入されたものであって、近代性の価値尺度で先行する時代を裁断すること自体がすでに偏っている。身分制度によって拘束されるということは、それぞれの人間に規範を与えられていたということである。とくに武家社会に言えることだが、武士はそれぞれ自分の生き方をシステムによって定められていたといってもよい。これはある意味で、上下の契約関係によって武士には、自分にふさわしい生き方ができるという道理(あるいは領分)が約束されていたということでもある。だから、道理を破る、道理を守る、道理をつぶされる……道理をめぐって江戸の社会はせめぎあう。これは非常にスリリングな世界だった。そこに、江戸人の強烈で赤裸々な〝個性〟を見ることができるから。

三、江戸は思いっきり猥褻である!

江戸は〝愛〟ではなく、〝情〟の世界だった。情の世界とは精神的にも肉体的にも〝絆〟を大事にする社会である。その意味では、現代よりずいぶんと健康的な性生活を送っていた。性的抑圧などなかったし、フロイトの精神分析が生まれる余地もなかった。男は女を求め、女は男を求め、男は男を求め、性的欲望は人間以外にも及んでいた。情の世界を求めた江戸人はいろいろな分野において独創的なスタイルを生み出していく。たとえば、春画がそうなのだが、江戸人の「猥褻」なるものへの欲求はひめやかで、おおらかで、私たちはほとんど羨ましくなってしまうだろう。

四、江戸はしょせん江戸!?

江戸二百六十年は庶民が主人公だった。なぜそんなに長く一つの時代が続いたかといえば、幕府が厳しく管理していたからではなく、庶民が居心地いいからそう求めたからにほかならない。いわば江戸時代の大半の人はいいかげんに生きていた。あるいは、着のみ着のままで生きてきた。江戸はほんとうは軽かったのだ。江戸がなんとなくおかしく思えるのは、江戸の庶民が処世術と猥雑なパワーをごく自然に結びつけることができていたからである。江戸の庶民の「江戸はしょせん江戸」の声が聞こえてきて、江戸を堅苦しく解釈する者を関節はずしする。

別冊宝島編集部

江戸の真実＊目次

イントロダクション　未知なる江戸へようこそ！　5

第一部　江戸のメンタリティ

琉球人行列　真栄平房昭　14
琉球を「異国」視する負の遺産

魂、世におどり出て――「たま」たちの来歴　坪田良江　26
善玉・悪玉、二つの顔をしたおかしなキャラクター

躍るテレメンテイコ　武田雅哉　45
草双紙に暗躍するフェイクとしての中国人

江戸っ子はなぜ富士にあこがれたのか？　加藤晃　69
不老不死の信仰「富士講」とは？

分裂する江戸の無意識　櫻井進　81
「北越雪譜」と「富嶽三十六景」と「八犬伝」の錯乱する視線

第二部　江戸という知のスタイル

宇田川榕菴、源内から若冲まで
図譜で見る江戸博物学入門　大場利康　100

江戸の廃棄物リサイクルシステムに愕然！
江戸になぜゴミ問題がなかったのか？　渡辺善次郎　120

子どもが退校処分にあったらどうしたか？
寺子屋の「あやまり役」　江森一郎　131

蘭方医学と西洋医学の熾烈な戦い
江戸医学の交代劇　小林昌廣　145

玩鷗先生が詠んだ江戸のガジェッド
江戸漢詩の楽しみ方　鈴木健一　160

自前の思考でひとり考えるということ
三浦梅園の立脚するところ　野崎守英　175

第三部　江戸の恋愛
美少年歌舞伎役者は芸も売ったが身も売った!?
花咲く江戸の美少年・愛の残酷美学　佐伯順子　190
艶やかで睦まじい男女の姿態に目を凝らせば…
色情のエチカ　川村邦光　211
師宣・春信・歌麿から読みとれる〝女の権力〟
振り向く女・江戸の恋愛権力　緒形康　244
元禄文化の深層によこたわるサブリミナルな性の世界
「浮世狂ひ」、この好色な魂　守屋毅　261
江戸の女は泣く泣く離縁されたのか?
三下り半の真相　高木侃　278
第四部　江戸の大衆社会

子供遊び　294
諸色値段　299
隠れ　303
蓑笠　305

狼女　307
鬼門に居座る遣り手　309
一二三五、壱五弐四　311
千住の酒合戦　313
喧嘩両成敗の法は天下の法なり　314
人生宇宙ノ間　316
笠森お仙　320
山王祭さはらばひやせ　321
四斗樽　323
Q、写楽トハ誰ナンダ？　325
屁臭　327
団十郎煎餅　329
仲蔵振り　330
お半長右衛門　332
付き馬の悲劇　334
浅ましく下れる姿　336
手練手管　337
奢りにいく　339
やぶ入り　341
敵討《かたきうち》　343
たいこもち　346
そこつ者　348
知ったかぶり　350
お血脈《けちみゃく》　352
Q、∧∧は何の意味？　354
上州無宿人与三郎の数奇な生涯　356

著者紹介　363

第一部

江戸のメンタリティ

琉球を「異国」視する負の遺産

琉球人行列《パレード》

真栄平房昭（近世史）

江戸幕府の外交

江戸時代の日本人にとって、「異国」とはどのようなイメージで歴史的に認識されたのだろうか。日本をとりまく東アジア世界の国際関係史という視点からこの問題を解いていく一つの方法的な試みとして、ここでは幕藩制国家と「琉球国」との外交関係をとりあげ、絵巻などの画像資料を援用しながら具体的に検討してみたい。

周知のように、近年の対外関係史研究ではヨーロッパ諸国との交渉を中心に描かれてきた従来の鎖国像への批判をふまえ、東アジア世界を媒介として「鎖国」の特質を解明する研究が進んでいる。これによって、幕藩制国家が神国意識を核とした、いわゆる「日本型華夷意識」を形成し、日本を中心に近隣地域の朝鮮・琉球を「通信の国」として、また中国・オランダを「通商の国」として位置づけていたことなどが明らかにされた（荒野泰典『近世日本と東アジア』東京大学出版会・一九八八年）。「通信」とは、いわゆる信義を通ずるという意味であり、幕府は朝鮮からの通信使派遣、琉球からの慶賀使・謝恩使の派遣を通して国交関係を結んでいた。

異国人との接触が限定されていた「鎖国」下において、朝鮮・琉球・オランダといった外国使節の来日は、一般の人びとの大きな関心を集めた。江戸幕府の東アジア通交体制の一環をなす琉球使節の来日は、朝鮮通信使の来日と並ぶ重要な外交儀礼であった。[注1] 多数の老若男女が興味深く見守るなかで、異国からの使節団は江戸までの長い道のりを

近世日本の国際関係図

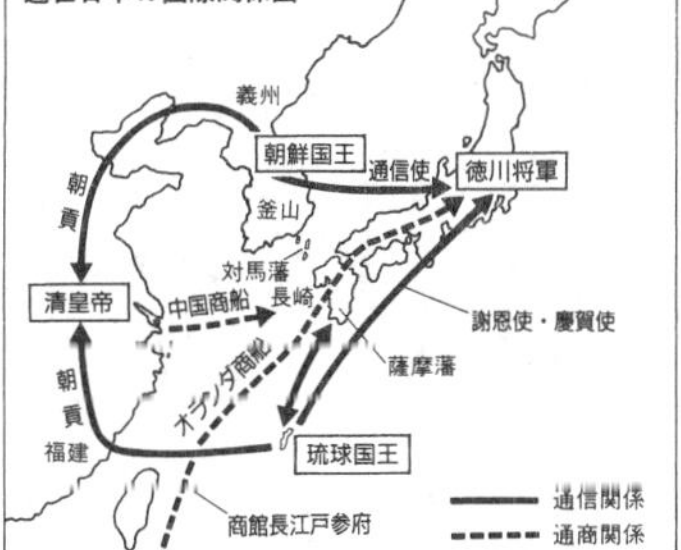

注1　真栄平房昭「幕藩制国家の外交儀礼と琉球」（『歴史学研究』六二〇号）

何カ月もかけて往還した。では、このような異国との外交形態を制度化した幕府のねらいは何だったのか。
ひと言でいえば、それは幕府権力および将軍権威の高揚をはかるためであった。つまり、徳川将軍への聘礼のため来日した異国使節団の華々しい行列を「国民」に見せることによって、幕府権力はその「御威光」を誇示し、その政治的権威の高揚と国家意識の覚醒をうながしたのである。幕藩制国家は自らを世界の中心（中華）として位置づけ、ヨーロッパを含む他の諸国を野蛮な従属国（夷狄）とみなす「日本型華夷意識」を形成していた。こうした中華思想の日本版ともいうべき幕藩制国家の異国観（対外意識）のなかに、日本の従属国という構図で組み込まれていた琉球使節は、江戸幕府にとっては国内支配における「御威光」強化という機能をもっていた。また、薩摩藩にとっては幕府権力を背景とした琉球支配の安定、琉球にとっては幕藩体制下における異国体制の維持（王国の存続）、という三者の複合関係から成り立っていた。こうした琉球使節の実態について、次に具体的に見ていこう。

琉球使節の江戸上り年表

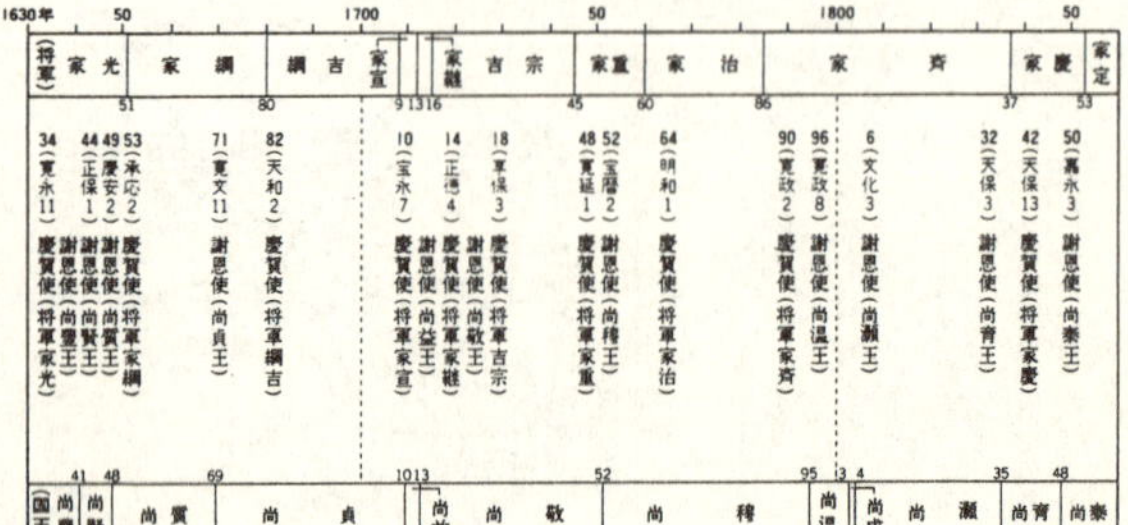

（『沖縄歴史地図』歴史編、柏書房・一九八三年）

琉球使節の江戸上り

琉球使節の派遣は、一般に「江戸上り」と呼ばれており、近世期を通じて来日した回数は十八回で、朝鮮通信使の十二回よりも多い。

東アジア世界において中世まで独自の国家を形成していた琉球が、幕藩制国家と従属的な外交関係を持つようになった歴史的契機は、慶長十四年（一六〇九）の島津氏による琉球侵略だった。島津氏の虜となった琉球国中山王尚寧は、翌年に徳川将軍への「服属儀礼」を行ない、帰国を許された。その後、若干の経緯をへて、徳川将軍が新しく即位するたびに琉球国王は幕府に慶賀使を派遣し、また琉球国王の代替わり時にも謝恩使を派遣するというかたちで「江戸上り」制度が確立し、これが幕藩制解体期の嘉永三年（一八五〇）までつづいた。

江戸上りの旅程は、一般に琉球から薩摩を経て九州西海岸沿いに船で北上し、下関から瀬戸内海に入り、大坂湾口から淀川を船で京都伏見までさかのぼる。さらに伏見から

図1　『琉球入貢紀略』（嘉永三年）

陸路で大津を経て東海道を東へすすみ、名古屋を経て江戸に至るというコースが多かった。幕府は、琉球使節の送迎・接待を諸大名に軍役として義務づけ、朝鮮通信使の迎接に準じて農村には国役金や継立人馬などの負担を課した。

　琉球使節団には、外交関係者のほかに「楽師」の率いる儀仗音楽隊が必ず随行し、「路次楽」と呼ばれる中国風の音楽を奏しながら、沿道の宿場を華やかにパレードした。琉球使節が大坂から伏見まで淀川をさかのぼる華やかな船行列には、多数の群衆が河の両岸に馳せ集まり、「見物」するための桟敷が設けられるほどの人気だった。幕府はとくに御触れを出して、群衆が琉使の通行を見物する際には、塀から外へ出てはならぬと命じ、また「指さし」や「高笑い」など、幕府の体面を損なう不作法な行為をきびしく禁止した。

　異国風の服装をした使節は、珍しい音楽を奏でながら東海道筋の宿場町を練り歩き、その姿に沿道に群がった民衆から熱い好奇の視線が注がれた。琉球使節に限らず、外国使節の往来には、音楽の演奏が関心を集めた。永積洋子氏

注2　永積洋子『近世初期の外交』（創文社）
注3　横山學『琉球国使節渡来の研究』（吉川弘文館）

図2　狩野春湖『琉球国両使登城之行列絵巻』（『秘蔵浮世絵大観1　大英博物館1』講談社）

の研究によれば、ポルトガル使節も赤いビロード服を着た黒人を従え、鳴り物入りで町中を行進したという。[注2]民衆の素朴な好奇心をできるだけ強くひきつけるためには、異国風俗を強調した「見世物」的な要素が有効性を発揮した。珍しい「異国使節」の行列をひとめ見ようと、沿道には多数の人びとが集まった。こうした民衆の素朴な好奇心を巧みに利用して、幕藩領主はその権威を誇示したのである。

琉球使節が江戸に到着する前から、すでに街道筋の町々では「琉球人行列図」などが売り出され、使節団への関心がたいへんな盛り上がりを見せていた。たとえば、使節が通行する沿道では、町中が総出で家々の屋根をふきかえ、瓦を磨くなど、その迎接準備に動員されたという（『琉球画誌』）。また、尾張の寺祭りでは、琉球人行列を模した人形なども作られて人気を呼んでいた（『名陽見聞図会』）。江戸時代において「琉球」に題材を求めた書物は、琉球使節の渡来年度に集中的に刊行されており、こうした琉球物刊本の種類は、およそ九十件余りに及ぶという。[注3]こうして、琉球使節の江戸上り時には一種の「琉球ブーム」が沸き起

こり、「琉球人行列図」や読本類が多く刊行され、飛ぶように売れた（図1）。

大祭をしのいだ沿道の壮観さ

江戸の琉球ブームの様相について自らの見聞を詳しく記した平戸藩主松浦静山の『保辰琉聘録』によれば、琉球使節が通行する沿道では「見物」のために桟敷が組まれ、酒・肴を持った人びとが朝早くから町家に陣取り、使節の到来を待ち受けていた。上野広小路の界隈では賑やかな笛・太鼓の音が聞こえ、大神楽が舞い、角兵衛獅子なども行き交うなど、お祭りムードに酔った群衆の喧騒につつまれていたという。松浦自身の観察に、「見物の人群居して、球人の至るを竢《ま》つ体なり」とあり、「殊に壮観なること、恒例の山王・神田祭より、増るとも劣るべからず」と記されている。

山王祭とは、江戸城の祭神でもあった日枝神社（千代田区永田町）の大祭であり、神田明神祭といえば江戸っ子の

図3『琉球人入朝図引』

血が騒ぐ伝統祭礼として有名で、ともに江戸の三大祭に数えられる。琉球使節を迎える沿道の壮観さはそれらの大祭をしのぐというのだから、人びとの熱狂ぶりがいかに大きかったかが想像されるだろう。

天保三年（一八三二）の琉球使節を「見物」した好奇心旺盛な江戸っ子たちのなかには、かの有名な作家滝沢馬琴もまじっていた。馬琴の日記によると、前日から行列見物の桟敷を予約した馬琴は、閏十一月九日家族一同とともに、「早昼飯ニて出宅」し、琉球使節が上野寛永寺に参詣して帰る途中の行列風景を見物している。

琉球使節の絵巻資料

江戸時代に渡来した外国使節の実態を知るうえで重要な史料として、絵巻類が残されている。琉球使節の江戸上りを描いた絵画は朝鮮使節のそれに比べて現存作品の数はきわめて少ないが、これまでに知られている絵巻類をいくつか紹介すると、まず「宝永七年庚寅十一月十八日琉球国両

使登城之行列絵巻」という華麗な作品がある（図2）。これは大英博物館アンダーソンコレクションのなかから発見されたもので、琉球使節研究の第一人者である横山學氏の鑑定によって、狩野春湖の作品と判明した。かれは新井白石とも近い関係にあった狩野派の御用絵師で、現存作品として「詩経図」（宮内庁書陵部蔵）がある。宝永七年の琉球使節を描いた絵巻は、大英博物館蔵品のほかに、ハワイ大学図書館所蔵「宝永七年寅十一月十八日琉球中山王両使者登城行列」、内閣文庫所蔵品など現在三件が確認されているが、絵画的な描写力では大英博物館のものがもっとも優れているとされる。

他の時代の作品には、東京の太田記念美術館蔵「琉球人来貢図巻」（文化三年・安藤広重筆という説がある）、内閣文庫所蔵「琉球人来朝図」、沖縄の高倉幸次郎氏旧蔵「琉球人入朝図引」（寛政二年・石里洞秀筆）などが挙げられる。

これらの絵巻類は、ビジュアルな歴史像を具体的に喚起してくれる貴重な資料であるばかりでなく、美術作品としての価値も高い。

次に福岡黒田藩の御用絵師・石里洞秀の筆になる「琉球人入朝図引」（図3）を見よう。琉球絵巻の優品の一つであるこの美麗な作品は、寛政二年（一七九〇）に渡来した琉球使節の江戸上りを描いたものと推定されており、タテ三七・二センチメートルの絹本に極彩色で描かれ、ヨコ一四メートル余りに及ぶ長大な絵巻である。以下、この琉球使行列絵巻に描かれた画像情報をできるだけ具体的に読みとっていくことにしたい。

まず行列の先頭部を見ると、騎馬姿の「儀衛正」および従者数名が描かれ、さらに赤色の大きな傘を肩にかついだ官人や、長筒を持った「火矢人」（筒花火師）らが続き、その後には、大きな字で「金鞁」と書いた四角い二本の旗を持って行進する人物が描かれている。そして、いかにも中国風の銅鑼や長いラッパを吹き鳴らす楽隊が十人ばかり後に続く。

また、「虎」を描いた四角い二本の旗を持った人物も眼につく。この虎の旗印は、琉球使節に特徴的なモチーフである。朝鮮使節の旗印は、三つ巴印や蝙蝠《コウモリ》などに似た別の

図4　『琉球人来朝図』（天保二年の錦絵・ハワイ大学図書館蔵）

動物モチーフが一般的である（ロナルド・トビ「近世日本の庶民文化に現われる朝鮮通信使像―世俗・宗教上の表現―」『韓』110号、参照）。国によって、それぞれ異なる動物シンボルがあったとすれば興味深い。

琉球使節団の正使は、十数人の肩に担がれた四角い御輿のようなものに乗っているが、その顔は隠れて見えない。屋根の部分を鶴の文様で飾った御輿の周りには、赤い冠をかぶった数名の官人らが立っている。赤い大きな飾り傘は、「涼傘《りやんさん》」という儀礼用の道具である。

飛ぶように売れた「琉人行列図」

江戸における琉球ブームに便乗してひともうけを企てる商人たちがいた。平戸藩主松浦静山の『保辰琉聘録』（天保三年）によれば、薩摩藩邸に出入りする御用商人が「琉人行列図」という瓦版風の摺りものを大々的に売り出した。その際、藩に金百余両の上納金を納める代わりに版行権を認可され、行列図の販売価格は墨刷りの単色版が一枚三十

図5 『琉人行列図』

六文、彩色版が五十文だったという。琉球や朝鮮使節が来日した際には、こうした行列図などが市中に数多く出回り、飛ぶように売れたらしい（図4）。

次の図5は、天保三年に江戸で売り出された琉球人行列図の一具体例である。版元は、上野広小路の平野屋助三郎と芝松本町の大木屋平右衛門、画工の名は歌川国芳と書かれている。こうした異国人の画像は、海外渡航がきびしく制限された江戸時代の人びとにとって、「異国」のイメージを具体的に喚起する画像メディアとして、庶民の好奇心と想像力をおおいに刺激し、その対外認識を形成する重要な契機となったことは言うまでもない。それはまた、幕藩権力によって故意に歪められた琉球の「異国」イメージが人びとのあいだに浸透していく結果をもたらした。

以上のように、江戸時代において蓄積された「異国」としての琉球認識は、近現代に至るまで負の遺産として持ち越され、琉球（沖縄）をことさらに異国視する「偏見」の歴史的要因となったのである。

善玉・悪玉、二つの顔をしたおかしなキャラクター

魂、世におどり出て――「たま」たちの来歴

坪田良江（近世文学）

とうざい〳〵。高ふひかへましたる上ならず、裸にて失礼のだん、御ようしゃ下されませう……。

と、こんな調子でへりくだって口上を述べる姿を、まずはごらんいただこう（図1）。円形の頭部に、「善」の文字。それがそのまま顔になっている。首から下は、半身裸形の人の姿である。「悪」の文字の顔を持つ者もいる（図2）。彼らの名を、それぞれ「善玉《ぜんだま》」・「悪玉《あくだま》」という。現代でも、善人と悪人とを同様に呼ぶことがあるが、そのもとになっ

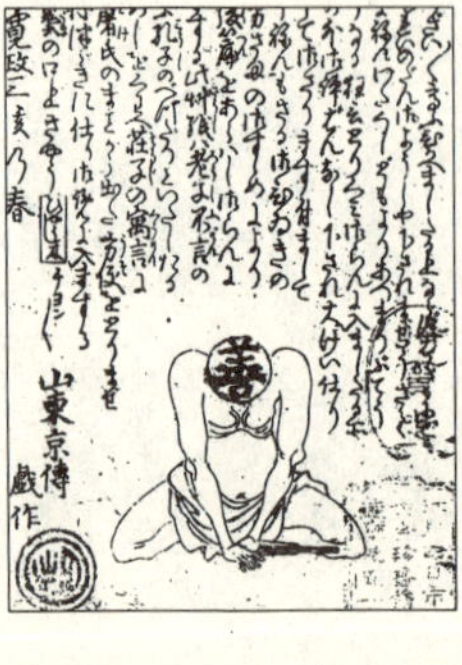

図1　丸い頭に文字の顔。愛想良く口上を述べる善玉の姿。山東京伝画作『人間一生胸算用』（寛政三年）

た名称であると思ってよい。ただし、彼らの実体は、人間ではない。

魂は踊る

これら善玉・悪玉が最初に登場したのは、江戸の天才戯作者・山東京伝《さんとうきょうでん》の手になる黄表紙『心学早染草《しんがくはやそめくさ》』（寛政二、一七九〇）のなかでだった。時は、松平定信の改革の嵐、真っただ中。その改革のあおりをまともにくらい、滑稽至上主義の黄表紙も、内容を少々辛気くさい方向へ転換する必要が生じていた。そういった時代の要求をいち早く察知した京伝が、当時のトピックでもあった「心学」――儒教色の濃い町人の学――をとり入れ、作り上げた新しいタイプの黄表紙、それが『心学早染草』である。そして、彼らが、「玉《たま》」と呼ばれるのは、実は後のことで、この初登場の黄表紙では、「善《よ》き魂《たましい》」・「悪魂《わるだましい》」などと記されている。

彼らの正体は、目に見えないはずの「魂」なのだ。

いま、ここで『心学早染草』の筋を簡単に追ってみよう。

図2　悪玉。人は外見で判断できないが、彼らの性格は顔を見れば一目瞭然。表情も、善玉に比べて何となく小憎らしげに見えるから不思議。京伝作・北尾政美画『心学早染草』（寛政二年）

——ある有徳な商人の妻が産んだ子どもの体を悪魂がねらう。その時、父商人の心がけに感じ入った天帝は悪魂をはばみ、代わりに善魂を入れてやる。善魂がついたその子は理太郎《りたろう》と名づけられ、利発で評判のよい息子に成長する。十八歳になったある日、善魂が油断したすきに、理太郎の体は悪魂にのっとられ、その時を境に理太郎の放蕩が始まってしまう。悪の道に進ませようとたくらむ悪魂と、何としてもそれをどどめようとする善魂との、理太郎の体のひっぱり合い。ついに理太郎は悪魂の住み家となり、とことん堕落してゆくが、盗賊にまで落ちた時、心学者の諭しをうけて、ようやく本心に立ち返る。一方、見えないところでは、同時に悪魂が善魂に駆逐され、めでたし、めでたしの幕。

「画草紙《えぞうし》は、理屈臭きを嫌ふといへども、その理屈臭きをもて一《ひ》ト趣向となし……」と、京伝は序に言う。それが開き直りに聞こえるほどに、この内容の重苦しさは否定できないだろう。その重苦しさのなか、しかし、悪玉たちは嬉々として踊り狂っているのである。

図3　ポンペイ壁画のエロスとプシュケ図像。プシュケは蝶の羽をもつ少女の姿に描かれる。この趣の差は大きい

図4　善玉・悪玉のモデルとされた「天道」様。丸い頭部は似ているが…。朋誠堂喜三二作・京伝画『天道大福帳』(天明六年)

それにしても、この魂の姿は、どのように考案されたのだろうか。たとえば、ギリシア神話に現われるプシュケも、やはり霊魂を擬人化したものと言われるが、その姿は蝶の羽をもつ少女として描かれる（図3）。しかし、この善玉・悪玉の姿はといえば、丸い頭に文字の顔、と露骨なまでに明瞭な方法で具象化されている。この趣の差異は大きい。なぜ、魂がこのような姿をしていなければならないのだろうか。

この問題について、黄表紙の先行作品中にそのモデルを探そうとする試みがなされており、現在もそれが通説になっているようだ。そのモデルとして候補に挙げられたものの一つは、朋誠堂喜三二《ほうせいどうきさんじ》作、北尾政演《まさのぶ》（京伝の画号）画『天道大福帳《てんどうだいふくちょう》』（天明六、一七八六）の「天道」の姿だった（図4）。そして、また、京伝作、政演画『天慶和句文《てんけいわくもん》』（天明四、一七八四）のなかに登場する「よばひ星」（図5）もそのモデルと考えられた。

確かに似ているかもしれない。しかし、魂の姿を解釈するには、先行作品を見るついでに、もう少し全般的に黄表

図5　やはりモデル候補となった「よばひ星」（右端）。両肌ぬぎの姿け似ているが…。京伝作・北尾政演（京伝）画『天慶和句文』（天明四年）

紙の絵について考えてみてもよいだろう。

魂の擬人化

まず、黄表紙においては、人以外にも動物、植物、はては器物に至るまで、さまざまなものたちが活躍するため、それらのほとんどが、より動きやすいように、より視覚的な効果をあげるように「擬人化」されていることに気づく。それも西洋の寓意画や前述のプシュケ図像のように、それだけではもとの形がわからない姿ではない。もっと即物的な方法で表現されている。もちろん、それは古今東西を問わず、黄表紙にかぎらずありつづけている発想でもあるのだが、黄表紙が「何をかくか」（内容）よりもむしろ、「どうかくか」（表現）を重視する傾向にあったという点にも注意しなければならない。ひと口に擬人化といっても、そこには多様な描かれ方が認められるのである。そして、善玉・悪玉が魂であるとわかっている、つまり「何をかくか」の部分がわかっている以上、「どうかくか」について考えなければならない。したがって、それ以前に実際になされた擬人化の方法を問題にすることなく、先行作品中から似たものを探し求める、というアプローチはあまり意味をなさないように思われる。そこで、黄表紙の絵の擬人化のパターンを整理・分類して、〈表〉にまとめてみた（32頁）。

次に、善玉・悪玉以前、黄表紙中で魂がどのように描かれていたかを見てみよう。見立て、あるいは戯作的発想ということばをもち出すまでもなく、太古から「たましい」＝「玉」ととらえられてきたように、実際、『心学早染草』以前の黄表紙では、魂のほとんどが玉として描かれているのである（図6）。しかし、玉のままであっては、その活躍が表現しきれない。そこで身体、それも人間の身体が与えられる――擬人化される――ことになった。そのようにして出来上がったのが、善玉・悪玉の姿なのではなかろうか。その時、表の1―B・b型の擬人化のパターンが採用されたため、たとえば前述の「天道」と、結果的には似ている姿になったのである。これは、もはや「モデル」とは言えない。同じ球形のもの（魂・日輪）が、同じパターン

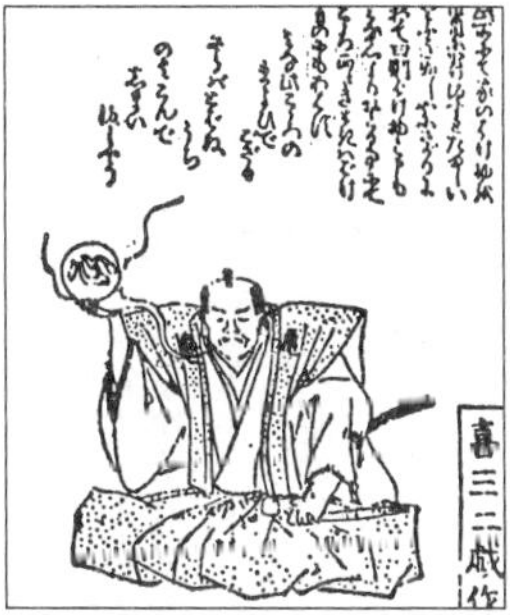

図6　「心」と書かれた球が魂。善玉・悪玉以前も、黄表紙に現われる魂け、たまの形に描かれていた。朋誠堂喜三二作・北尾重政画『亀山人家妖』（天明七年）

で擬人化された、他人のそら似にすぎない。

　魂を表わす玉をアタマにした、一見新奇な善玉・悪玉の姿は、実は基本的には忠実に黄表紙の絵の方法に則っているのだ。しかし、そのなかに新しさや巧妙さを求めるならば、目に見えないものをさらに擬人化して表現した点、そして、その性質《キャラクター》である「善」・「悪」の区別を、漢字《キャラクター》をもって顔として表現した点にあると言えるだろう。

　ともあれ、京伝の善玉・悪玉は、変なモノ・楽しいモノを見逃さない江戸人たちの大きな目玉を釘づけにした。本来拒絶されるはずだった理屈くさい内容をもった黄表紙がうけ入れられたのも、彼らの、とりわけ、悪玉の踊る姿が大好評だったためと言ってよい。そして、この魂たちは超人気キャラクターとして、以後ますます堅苦しい内容を持つようになってゆく黄表紙に、しばしば登場する。あるいは、黄表紙という枠組みを越えて出現するようにすらなっていく。これほどまでに長寿を誇った黄表紙出身の人気キャラクターは珍しい。

黄表紙の絵に現われる擬人化の方法

1. A. 着グルミ型
   B. マスク型
   - a. 頭部—頭部対応
   - b. 頭部—全体対応
2. 学芸会型
   A. 文字
   B. 絵
3. 紋型
   A. 文字
   B. 絵
4. その他

1—Aは中に人の入るぬいぐるみ（着グルミ）の形で描かれるもの。動物、とくに哺乳類が多い。1—Bは人が頭部にすっぽりとマスクを被った形で描かれるもので、a.人の頭部のかわりにそのものの頭部がのっている形のもの。b.人の頭部のかわりにそのものの全体がのっている形のもの。2.学芸会型は、人の額や頭にそれを表わすA.文字やB.絵が貼りつけられた、学芸会の扮装を思わせるもの。3.紋型は、着物の袖部などに、紋や柄のごとく、A.文字、もしくはB.絵を描いての表わし方。多くは他様式と併用され、人間にも（人物名を表わす）用いられる。4.以上のバリエーション

1―A着グルミ型(左端の猫)

1―B・aマスク型(頭部―頭部対応)

1―B・bマスク型(頭部―全体対応)

2―A学芸会型

2―B学芸会型

3―A紋型

3―B紋型

4その他

増殖――「性質《キャラクター》」を失うキャラクターたち

彼らの人気がどれほどのものであったかを、しばし追ってみたい。

「是《これ》からは、おいらが世界だ」――奇《く》しくも京伝が、『心学早染草』のなかで悪玉にそう言わせたように、寛政二年以後、黄表紙には彼らがわがもの顔で跳梁するのだが、実は、その事態を当の京伝はあまり望んではいなかったらしいことを付け加えておこう。翌年には『心学早染草』の続篇『人間一生胸算用《にんげんいっしょうむなざんよう》』が、そして、寛政五年（一七九三）には第三篇『堪忍袋緒〆善玉《かんにんぶくろおじめのぜんだま》』が出版された。このどちらも、自分自身の意志ではなく、あくまでも板元・蔦《つた》屋の要請によってしぶしぶ作ったものであると、京伝はあらかじめ作中に記しているのである。

これを信用するに足りない一種の戯作者のポーズと判断されるかもしれない。しかし、寛政七、八年の頃のことを記したと思われる、京山（京伝の実弟）の言によれば、「悪」の字を大書した「悪玉提灯《ちょうちん》」なるものを持つ悪童ど

大江戸めもらんだむ
江戸城築城

江戸城は近世築城術の始祖・太田道灌によって康正二年（一四五六）にはじめてつくられたが、本格的に工事が始まるのは天正十八年（一五九〇）の家康入城からである。その時、いちおう城の体裁は整えていたが、城のまわりには葦が茂り、武蔵野の原野がひろがり、まだ城下町と言えるものではなかった。

しかし、慶長八年（一六〇三）から始まる市街地の大改修と同九年から始まる江戸城大改築によって、江戸は日本一の都市へと生まれかわる。このときの工事は世に〝天下普請〟と言われ、全国の大名とくに豊臣系の有力大名に割り当てられ、千石夫と言って、大名の石高千石に百人の割合で人夫を出させるというものだった。

この工事はひとまず寛永十三年（一六三六）に完了するが、これによって家康は諸大名の将軍家への服従心を植えつけ、同時に参勤交代制、妻子在府制によって

もが、毎晩本所あたりを群行するという事件が起こったらしい。そして、それを為政者側が咎めたため、それまでにも筆禍事件を経験してきた京伝が、影響をおそれ、『心学早染草』の再刻板の出版を許さなかった、という。やはり、この善玉・悪玉の流行はむしろ創作者京伝の手を離れたものだったと思う。

　とはいえ、意匠権や著作権などというものがありえなかった江戸時代のことである。京伝が何と言おうとも、他の戯作者が、絵師が、善玉・悪玉を踊らせつづけることはできた。作者不明（京伝作とする人が多いが）の『三枡太夫《さんしょうだゆう》七人娘《しちにんむすめ》』（寛政六、一七九四）、曲亭馬琴作で『心学早染草』の第四篇を標榜する『四遍摺心学草紙《しへんずりしんがくそうし》』（寛政八、一七九六）などがそれである。黄表紙ばかりではない。洒落本に、浮世絵に、双六に、舞踊にまで、この魂たちは登場するのである。だが、それらを見てゆく前に、今しばらく黄表紙におつきあい願おう。

　善玉・悪玉の正体が魂であることは、前述したとおりである。しかしながら、その表記が「善（悪）魂」から「善

幕府権力をゆるぎないものにしていくのである。

(悪)玉」へと変わってゆくと同時に、魂という機能を失い、魂以外の目に見えないものもまた、同様の姿、形で描かれるようになっていった。これはどういうことかといえば、「善」「悪」の文字の代わりに、たとえば「春」や「秋」といった、絵に表わしにくいものを顔として文字で記入することによって、擬人化することが可能になった、ということだ。逆に言えば、善玉・悪玉は、魂というその本来的な性質を失うかわりに大増殖を遂げることができたのである。その様子を、もっとも顕著な作品である、『四遍摺心学草紙』(図7)で見てみよう。ここに登場する玉たちは、吉《きち》だま・凶《きよう》だま・色《いろ》だま・生《しよう》(性)根《ね》だま・眼《め》だま・胆《きも》ったま・手《て》だま・欲《よく》だま・首《くび》ったま・替《か》えだま・慈《じ》だま・悲《ひ》だま・実《じつ》だま・薬《くす》だま・数珠《じゆず》だま。そして、同様の姿で描かれた心と、おなじみ善玉。「たま」のオンパレードなのだが、これらのいっきに増殖した「たま」たちの多くが、もはや魂ではない。ちなみに言うと、これと同様のことが、魂の産みの親でありながら悪玉を出ししぶっていた京伝の作品中にも起こっている。「日」「月」、「春」

図7　大噴出する「たま」たち。どれも善玉・悪玉と同様の姿形をしているが、もはや魂ではない、単なるモノとしての「玉」がまじっている。曲亭馬琴作・北尾重政画『四遍摺心学草紙』(寛政八年)

「秋」、「湿」「雨」などの、やはり魂ではない、たんに描きづらいものが同じ姿で描かれているのである。

画期的な魂の擬人化の方法は、この時、目に見えないものの全般を表わすための、安易な手段と化してしまったかにも思われる。彼らには、もうこれ以上の発展の可能性はなかったのだろうか。そして、黄表紙の衰退とともに、彼らの命もまた、尽きてしまったのだろうか。

玉たちの大噴出――そして『南総里見八犬伝』へ

善玉・悪玉の生誕地、黄表紙において、魂たちが単なる玉と化してゆく一方、流れ込んできた魂たちが、そのまま本来の機能を持ちつづけて生き永らえた場所もあった。

その一つが、歌舞伎舞踊『弥生《やよい》の花浅草祭《はなあさくさまつり》』として今に残る。漁師の浜成《はまなり》・武成《たけなり》という兄弟が、雲気とともに空から下った善玉・悪玉にみいられて（善・悪の面を被って）踊るところが見せ場である。資料には、天保三年（一八三二）三月、江戸中村座で初演とある。つまり、『心学早染草』の刊行から四十余年、黄表紙の終焉とされる文化三年（一八〇六）から約四半世紀、京伝の死から数えても十五年以上も経って、この歌舞伎舞踊が世に出た、ということになる。これは、浅草三社祭《あさくささんじゃまつり》の山車《だし》人形をヒントに舞踊化したものであるらしいが、人形などというと、なにやら京山の言う、あの「悪玉提灯」を想起させられるではないか。また、踊りについては、天保三年まで下らなくとも、その三年ほど前の文政十二年（一八二九）に刊行された『踊ひとり稽古《けいこ》』というテキストにはすでに、北斎画の「悪玉おどり」が紹介されている。

さらに、浮世絵のなかにも同様に、善玉・悪玉の登場するものがある（図8・9）。

これらの現象を、どのように解釈したらよいのだろうか。また、その際、図9の浮世絵は、その構図と推定刊年から判断して、黄表紙での流行に便乗したものと思われるため措いておくが、舞踊と図10の絵に関してはどうであろう。私には、まだ決定的な、そして明確な解答を示すことができない。しかしながら、黄表紙が次から次へと変化、流動

図8　浮世絵に登場した善玉・悪玉。吉原での遊興図である。客にとり憑きそそのかす悪玉。『心学早染草』の一場面を大判の彩色版画に直したような構図。鳥文斎栄之画『善玉・悪玉』（部分）

することを信条とし価値としていた一方、踊りや祭礼などは、ある程度形式を重んじる傾向がある場なのではないか、ということを指摘することはできる。そして、そういった場に取り入れられたキャラクターは固定化され、誰もが知っている、かなりポピュラーなものとして存在しつづけることができたのではないだろうか。戯作者が考えるほどには、巷《ちまた》の人びとは飽きっぽくはなかったのかもしれない。

「仁・義・礼・智・忠・信・孝・悌」の八つの珠

　話をもどそう。私はさきほど、本来的な機能を失って、玉となりはてた魂たちの姿について触れた。そして、その「玉化」には、馬琴が大きく関与していた、ということも述べた。その後、彼らはどうなったのだろうか。

　ここで、馬琴作の黄表紙『四遍摺心学草紙』の一シーンを、もう一度ごらんいただきたい（図7）。今さっき見たばかりの、歌川国芳画の浮世絵（図9）にそっくりなのだ。国芳がこの浮世絵作製にあたって、馬琴の黄表紙のこの一

図9　大噴出する善玉・悪玉。図7と酷似しながらも、『水滸伝』の爆発シーンに見立てられているのは面白い。一勇齋（歌川）国芳画『水滸伝ふくまのでんにて百八の星おはしらす見立　浦島太郎玉手箱をひらく』

場面を参考としたのか、偶然の類似なのかはわからない。

しかし、そういった影響関係よりも、この二つが趣向を同じくしながら、一方ではそれが『水滸伝』の冒頭の爆発シーンに見立てられている、ということが面白い。閉じこめられていた玉（魂《たま》）が、箱のフタを開けた瞬間、パンドラの箱よろしく大噴出する。その設定が、あれほど中国文学に造詣が深く、『高尾千字文《たかおせんじもん》』（寛政七、一七九五）などの『水滸伝』を翻案した読本を作り、それを意識しつづけていた馬琴の頭のなかで、同様の連想をひきおこしたとしても、まったく不思議ではない。

『四遍摺心学草紙』の中味を見てみよう。「このほか、（人間の身体の中には）煩悩《ぼんのう》の玉が百八あるが……」と語る登場人物がいる。擬人化され、「珠」の字が顔になった数珠玉が連なる。そして、仲間を増やした玉たちがいる。彼らは、さまざまな文字を顔として持っている。――これらの要素は収束され、イメージとして、私たちに何かを連想させはしないだろうか。そう、馬琴の読本『南総里見八犬伝』（文化十一～天保十二、一八一四～四一）の八犬士の珠だ。

(伏姫《ふせひめ》は)護身刀《まもりがたな》を引抜《ひきぬき》て、腹《はら》へぐさと突立《つきた》て、真一文《まいちもん》字《じ》に掻切給《かききりたま》へば、あやしむべし瘡口《きずぐち》より、一朶《いちだ》の白気《はくき》閃《ひらめ》き出《いで》、襟《えり》に掛《か》けさせ給《たま》ひたる、彼水晶《かのすいしよう》の珠数《ずゝ》をつゝみて虚空《なかぞら》に升《のぼ》ると見《み》えし、珠数は忽地《たちまち》弗断離《ふつとちぎ》れて、その一百《いつぴやく》は連《つら》ねしまゝに、地上《じぞう》へ戛《からり》と落《おち》とゞまり、空《そら》に遺《のこ》れる八《やつ》の珠《たま》は燦然《さんぜん》として光明《ひかり》をはなち、飛廻《とびめぐ》り入《い》り紊《みだ》れて赫奕《かくやく》たる光景《ありさま》は流《なが》るゝ星《ほし》に異ならず……。

この「仁・義・礼・智・忠・信・孝・悌」とそれぞれに彫りこまれた八つの珠は、「玉」であり、同時に、「魂《たま》」である。伏姫の体内から出た白気がそのまま八犬士たちに憑くのではない。わざわざ「玉」として彼らに持たれるのだ。そして、八犬士が珠の文字の表わす性質を具現化する。あるいは、珠の文字が八犬士の性格を規定していると言ってもよい。なぜ、珠として持たれなければならないのだろう。なぜ、珠には文字が記されているのか。

うわばみの珠(『椿説弓張月』)、馬の珠(『兎園小説』)……

大江戸めもらんだむ

江戸の交通問題

人口百万人と言われた江戸の交通体系は人は陸上を、物は水上をという理念のもとに組み立てられていた。ところが、消費経済が発展するにつれ、荷車（大八車）が物資運搬の担い手となって活躍するようになる。とくに元禄時代にはだいたい二千台あったらしいが、当時は道幅が狭く、過密度も増し、いろいろと問題が生じてきた。言うまでもなく違法駐車と交通事故である。

違法駐車に対して、幕府は宝永五年（一七〇八）にお触れを出すが、これは我が国で最初の駐車制限令と言われている。しかし、それでも増加する交通事故に業を煮やした幕府は、享保元年（一七一六）に日本の交通法規上画期的な法令を出す（御触書寛保集成）。今までは故意にやったことではないということで処罰されなかったが、これは死亡事故を起こした場合、当事者は最低でも流罪、場合によっては死罪に処すという厳しいものだった。

などなど、馬琴の著述・著作には、しばしば玉が現われる。どうやら馬琴は玉、それも動物の体内から出る玉がたいそう気に入っていたらしい。八犬士の珠も、それらと同様のものとしてとらえることができそうだ。それは否定しない。しかし、その数を増やし、それも、「魂《たま》」と「玉」との意味をもたせた馬琴のたまの扱い方を思うと、さらにまた、文字の記された玉が人物の性格を規定するということにこだわると、私には、どうしてもこの八犬士の珠が、善玉・悪玉から派生したものであるように思われてならないのだ。直接ではないとしても、少なくとも発想の基盤としては、同時代人にとってポピュラーなものでありつづけた、あの擬人化された魂たちの姿があったにちがいない。もちろん、八犬士の背後で、体のついた「仁」玉や「義」玉が踊っていては読本にはならない。この、文字のある玉を持つという行為こそは、文主体で、黄表紙に比べて滑稽味の少ない読本において、善玉・悪玉の仲間たちを表現したものだったのではないだろうか。

しぶとく生きる善玉と悪玉たち

こう見てゆくと、善玉・悪玉という擬人化された魂たちは、黄表紙の衰退とともに命果てたのではなく、あるものは文字の世界から離れてすら生きつづけ、またあるものは姿形を変えながらも文芸のなかに、発想の基底としてしぶとく永らえたのだ、ということが言える。

最後に、明治にしてなお出現した、善玉・悪玉の子孫の姿（図10）を見ていただこう。この、玉たちが踊る表紙に、坪内逍遙は何を托したのだろう。これら玉たちが勧善懲悪を軽んじ、滑稽を重んじたはずの黄表紙出身のキャラクターであることから、勧懲ものの否定を象徴させたのかもしれない。あるいは、当時なお庶民にとってポピュラーなものだったキャラクターの生命力にあやかろうと思ったものか。

いずれにせよ、ことに「一」・「三」だま――極度に抽象度の高い数字という顔を持ち、作品内にはまったく現われない彼らは、魂としての機能どころか、擬人化されること

図10　坪内逍遙作『当世書生気質』（第壱号／明治十八年）の表紙。この「たま」たちが踊る表紙に、逍遙は何を托したのだろうか

の意味すらも剝奪された、単なるデザインとして扱われていることにはちがいない。

躍るテレメンテイコ

草双紙に暗躍するフェイクとしての中国人

武田雅哉（中国文学）

増殖する巨人たち

47頁に並べてみたのは、世界七不思議のひとつである「ロードス島の巨人像」を描いた、江戸期の日本と清代の中国の図版である。たったひとつのオブジェが時間と空間をへて演変してゆき、このように地球家族の数を増やしてゆく。近世の日本と中国、それぞれが解釈したヨーロッパのオブジェたちは、そのままおのおのの所属する「この世界」を構成するオブジェの一つひとつになり、解釈者の数だけある多元宇宙を生む。ここに掲げたロードス島の巨人像群は、近世の極東人が持っていた「この世界」群を構成する、ヨーロッパ成分のひとつである。美術史家はそれぞれの画家の特徴的な描法を指摘するだろうけれど、歴史家でない多数の「見る者」たちが、「ロードス島の巨人像とはこういうものなのだ」と信じてしまうかぎり、描法における多様性は、そのまま複数の「世界群」になってしまうのだ。

　ところで江戸時代人の抱いていた「この世界」の、とくに中国成分が、ぼくにはよくわからない。絵画で言うなら、ほとんど同様のカノンで描かれる山水画の世界を共有しているかと思えば、通俗的な民間の絵画、たとえば日本の「浮世絵」と中国の「年画《ねんが》」とを比べてみると、一部構図などに影響関係は認められるとはいえ、まったく異質な空間なのである。また、日本にも中国にも「ヨーロッパ人の描きかた」はあった。彼らは自国人とヨーロッパ人とを描き分けていた。しかし、同じ東洋人であることもあってか、

ロードス島の巨人像に関する情報は、中国には、イエズス会士フェルジナンド・フェルビーストが著わした『坤輿図説《こんよずせつ》』「七奇図」によって伝わり、日本にはこの「七奇図」を収録した清『虞初新志《ぐしょしんし》』によって伝わったという

ロードス島の巨人像　①中国、『坤與図説《こんよずせつ》』(1674)の「楽徳《ロードス》海島の銅人巨像」②中国、「点石《てんせき》斎画報《さいがほう》」(19世紀末)③日本、玄心堂舎山画「羅得嶋之港蘭船入津図」④日本、歌川国虎画「羅得島湊紅毛船入津之図」⑤日本、歌川国長画「楽徳海嶋銅人巨像」

中国モチーフを描いた江戸の図像資料に、「中国人の描きかた」とでもいうようなものが、厳密なかたちであったのかどうか、よくわからない。同じ東洋人でも、言語はまるっきり異なっている。江戸の人びとの世界を構成する中国ないし中国人とは、どんなものだったのだろう。ここではそれを、江戸時代に流行した中国語遊びを通して考えてみたい。

古典文学のパロディ

日本の古典や漢文学の茶化しや珍解釈は、軟派戯作の趣向のひとつだが、江戸戯作文学界に斬新なアイデアを飽くことなく提供した山東京伝《さんとうきょうでん》は、この分野においても傑作をいくつか残している。彼の『百人一首《ひゃくにんいっしゅ》和《わ》歌《か》始《はつ》衣抄《いしょう》』（一七八七）は、百人一首の珍妙なる「解釈と鑑賞」である。従来の解釈はあやまちであるから、それを正して口伝をしるすのだと、京伝は言う。いまは古典そのものが読めなくなっているから、これを茶化したりもじったりすることな

大江戸めもらんだむ
明暦の大火

〝火事と喧嘩は江戸の華〟と言われた江戸の火事のなかでも、明暦の大火は最大のものとして知られている。明暦三年（一六五七）一月十八日午後、本郷丸山から出火した火の手は、折しも北西の風に煽られ、瞬く間に広がった。翌日になっても火はいっこうに収まらず、ついには天守閣まで焼いてしまう。二十日朝、火はようやく鎮火するが、この大火によって江戸の町の大半は焼け、被害は江戸城はじめ大名屋敷五百余、旗本屋敷七百七十余、寺社三百五十余、町屋四百余、橋梁六十余……死者は十万有余に及んだという。

明暦の大火は確かに悲惨な災害だったが、当時急激な人口増加のために抜本的な都市改造を迫られていた幕府にとっては、またとない好機だった。これを契機に、城内にあった大名屋敷や寺社を移転させ、大橋（両国橋）をかけ、新たに町地をつくるなどして、江戸は徳川の城下

どは、さらにはそうしたものがあったとしても、ぼくらが心から面白がるなどということは、望むべくもない。ちなみに筒井康隆には百人一首をもじった『裏小倉』という作品がある。

古典詩でも漢詩をあつかったものとなると、これは京伝ではないが、『蕩子《とうし》筌枉解《せんおうかい》』(一七七〇)などが挙げられるだろう。こちらは唐詩選を、花柳界の事物を詠んだものであるとして解釈したものだ。「吉原辞《コトバ》ヲ以テ、毛唐人之詩を解ス」(序)というものである。もちろん唐詩選のパロディが面白がられるという条件として、唐詩選が人口に膾炙していることが必要である。これは心配ない。文人墨客の漢文学の素養は言うまでもなく、唐詩選などはむしろ通俗的な古典文学だった。だが江戸もこの時期になると、別の状況が加わってくる。つまり、「ナリ・ケリ・アランヤ」だけの「漢文学」から、中国語学習の興味が、通俗文学や会話の学習にも向けられるようになり、実際の発音を付した辞書がいくつも編まれるようになったのである。遊里はこれをすぐさま「中国語ごっこ遊び」として取り入れ、さ

町から、天下の巨大都市・江戸に変身することになる。

らに遊里と密着した戯作者たちは、これを作品に取り入れるようになる。

中国語と洒落本

十八世紀の初頭、元禄期に編まれた歌謡集『松の葉』（一七〇三）には、「唐人歌」と題する次のような中国語の歌が見えている。

> かんふらんはるたいてんよ、長崎さくらんじや、ばちりこていみんよ、
> でんれきえきいきい、はんはうろうふすをれえんらんす

いずれ真正の中国語の音を書き取ったものだろうが、日本人は単純に音の面白さで遊んだのだろう。

小説としては、大坂の洒落本『聖《ひじりの》遊《ゆう》廓《かく》』（一七五七）がこの種のものでは比較的早い作品である。舞台は李白が

経営する女郎屋。客の孔子に、あいかたは大道太夫、老子には大空太夫、釈迦には仮世太夫《かりのよだゆう》、たいこもちには白楽天、鉄拐《てつかい》仙人といっためんめん。釈迦は仮世太夫とともに、心中覚悟の書き置きを残して駆け落ちするという話だが、巻末には「三聖廓中之戯言（さんせいくるわのうちにてとうゐん）」と題された中国語の単語表、いわば〝日中辞典〟が付録になっていて、「女郎」は「にいくん（女君か？）」、「尼」は「にいするん（女僧）」などと説明されている。もとの中国語がよくわからないものもある。

洒落本『辰巳之園《たつみのその》』（一七七〇）には拳を打つ場面の描写があるが、ここでは「ゴウサイ」、「ロマデエ」、「パマ」、「トウライ」など、中国語音によって数字が読まれている。ちなみに江戸戯作者のペンネームである唐来三和（トウライ・サンナ）も、この数字の中国語読みによったものだ。その唐来三和の洒落本『和唐珍解《わとうちんかい》』（一七八五）は、中国語会話文を漢字で記し、漢字の右にその音を、左に日本語の意味をルビとしてふったもので、形と音で面白がろうじゃないかという趣向なのだ。

唐来三和『和唐珍解』より。漢字による中国語の右に、カタカナでその音を、左にはその日本語を添えている。洒落本における中国語については、とくにこの作品を中心に論じたものとして、志村良治「唐話と洒落本」（源了圓編『江戸後期の比較文化研究』一九九〇年・ぺりかん社所収）がある

李蹈天「你們《ニイモン》《なんじらは》 可回去《コウホイキユイ》《かへれかへれ》」　従者「領旨《リンツウ》《かしこまりました》」

李「明朝《ミンチヤウ》《あすのあさ》 早些来《サウスエイライ》《はやくこい》、我在這裏等候《コウサイチエエリイテンヘウ》《おれは ここにいてまたん》、快些去了《クワイスエイキユイリヤウ》《いそいで かへれ》、不可路上住脚《フッコウロウシャンチユイキヤウ》《みちくさを くふなよ》」

と、これは中国人の会話である。小池藤五郎氏によれば、この作品の発音は当時の著名な中国通俗小説翻訳家、岡島《おかじま》冠山《かんざん》が編んだ『唐話纂要《とうわさんよう》』などの辞書によっているという。

著者未詳の『廓遊唐人寐言《くるわあそびとうじんのねごと》』（一七八〇頃）は、日本渡海のオランダ商人が持ちこんだ浮世絵を手にいれた唐人が、そこに描かれた吉原を見て日本風の廓遊びにあこがれ、日本を模した遊廓を作ってしまうという話である。いっそのこと日本語を使おうとて唐人たちは日本語を勉強するのだが、中国語の「いんけれす」が「ばからしう有んす」、「らいすいどん」が「をいらん」、というように、これまた単語表が載せられている。中国人が日本語を勉強するとい

洒落本『廓遊唐人寐言』より。すっかり日本に狂ってしまった中国人たちは、チョンマゲのかつらをつけ、日本風の芸者遊びに興ずる。八の字にたらしたヒゲは、中国人イメージを構成する要素のひとつだったのだろうか

う設定だから、こちらは〝中日辞典〟だ。

　このような言語遊戯のはてには、正確な中国語を離れたデタラメな中国語遊び、いわばフェイク（いんちき、にせもの）としての中国語で遊ぼうという行為が待っている。原語不明の疑似中国語が、遊びの世界では、むしろ大多数を占めていたのではないだろうか。こうして出現した疑似中国語が、「唐言（からこと）」と呼ばれるものである。

フェイクとしての中国語

　遊里で実際に用いられた疑似中国語としての「唐言」は、黄表紙『金々先生栄華夢《きんきんせんせいえいがのゆめ》』（一七七五）に見える。

「ゲコンカシコロウサコンケガ、キコナカサカイコト」

「イキマカニイケクコカクラ、マコチケナコトイキツケテクコンケナ」

通訳すると、

春町『金々先生栄華夢』より。画面の下と左上に、カタカナで表記されているのが「唐言」である

「源四郎さんが、来なさいと」
「いまに行くから、待ちなと言ってくんな」

となる。要するに、日本語のあいだにカキクケコの文字をはめこんで、中国語風だろうと言って遊んでいるのである。この作品に影響を与えたものが、さきほど引いた夢中散《むちゅうさん》人《じん》寝《ね》言先生《ごとせんせい》の洒落本『辰巳之園』である。その巻末には、通人の学ぶべき言語遊戯のマニュアルが付録として載せられている。そのマニュアルをそのままここに引用しよう。

唐言《からこと》と名付《なづけ》て、五音を以て云事《いうこと》、人の知る所なれど、爰《ここ》にあらわす。

○アカサタナハマヤラワ　此通りへ　カ
○イキシチニヒミヰリイ　此通りへ　キ
○ウクスツヌフムユルウ　此通りへ　ク
○エケセテネヘメヱレヱ　此通りへ　ケ
○ヲコソトノホモヨロオ　此通りへ　コ

大江戸めもらんだむ

鎖国は悲劇か!?

和辻哲郎の『鎖国』（筑摩叢書）を読むと、明治以降、近代知識人が鎖国をどのように捉えてきたか、が手にとるようにわかる。鎖国を日本の歴史上最大の不幸として位置づける彼らにとって、鎖国はあまり触れてもらいたくない過去の汚点というべきものだった。だから、和辻を右の如く、カキクケコの、五音の字を付云也《つけいう》。譬《たとえ》ば、客と云時は、キキヤカクク。又おんななどとはねる時は、付字にてはねる也。女はオコンナと、オの字へつくコの字を、はねる也。清濁は、本字に直に濁也。此外に、し付、き付などと云て、其時におうじて、一チ字置に付る也。知れざる事を云時、はやく此事を考べし。又此通し言葉も、口付て云時は、いかやうにもはやくいわるる也。諸人知る所なれども、知らざるものの便にと、爰《ここ》にあらわす。

要するに、もとの一字とその次にはめこまれるカ行の一字とは、原則的には「yi-ki」、「ma-ka」、「mo-ko」、「so-ko」、「de-ke」などのように、母音が同じ、つまり畳韻《じょういん》の関係にせよと言う。当時日本人が耳にしていた南方中国語（南京音）のk音を生かしているのである。他人に知られたくないことなどを話すときに暗号として使われたらしいが、それよりもむしろ言語遊戯として遊ばれたのだろう。ちなみに『辰巳之園』の本文に登場する唐言は、次のよう

含めて近代の文人の芥川龍之介や、高村光太郎が浮世絵や根付を蔑む一方、そのコンプレックスと表裏一体の西洋趣味に傾倒することになるのである。

しかし、当時日本がそれほど外交に疎かったとは思われない。たとえば秀吉の朝鮮侵攻にもかかわらず、江戸幕府はすぐさま朝鮮と友好関係を結ぶ。また安政の開国の折、日本の全権・井上清直と岩瀬忠震がアメリカのハリスに一方的に交渉を押し切られなかったことは条約の内容からもわかる。

文化面においても、朝鮮通信使や長崎のオランダ商人をとおして異国の文化がリアルタイムに流入していたことや、鎖国を契機に、国内の整備が急ピッチに進められることを見ても、日本はやみくもに外国との接触を断ったわけではなく、十七世紀江戸成立初期という激動期を考えるに、いわば妥当な選択ではなかっただろうか。けだし、日本史上、鎖国は唯一外国に対し〝NOと言えた〟ケースとも見えてくるのである。

である。

「セケントコノヲコヒキノ、カカネケヲ、トコリキニ、キツタ」

（せんどの帯の金を取りにきた）

「イキマカニ、シキココウクサカンカガ、モコツテ、ククルクカカラカ、ソコレケマカテケト、イキウクテ、ククレケ、ナカサカイキ」

（今に志厚さんが持ってくるから、それまでと、言うてくれなさい）

畳韻という唐言の法則性は、『金々先生』よりは正確に守られているようだ。

朋《ほう》誠《せい》堂《どう》喜《き》三《さん》二《じ》の黄表紙『見徳一炊夢《みるがとくいっすいのゆめ》』（一七八一）では、主人公の清太郎が長崎で中国人と知り合い、中国かぶれになる。清太郎の書道の師匠である唐人は、彼の書いた漢字を見るなり、例の唐言で「ブクキキヨコオコナカテケダカ」と言う。通訳は清太郎にたいして「御器用な御手跡

大江戸めもらんだむ

政治学としての儒教

藩主は国家行政の長であり、人民の福祉に貢献すべきであるというような、武士の意識改革が進んでいくうえで役に立ったのが、儒教である。儒教はある意味で、武士たちの意識レベルのイデオロギー教化の役割を果たしたのである。それはたとえば、林羅山の「天下は一人の天下にあらず、天下は天下の天下なり」、荻生徂徠の「御政務ノ筋ハ上ノ私事ニ非ズ」（『政談』）、また山鹿素行の『社稷の臣の、国家のためにして君のためにあらざるなり』（『山鹿語類』）という言葉に見ることができる。つまり、彼らの政治学としての儒教に補強されながら、武士たちは自己改造をしていくわけである。

しかし、一方で主君絶対主義をといた者がいた。山崎闇斎である。闇斎を中心とする崎門派は六千人を数え、江戸の思想界に大きな影響を与えたとされている。君臣関係を絶対的なものとしてとらえた崎門派の儒教思想は、徳川体制を支える

じゃと、先生おほめなされます」と伝える。だが、すでに唐言をマスターしたぼくらには、これを正しく、「不器用な手だ」と翻訳する（?）ことができるだろう。中国熱が高じた清太郎は、とうとうみずから「もろこし」に渡ってしまう。「イキキキナカオコトココダカネケ」と言われて、彼は異国の女たちにたいそうモテるのだが、なにぶん言語が不通なので、「なんのことか、ちっとも分からねえ！」とじれったくなった清太郎、今度は逆に中国嫌いになり、帰国してしまうのである。

ハナモゲラ語と唐言

ところで最近はあまり聞かれなくなったが、タモリのハナモゲラ語の音韻学的特徴のひとつが、この畳韻による単語の頻出なのである。タモリの二枚目のアルバム『TAMORI-2』（東芝EMI）に収録されているハナモゲラ古典落語『めけせけ』などはその典型だろうが、これは主人公のトメさんが「めけせけ」という言葉の意味を御隠居

後盾として、前者と対立する一方の柱をなしていたのである。

や若旦那にたずねて歩くというもので、意味不在単語の意味探究が、そのままハナモゲラ語圏においてのみ成立するらしい言葉遊びのオチにむかって遁走し、そのオチの意味がわれわれには依然として不在のまま観客は爆笑！　という構成の、いわばバベルの塔の呪いを謳《うた》った作品なのである。言うまでもなく落語の『てんしき』をもじった作品だが、「へれまか」、「はかめこ」、「めけせれ」、「せけめけ」、「へれまかし」、「へけまか」、「はかまか」、「そけへれ」などのハナモゲラ単語をちりばめた会話は、トメさんを崩壊したバベルの塔の廃墟へと導いてゆく。

ここに挙げたいくつかの単語群からもおわかりのように、カ行を後ろに持つ畳韻が目につく。そう言えば江戸語に「へけれけ」ということばがあるのを思い出した。これは「女郎」という意味の隠語であり、さらにはまた、「まったくもう、因果へけれけだよ！」のように使われる、強調の働きを持った由来不明の接尾語でもあるらしい。いずれにせよ、唐言―ハナモゲラ系の語彙なのだろう。タモリと言えばさらに、それらしい音と調子をまじえて再現されるフ

大江戸めもらんだむ

早すぎた天才・平賀源内

かつてＮＨＫのテレビドラマに源内を主人公にした『天下御免』があったが、その結末は源内が気球に乗って、折しも革命の渦中にあるフランスへ脱出するというものだった。しかし、ご存知かと思うが、実際は源内の最期は人をあやめて投獄され、そこで病死し一生を終える。ドラマの結末は早坂暁の見事な潤色であって、息苦しい封建主義社会に風穴をあけようとして、ついにそれによって圧殺されてしまった源内の自由への希求を気球脱出に象徴させたのだろう。

確かに源内ほど多芸多才にみちた人物はいないだろう。火浣布《ひかんぷ》やエレキテルを発明するかと思えば、小説や浄瑠璃の台本までものにし、江戸のダ・ビンチと形容される。

しかし、どうも源内のエンジニア的な才能ばかりが誇張されているような気がしてならない。源内の面白さはペテン師的ないかがわしさにあるのではないだろ

ェイクとしての外国語の芸が想起されるだろう。二百年をへて類似した構造の言語遊戯にうつつをぬかしている彼らとぼくらの姿には、感動さえおぼえる。

　こうしてみると、中国語遊びにも大きく二種類あって、ひとつは本物の中国語をしゃべってみようというもの。いまひとつは『辰巳之園』巻末付録や『金々先生』のような、中国語ふうの日本語と言うべきか、k音を挟んでそれらしく聞こえるようにした不在の中国語と言うべきか、フェイクとしての中国語で遊ぼうというものである。いずれも遊里で発達したものなのだろう。『辰巳之園』巻末付録などは、フェイクがフェイクとして成立するための遊戯の体系を厳密に整理したものだと言えようか。すなわち唐言のごときエセ中国語も、ついに遊戯としての厳密ルールが要求されるところまで昇華してしまったのだった。

跳梁する異文字たち

洒落本『女郎買之糠味噌汁』（一七八八）に出てくる医

うか。〝浮世〟という現実の希薄さ＝いかがわしさを自ら演じた道化・源内、自分以外の者はすべて疑わしいと見つめる都市遊民のシニカルな眼。

平賀源内

者の呑庵は、「わっちゃア、フロウよりウェインがいい」とオランダ語を弄している。フロウとは女のこと、ウェインとは酒のことである。わざとキザな表現を使わせたのだろうが、このようにカタカナによって音が表現された外国語は、奇なる文字図像としてもディスプレイされ、形を面白がろうじゃないかという趣向も生まれる。洒落本『聖《ひじりの》遊廓《ゆうかく》』（一七五七）には、釈迦の残した書き置きがサンスクリット文字で表記されている。それはあくまでも異文字の形を見せつければよいのだから、書かれている内容は、サンスクリットという表音文字で表記された日本語なのである。この種の遊びの先駆けとして有名なのは、漢字、サンスクリット、アルファベット、ハングルなどを羅列した、平賀源内の『根南志具佐《ねなしぐさ》』（一七六三）序文だろう。

さらに、一回性の絶技とも言える源内のアイデアを換骨奪胎したものが、はじめに紹介した京伝の『百人一首和《ひゃくにんいっしゅわ》歌始衣抄《かはついしょう》』だろうか。そこでは、漢字、ひらかな、カタカナ、逆さ文字、サンスクリット、アルファベットなどの諸文字が、古典の注釈書というそれにふさわしいかたちを借

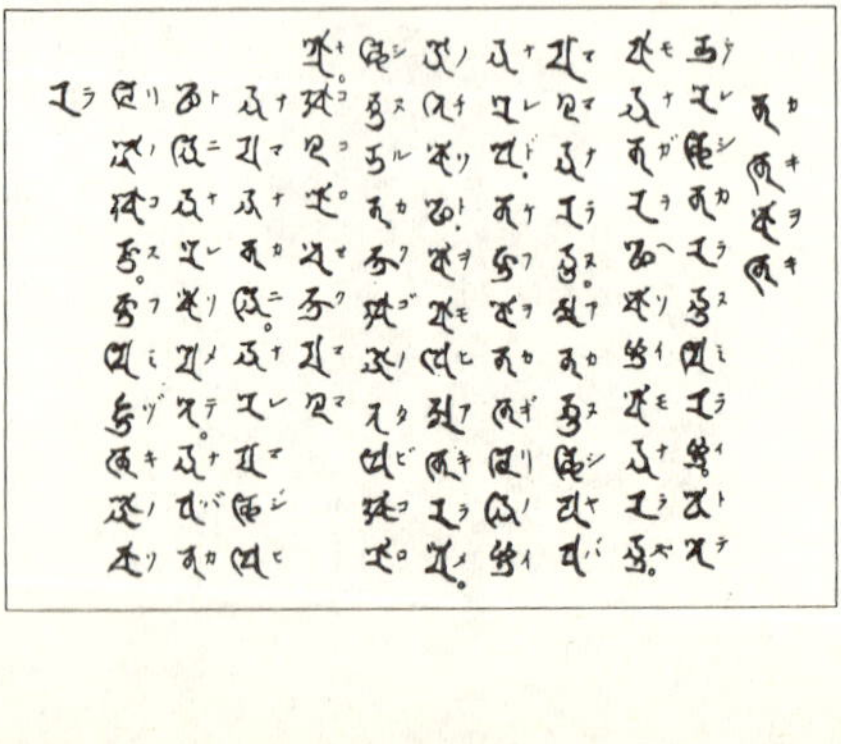

『聖遊廓』より。釈迦が芸者〝仮世《かりのよ》〟と駆け落ちする際に残した、サンスクリット文字による「カキヲキ」。ただし表記されているのは日本語であり、その音はカタカナによってルビをふり、示されている

りて、いかにも「考証学」然としてアレンジされているのである。たとえば、「難波潟《なにわがた》　短かき蘆《あし》のふしの間も、逢《あ》わでこの世を過《す》ぐしてよとや」という伊勢の歌を注解する一段では、「逢わ」を「粟飯《アワモチ》の粟」と解釈したうえ、その考証のために「ヲランダ本草、ドド子《ネ》ウスに曰《いわ》く」として、京伝はアルファベット文字を一段引いている。ドドネウスとは、ヨーロッパ博物学を江戸期の本草学界にもたらした博物学書『草木誌』の原著者の名だが、その『草木誌』は、幕府雇用の本草学者野呂元丈《のろげんじよう》によって、寛保二年（一七四二）以来、『阿蘭陀本草和解《オランダほんぞうわげ》』と題して抄訳がなされている。ところがこのもっともらしい引用文、実は「アワノモチモ、イヤイヤ。ソバキリソオメン、クイタイナ」と表記されているだけなのだ。ぼくもいつかやってみたいと思っている。『始衣抄』の二年前に書かれた黄表紙『三国伝来無匂線香《におい せんこう》』（一七八五）では、京伝はサンスクリット文字を描きこんでいる。

これらはもちろんアイデアあってのことではあるが、木版という印刷技術のなせるものであり、一枚の板の上には、

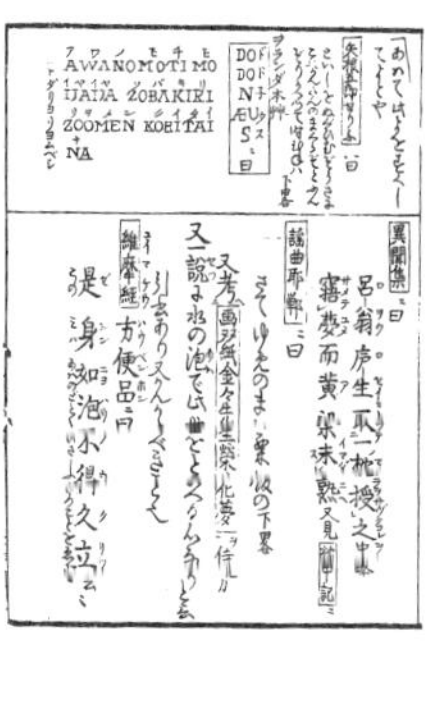

京伝『百人一首和歌始衣抄』には、漢字、かな、逆さ文字、サンスクリット、アルファベットなどの異文字たちがちりばめられている。京伝は木版技術を最大限に活用するすべをこころえていた。ここではそれは、絵でもなく、また概念伝達の道具としての文字であるともいえない〝異国の文字〟を出現させることであった

「あわ」の語釈から、粟飯《アワメシ》を炊いているあいだに一生を夢見るという『枕中記《しんちゅうき》』の盧生《ろせい》の話、そして謡曲の『邯鄲《かんたん》』、さらには『金々先生栄華夢』までが考証の対象となる。アルファベットは、ドドネウスの書よりの引用であるとしているが、ローマ字で『アワノモチモ、イヤイヤ。ソバキリソオメン、クイタイナ」と表記されている

絵と文字がまったく同等であるという江戸出版界の幸福があった。京伝が天才と呼ばれてよいのなら、それは当時の印刷技術をフルに生かせるような編集工学をつねに意識していたというところにある。

明治以降に刊行された古典文学全集の類いには、黄表紙の文字部分だけを活字に翻刻して絵はカットして刊行するという信じられないようなものがいくつかある。活字印刷という近代技術を歪曲して過信したはてに、前近代を断罪すべく執行された近代日本人の愚行のひとつだろう。最近の本のヴィジュアル傾向にはついていけないと言って図版の入った本を毛嫌いする年配の人がいるが、実はたった百年くらい前までは、発禁だの弾圧だのを差し引いても、ずっと豊かなヴィジュアル書物のユートピアがあったのではないだろうか。愚行の代償なのか、明治以降の日本人には、ぼくのような〝蝦夷《えぞ》っ子〟などにはなんの共感も興味も持ちえない「江戸情緒」なるものが残された。この言葉を冠したタイトルの本には背中がむずがゆくなるが、そればかりか、江戸学もいまだにこの「江戸情緒」にすがって生きてはいないだろうか。江戸っ子にしかわからない江戸学なんて、なにが面白いのだろう。

テレメンテイコの誕生

にせものの中国語と言えば、ふと連想してしまうのが、同じ世紀の初頭にヨーロッパを騒がせた、ジョージ・サルマナザールによる『台湾の歴史地理的記述』(一七〇四)である。サルマナザールは自称台湾人。まだ台湾のことがよく知られていない時代のヨーロッパのために、彼は架空の『台湾誌』を書いたのだった。なんと言ってもすごいのは、〝台湾人〟サルマナザールが、みずから緻密な〝台湾語文法体系〟と〝台湾文字〟とを創作し、聖書を台湾語に翻訳してみせるなどして、ヨーロッパ人をペテンにかけたことである。それでもやがて、サルマナザールのペテンは露顕してしまい、一七六三年、悔悟のなかで彼は生涯を閉じる。サルマナザールの名は社交界で物語られる笑い話のネタとなってしまうが、そのとき人びとは、彼の〝台湾

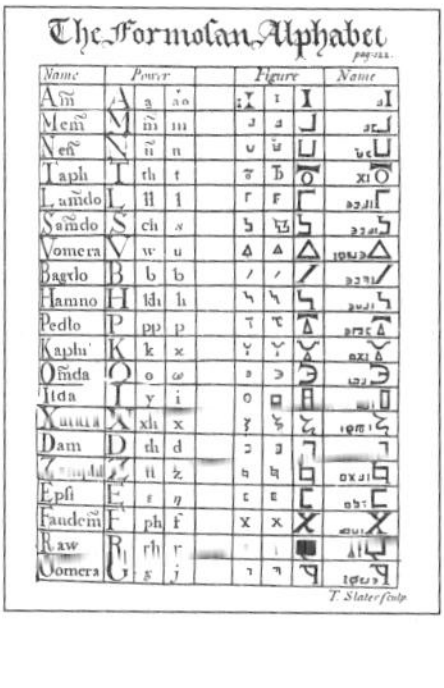

サルマナザール『台湾誌』より、サルマナザールが創作した「台湾文字表」。ラテンアルファベットとの対応表である。サルマナザールについて興味を抱かれた方は、武田「『イラ・フォルモサー』への旅——台湾人サルマナザール〝美しき島の物語〟」(『へるめす』23・岩波書店・一九九〇年一月)を参照

語〃をさながら唐言のように口に出して遊んだのではないだろうか。そしてその十八世紀の中葉とは、ヨーロッパ人の中国観が礼讃から幻滅へと移行しつつある、まさにその時期にあたっていた。言語がおもちゃにされると、その言語を口にする人びとまでがおもちゃにされる。ヘンな言語をあやつるヘンな人びとの暗躍。それは江戸の場合、フェイクとしての中国人の誕生だった。

京伝に『早道節用守《はやみちせつようのまもり》』（一七八九）という黄表紙あり。これに登場するひとりの中国人、名を「テレメンテイコ」と言う。秦の始皇帝の命をうけ、一瞬にして何万里をも走ってしまうというお守りを首にかけて日本へ美女を探しに飛んで行くのが、彼である。ちなみにこの作品、高野文子さんによって同じタイトルの見事な現代版絵草子に仕立てられている。高野版『早道節用守』は、彼女の作品集『絶対安全剃刀』（白泉社・一九八二）に収められているので、ぜひとも読んでいただきたい。こちらでは、フェイクとしての中国人の、現代日本における図像が暗躍している。

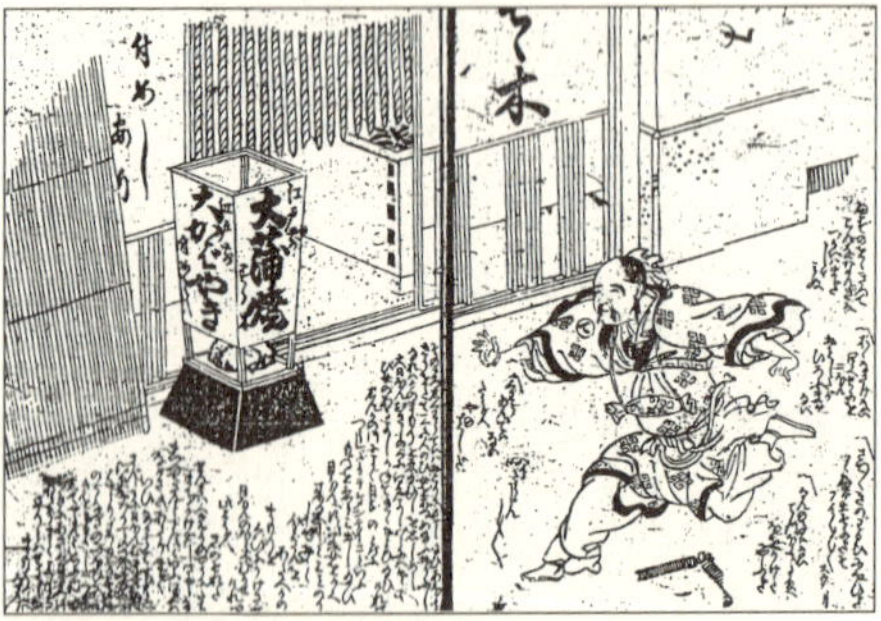

テレメンテイコが行く！　首にかけているものが、一種の物質転送装置である御守り袋だ（京伝『早道節用守』より）

「テレメンテイコ」の由来はテレピン油!?

「テレメンテイコ」と言うのは、ポルトガル語のテレピン油を意味する「テレメンテイナ terebinthina」を人名にしたものらしい。たんに音が面白かったのか、それともテレピン油であることになにかの意味があるのかどうか、ぼくにはよくわからない。人名としては、芝全交《しばぜんこう》の黄表紙『大悲千禄本《だいひのせんろっぽん》』（一七八五）に、「てなし貸しの手代、てれめんてい兵衛」なる日本人名として使われているほか、やはり京伝の黄表紙『盧生夢《ろせいがゆめ》魂其前日《そのぜんじつ》』（一七九一）には、「唐土《もろこし》県の丁固《ていこ》とやら、てれめんていことやらが……」と、こちらは丁固という中国人名のもじりとして使われている。フェイクとしての外国語、とくに親しく彼らが学んだオランダ語や中国語が、オランダ語に由来する名を持ったヘンな中国人〝テレメンテイコ〟を、十八世紀末の江戸に誕生させたのだった。

ついで、十九世紀の日本は、珍奇な中国風の扮装と歌詞とで踊られる「看看踊《かんかんのう》」の流行をむかえるが、これは明治になると、「法界節《ほうかいぶし》」などに発展しながら踊り継がれてゆく。近ごろはあまり見かけなくなったが、辮髪をたらし、胸の前で筒袖の腕を組み、「ナニナニあるよ、ナニナニあるね」といった奇妙な日本語をあやつるような、「謎の支那人」「変な中国人」というコンセプトの誕生だった。

ところで『早道節用守』には、テレメンテイコが吉原で発した寝言が記録されている。いわく、

「とう人け、こひするか、びりびっくりびんだらり。もっちゃ、びびんたらり、びんたらり、しゃう大じ、かき一たま、ちくねんほ、ねこにゃん、や、フウ、ゴウゴウゴウゴウゴウ、フウ」

すると、これを聞いた日本人がこうコメントする。

「唐人の寝言には、もちっと理屈があろうと思ったが……」

そうなのだ。かつては「理屈」臭いことのシンボルでもあった四角い文字、漢字。それがしだいに親しく遊べる、まるっこい玩具となりつつあったのだ。中国語の会話や発音を中心とする学習の流行は、従来の漢文学に伴っていた「理屈」臭いというイメージから、中国なるものを、より

高野文子『早道節用守』に描かれたテレメンテイコ（『絶対安全剃刀』白泉社より）。かつて、といってもついこのあいだまで、ぼくらのまわりにいたイメージとしての中国人は、こんな様子をしていたように思う。ところで、ぼくの幼児期における「中国人」ものの読書体験として強烈だったのは、なんといっても『シナの五人兄弟』という絵本であった

親しめるものに変えていったのである。誤解されては困るが、黄表紙や洒落本の例ばかりを引いたからといって、彼らは中国語や中国人の茶化しばかりに明け暮れていたわけではない。また、堅苦しい漢文学の伝統を無視、ないし破壊するような、〝文化大革命〟に大騒ぎしていたわけでも、決してない。中国語遊びのリーダーたちは充分な漢文学の教養を備えたものたちだったし、そうでなければ「遊ぶ」などという高級な作業はできるはずもなかったのだ。

「テレメンテイコ」の正体

テレメンテイコ。彼こそは江戸の人びとが中国なるものを解釈しようとする努力の過程で必然的に生まれてきた、鏡のなかで遊ぶ謎の中国人なのであり、江戸人が作りあげたひとかけらの中国人イメージの結晶だった。現代の日本人が抱いているところの、不安で輪郭の曖昧な中国人イメージよりも、はるかに積極的な世界理解への衝動と好奇心によって、彼は、とりあえず形あるものにされたのである。

五体満足な形を与えられた「テレメンテイコ」は、草双紙のなかで勝手に歩き、話し、躍動することを許された、ヘンな隣国人というコンセプトの、実体ある虚像なのだった。

不老不死の信仰「富士講」とは？

江戸っ子はなぜ富士にあこがれたのか？

加藤晃（宗教学）

イメージとしての富士

田児の浦ゆうち出でて見れば真白にそ不尽の高嶺に雪は降りける――万葉集の山部赤人の歌を例に出すまでもなく、富士山は和歌や俳句のみならず古来、日本の文芸のなかでさまざまに取り上げられてきた。富士山の噴火する姿は、ある時は熱き恋の情熱のイメージと結びついたり、また、どこから見ても円錐状の形をした秀麗な姿は不尽＝不死といった神秘的なイメージさえ生み出してきた。そして、このような文化レベルの富士のイメージは、日本人の美意識の典型とされ、本物より富士のイメージのほうが先行してわれわれを捉えるという状況すら出現するようになった。

たとえば、蝦夷富士、伯耆富士、薩摩富士というような○○富士が、全国に百以上も点在している事実や、いまや稀少価値になった銭湯の壁画の富士山を見ても、古来培われてきた富士のイメージを重ねあわせるという、われわれの富士にたいする根強い美意識のこだわりを見ることができる。

しかし、このような「イメージとしての富士」にたいして、「信仰の対象としての富士」の存在を忘れてはなるまい。山にたいする信仰は世界各国で見られるが、我が国でも古来より山は強い信仰の対象とされ、なかでもいまは廃れてしまったが、江戸時代にとくに隆盛をきわめたのが、本稿でとりあげる富士信仰である。霊峰富士は、ひときわ気品高くそびえ立つ威容からしても当時の庶民に崇拝の念を呼び起こし、日本でいちばん天空に近い山頂はやはり聖なる場所として崇められていたのである。

宗教学者の堀一郎は山岳信仰の原初形態を次のような火山系、水分系、葬所系の三つに分類している。——火山の爆発は古代の人びとに畏怖の念を強くいだかせるのに充分であり、また神霊の造物主的な活動を信じさせることにもなった。激しい火山の姿に神秘を感じ信仰をいだくようになるのは自然のなりゆきであったにちがいない（火山系）。また山は水の源であり、農耕民族にとって山は生命の源であると言ってもよい。生命の水をもたらす山に対する感謝の念がしだいに山に対する信仰を生み出していったのだろう（水分系）。古代の人びとは霊の存在を信じていた。人が死ぬとその霊は高い所に行くという考えから、自然に山中に霊を祀ることになった。山は霊の棲む場所とされ、それが山の神霊と合一して信仰が生み出されていった。山は葬いの場所であり、祖霊の居場所であり、あらゆる神霊、精霊の棲む所として信仰されるようになった（葬所系）。

富士山をはじめ、御岳、月山、立山などの山岳信仰は、原初にはこれら三つのいずれかで発生したものではあるが、歴史の過程でこれらが複合し、より複雑な信仰形態に変化したのである。

富士信仰の由来

富士信仰の歩みを簡単に見ておこう。『三代実録』によると、貞観六年（八六四）駿河（現在の富士宮市）に富士山本宮浅間神社が、続いて貞観七年（八六五）甲斐の八代郡（現在の河口湖畔）に富士山本宮浅間神社がそれぞれ、国司によって勧請されたと記されている。この時期は富士山の噴火活動が活発であり、国司自らが奉幣して荒ぶる富士の山霊を鎮めようとしたのだろう。やがて浅間神社は『延喜式神名帳』などにも記されるようになり、その神格が公式化されていく。また信仰のうえでは、神が山宮から里宮へ降臨するという考え方から山宮・里宮の関係が成立してくる。しかし古代の富士山は、あくまでも仰ぎ見る山、つまり遙拝の山としての性格が強いように思われる。そしてこの遙拝の山が、登拝の山へと変化するためには、修験の活発な活動をまたなければならない。

修験の開祖と言われる役行者と富士山のかかわりは『日本霊異記』、『扶桑略記』などに記されているが、この伝承の背後には富士山を修行の場とする修験の活動が浮かび上がってくる。平安時代中頃から末期にかけて、山岳宗教修験道は飛躍的に発展しており、諸山と同じように富士山周辺にも修験や山伏の拠点が次々と生まれたと考えられる。最初に開けた登山口は村山口であり、十二世紀初めに伝説上の行者末代上人が、ここより登り山上に大日寺を建立したと言われている。のちに富士修験のリーダーとなったのが大鏡坊頼尊で、彼が活躍した時期は十四世紀の初めだった。こうして、中世の半ばに富士修験は全盛期を迎え、修行者の数は数万をかぞえたとも言われる。

室町時代になると、季節的に恵まれた秋の峰入りの際、修験者とともに一般庶民が山中の練行場へ一緒に登拝する風潮が生まれるようになり、戦国時代にはこの登拝信仰が驚くほどの流行を生んだのである。そして修験者と信者のあいだには師檀関係が成立するようになり、江戸時代に急激に成長する富士信仰の基礎が出来上がった。

富士講の勃興

江戸時代、仏教をはじめとする全宗教は強力な幕藩体制のもとに組み込まれ、政治的、社会的秩序の安定に役立つ範囲内で保護されていたが、そこから逸脱するおそれのあるものは厳しく取り締まられた。とりわけ仏教はキリシタン禁圧に利用されることにより、寺院は幕府から宗門改めの権限を与えられる。これにより民衆は例外なしに、いずれかの寺院の檀家にならざるをえない檀家制度が確立し、仏教の国教化ともいえる事態が出現する。しかしその結果、江戸時代の仏教は溌剌たる生命力を失って形式化し、いわゆる「葬式仏教化」するのである。

もちろん江戸時代の民衆のなかには、このような状況に満足せず、生きた信仰を求めて、さまざまな宗教に心を委ねるものも少なくなかった。度かさなる弾圧にもかかわらず隠れキリシタン、隠れ題目（不受不施派）、隠れ念仏と呼ばれる地下信仰者の群れがあったし、一般の庶民は講を組織し、地域社会のなかで種々な民間信仰的行事をいとなんでいた。さらに信仰的動機以外に娯楽や観光の要素を伴いながら、修験道の行場である山岳に登拝練行するもの、著名な社寺霊跡へ参詣するもの、西国三十三カ所、四国八十八カ所へ巡礼するもの、お伊勢まいりするものなどさまざまだった。

このような民間信仰のなかから、急激な成長を遂げた民衆宗教の一つに富士講がある。この富士講は、古代からの富士信仰の伝統を柱に、形骸化した仏教や神道の規制を脱して民衆の受け入れやすい平易な教義を説くことにより発展し、幕末の段階に、新宗教の方向を明示したことで注目される。

富士講の伝説上の開祖は長谷川角行である。角行は九州の人と言われ、元亀三年（一五七二）に富士山北口から登山し、さらに富士の人穴（富士宮市にある古洞で、長さ九〇メートルに及ぶ）にこもって修行し、悟りを開いて啓示を得たことになっている。角行の名も、穴の内部に角木をさしわたし、その上に立ったまま二十一日間の断食行をしたことから出たと言われる。角行がこのとき仙元菩薩（木花開耶姫命《コノハナサクヤヒメノミコト》）から受けたお告げと言われる異体文字（〓《ハハ》・〓《チチ》）が軸物にされ、信者たちによって大切にされている。さらに角行の伝記を記した『御大行の巻』には、徳川家康が俗界を治め、長谷川角行が聖界を治めるため、「万民を助け衆生を済度するため」にこの世へ出現したとあり、権力者に対抗し得る神話を民衆宗教である富士講がもっていたことは注目に値する。いずれにせよ角行により富士講の基礎が築かれ、富士信仰における北口登拝が不動のものになった。

身禄の断食入定

角行後さらに五代をへた江戸時代中期、食行身禄《じきぎょうみろく》と村上光清の二人が現われて、それぞれ派を唱えて、富士講をいっそう隆盛に導いていった。とくに身禄（本名伊藤伊兵衛）は伊勢出身で、十七歳のときに富士信仰に入って以来、富士登拝三十三度と言われるほど熱心な信者となり、享保十八年（一七三三）富士七合目半の烏帽子岩に組んだ三尺の厨子の中に静坐し、一カ月にわたる断食を続けたのちに衰弱死つまり断食入定《にゅうじょう》したのである。身禄の入定は富士講の信者ばかりではなく、当時の江戸の人びとに大きな衝撃を与えた。それは、江戸市井の出来事を年表風に綴った『武江年表』が、江戸から一〇〇キロ以上も離れた富士山で起こったこの自殺事件をわざわざ記録していることからもうかがわれる。もちろん入定は身禄が初めてではなく、空海の入定伝説やさまざまな入定の事例は、それまでにいくつか伝聞されていたにちがいないが、それらは、いわば遠い世界の出来事にすぎなかった。ところがその入定が、自分たちが朝な夕なにながめている富士山で起こったとなると、入定という観念や行為が江戸の人びとにとってまったく新しいものとして受け取られたと想像してさしつかえないだろう。まして当時は年来の大飢饉で、米価は高騰し、江戸は不況のどん底にあった。衆生救済を誓って身禄が入定した富士山を人びとはどのような思いでながめたのだろうか。

身禄の死後、彼の弟子たちはそれぞれ身禄の教えを奉じて富士講の拡大を図る。講は細胞分裂してしだいに増加していき、近世末には江戸八百八講と称され、信者七万人と言われるほど蔓延した。この富士講の隆盛には、身禄入定というインパクトも作用しているが、彼の残した教説にも原因がある。身禄は、それまで呪術の段階を脱しきれなかった富士信仰に実践倫理つまり通俗道徳を軸にした教理を整備したのである。ただし角行作と言われる呪文、呪符は若干改訂したうえで採用しており、呪術を一掃したわけではない。つまり富士講は教理と呪術性の二本立てで発展したのである。

身禄の富士講ユートピア論

身禄が死の直前に語った語録に『三十一日の巻』がある。この内容を見ると、身禄は信者たちに「正直・慈悲・情・不足」という四つの道徳律を示し、この教えを守るならば、「生増すの理」があると説いた。「生増すの理」というのは、生まれ変わりを約束されることであり、現実に不遇であっても、またもっとよい身分に生まれ変わるだろうということである。また身禄は元禄元年（一六八八）をもって「身禄の世」が始まったと、しばしば述べている。この「身禄の世」は、日本の伝統的なミロク信仰に関連するものであり、それは日本の民衆がたえずいだいてきた「ミロクの世」という憧れのユートピアのことである。具体的には、農民たちにとっては稲作の豊饒の世界であり、町民にとっても金銀に富んだ世界だった。富士講では、富士山に登拝すると、そうしたユートピアに生きることを感じられるのだとしている。仏教は地獄とか極楽とかの別世界の存在を説いているが、はたして現実にそんな世界に行ったことのある人がいるだろうか。それよりも富士山に登れば、仏教の別世界とは異なる別の浄土というものが実在していると説いたのである。そしてこのユートピア論は、現実的感覚を備えた近世人の意識とマッチし、民衆のあいだに浸透したのである。

このすさまじい富士講の流行に、江戸幕府はついに禁令を出す。この禁令を示す町触れの類を見ると、近年富士講と号し町中を徘徊する行者たちが、祭文を唱えたり、護符を勝手に配布しているのは不埒だとして、そういう者はただちに召捕吟味せよなどと述べているが、ついには完全に押さえきることはできなかった。

旧暦の六月から七月が、富士山の開山期である。その季節になると、富士山北口には御師、先達に率いられた信者の群れが、長蛇の列をつくって集まったという。富士講の信者は、江戸ばかりではなく、富士山を望める武蔵、相模、伊豆、駿河、安房、上総、下総、上野、下野、遠江などに圧倒的に多いけれど、しかし遠くは伊勢、三河、尾張、常陸、東北諸国にまで及んでいる。一夏で数万もの信者が白装束一色で登山道を登る様子は壮観だったにちがいない。この受入れ態勢は御師がいっさいをつかさどった。御師は富士山北口の河口、吉田の二口にかぎられ、他の登山口には先達しか存在しなかった。全盛期には、河口で百四十坊以上、吉田にも九十二坊の御師坊が軒をつらねていたと言われる。信者と御師は師檀関係で結ばれており、御師は信者を檀家と呼び、登山期以外は檀家巡りといって、信者の家々を訪問し富士講のお札などを配って歩いた。吉田のある御師などは、人別帳によると関東一円だけで、なんと二十万三千四百二十軒もの檀家をもっていたことが記録されている。いかに富士講が隆盛だったかの一例である。

「富士と不死」の信仰

富士講の開祖長谷川角行は、富士山頂の浅間神社の名を仙元と呼びかえるが、富士山をもって神仙の住む所と考える発想は平安時代にもとめることができる。『竹取物語』では、かぐや姫が残してゆく不死の薬を、帝は天界にもっとも近い富士の山頂で焼かせる。これが活火山だった富士の「不尽」なる煙のいわれであるとする。この不死の霊薬こそ、道教で言う不老長寿の妙薬でもある。また都良香《みやこのよしか》の『富士山記』には、「蓋神仙之所㆓遊萃㆒也」とあり、さらに『詩采葉抄《しざいようしよう》』には、「この山は蓬莱也」と出てくる。つまり古代より富士山は、不死の世界という一種のユートピアとして考えられたのである。

また富士山麓には、無数の洞穴が点在しており、それぞれ信仰の対象になっている。洞穴の中には胎内と称されるものがあり、子授け、安産の神が祀られており、富士山の不死なるイメージと洞穴のシンボリズムがかさなっている。ことに富士の人穴には、鎌倉時代の武士仁田四郎忠常による異郷訪問譚の物語が残されている。こうした伝説は、江戸時代になると、黄表紙の類で、さらに宣伝されるようになる。山東京伝の『富士の人穴見物』などは代表例で野暮天の仁田四郎忠常が、人穴に入って、さまざまな性体験をした結果、すっかり一人前の粋な色男となって、人穴を出てくるという内容に変えられてしまっているが、富士の人穴で人間が生まれ変わるという本来のモチーフが認められる。

そしてこのモチーフは、決して洞穴ばかりではなく富士山そのものにもあてはまる。つまり富士山は、再生の場としての性格も有していることを意味する。たとえば北方領土エトロフ島に、はじめて「大日本恵土呂府」の標を立てた近藤重蔵（一七七一〜一八二九）は、御書物奉行も経験したインテリだが、文化年間、江戸郊外の目黒村に富士山のイミテーション、つまり富士塚を築いたばかりでなく、自らを昇天道人と号するようになる。昇天とは仙人になることである。つまり富士信仰の陰には、このような不老不死、永遠の生命に再生しようというあこがれが秘められていたのである。

こうした意味で、富士講の富士登拝には本来、精神的な面からの体質改善、生まれ変わり、つまり再生とでもいうべき要素が含まれていたと思われる。それゆえ登拝者たちは、誰もが六根清浄を唱えるごとに清められ、その清まり加減によって、心身の健康が増進されたり、生命のよみがえりを体現したりしたのである。さらに富士山頂に湧き出る清水は、御水と称され、富士信仰者のあいだでは病気を治す霊水として大切にされたり、富士山中に産するさまざまな薬草も妙薬として珍重されていたのである。このように富士山は信仰する人びとにとって、不死というようなイメージばかりではなく、心身両面にわたり具体的な利益さえもたらす山でもあったといえる。

富士講と女性

聖地としての山岳が、一般に穢れを近づけさせないことは知られており、富十山の場合もその例に洩れず、登拝のための厳しい潔斎が課せられていた。そしてその対象が男性中心だったことは、他の山岳と同様である。しかし、富士山の場合、特別な例外として女性の登拝が六十年にいちど認められていたことは興味深い。いわゆる庚申縁年と呼ばれるもので、寛政十二年（一八〇〇）と安政七年（一八六〇）が著名である。すなわち、六十一年目にくる庚申縁年にかぎって、男女を問わず、自由に登拝を許すというものであり、実際、男女にかぎらず信心の輩が多数参詣した事実が知られている。このように女人登拝が許されていたことは富士信仰の特色の一つと言えよう。

ここで注目したいのは、富士講の指導者だった食行身禄が、享保十六年（一七三一）、この年は庚申縁年でないけれど、江戸巣鴨仲町に女人登拝解禁の高札を立てたことである。つまり身禄は率先して富士講における女性の登拝を認めようとしたのであり、この行動は、実は富士講の教えと深くかかわっている。

富士講が民衆のあいだに浸透したのは、その教えが、民衆の日常的な意識のなかに訴える何かをもっていたからにちがいない。たとえば、人びとが毎日毎日暮らしていくためには、まず和合の道が必要だと説いている。それは夫婦和合のことであり、睦まじい性行為は、子産みに連なるとする。つまり、豊かな農耕世界は稲の稔りによって果たされる。それを人間の行為に置き換えてみると、夫婦和合の道であり、子どもをたくさん生み育てることになる。

この和合の論理が成立するためには、一般民衆の常識のなかにある血穢の観念を越えて、女性は男性と同等に扱われるようにならなければならない。そのため、富士講およびその一派の不二道では、女性が重要な活動の中心に起用されたり、本来、女人を忌避する富士信仰においてさえ、大量の女行者が出現したのである。

このような富士講は、江戸時代の民衆宗教の典型として評価されているが、嘉永三年（一八五〇）に大弾圧を受け、勢力が拡散されてしまったと言われている。またこの富士講の衰退に伴い、富士信仰そのものも自然衰微の命運をたどるのである。

分裂する江戸の無意識

『北越雪譜』と『富嶽三十六景』と『八犬伝』の錯乱する視線

櫻井進（近世思想）

おびただしい民族誌の生産は何を語るか？

十八、九世紀の徳川日本は、おびただしい地誌・民族誌を生産している。試みに、『日本名所風俗図会』（全十九巻）に収録された七十八の図誌のうち、成立あるいは出版の時期が明確であるものの大半が安永・天明以降、とくに十九世紀前半に集中しており、それ以前には、『京童』（明暦四、一六五八）・『鎌倉物語』（万治二、一六五九）・『江戸名所記』（寛文二、一六六二）・『有馬山温泉小鑑』（貞享二、一六八五）・『東国名勝志』（宝暦十二、一七六二）の五部を数えるにすぎない。こういった地誌のなかには、『江戸名所図会』（文政十二、一八二九）・『花洛名勝図会』（元治一、一八六〇）・『尾張名所図会』（天保十五、一八四四）などの都市に関するものが含まれる一方――これらに加えて、都市に関する情報を提供した、一連の買物独案内の存在を指摘しておくべきだろう――、地方に関する無数の図誌が存在している。それは、『北越奇談』（文化九、一八一二）・『北越雪譜』（天保八、一八三七）・『利根川図誌』（安政二、一八五五序・嘉永五、一八五二刊）などが含まれるだけではなく、琉球・蝦夷の地誌・民族誌が含まれている。しかし、こういった地誌・民族誌の生産の量的拡大は、どのような意味を持っているのだろうか。もちろん、そこには出版・交通・流通の問題が存在している。こういった藩国家の領域を越えた知のネートワークの広がり――それは当然、貨幣の流通と同一の問題として考えられるべきだ――は、徳川日本が封建制国家であるという規定をまったく裏切っている。言うまでもなく、そこで発生しているのは、知の商品化である。だが、こういった説明は、知一般が商品として消費される対象になったということを説明するだけであって、なぜ地誌・民族誌がマス・メディアによって――たとえば、『利根川図誌』に附された柳田国男の解説によれば、本書は初版六百部余りを印刷し、さらに若干の増刷を行なったとあり、充分にマス・メディアの呼称に値するだろう――生産・消費されたのかという理由を明らかにはしない。都市に関する地誌と地方の地誌・民族誌は、相互にリンクしているのであり、そこで問題になっているのは、都市と地

『北越雪譜』

方との関係性なのではないだろうか。

イマジネールな古層――『北越雪譜』

『北越雪譜』の成立は、こういった問題を考えるのに一つの示唆を与えてくれるだろう。『北越雪譜』の執筆の一つの要因は、

> 近来も越地に遊ぶ文人墨客あまたあれど、秋のすゑにいたれば雪をおそれて故郷へ逃帰るゆゑ、越雪の詩歌もなく紀行もなし。稀には他国の人越後に雪中するも文雅なきは筆にのこす事なし。吾が国三条の人崑崙山人、北越奇談を出板せしが（六巻絵入かな本文化八年板）一辞半言も雪の事をしるさず。今文運盛んにして新板湧がごとくなれども日本第一の大雪なる越後の雪を記したる書なし。ゆゑに吾が不学をも忘れて越雪の奇状奇蹟を記して後来に示し、且越地に係りし事は姑く載て好事の話柄とす。（岩波文庫・一九七八）

と、著者鈴木牧之が語っているように、橘茂世『北越奇談』への不満だった。しかし、両者のスタンスの相違にもかかわらず、そこには一つの共通性が存在する。それは、出版の過程である。『北越奇談』は、新潟にある橘茂世が、江戸の柳亭種彦に校訂を依頼し、葛飾北斎が挿絵を描くことによって、出版されている。『北越雪譜』は、山東京伝、滝沢馬琴、大坂

の岡田玉山らに校訂・出版を依頼し、結局京山が補筆訂正し、山東京水が、牧之の挿絵を出版用の版下に書き改めることによって、出版されている（益田勝実「『北越雪譜』のこと」）。つまり、書肆との関係を持たない地方在住の著者が、江戸の文人層の仲介によって、この二つの書物が出版されたことになる。都市と地方の文人層が、前者の優越性を温存したかたちで結びつき、その結果このような書物が生産された。地方がたんに中央から隔絶・孤立した存在ではなく、中央との関係のなかに巻き込まれ、地方の地理や風俗が言説の対象として浮上したのである。そこでは、都市の文人たちが、地方の風俗を関心の対象にするだけではなく、牧之も「古の風俗」・「土地の風俗」・「質朴の古風」への視線を共有しているのである。言うまでもなく、越後は、江戸から隔絶・孤立した辺境ではなく、すでに交通によって中央と否応なく結び付けられてしまっている。そういった意味からするならば、江戸が都市であるのと同様に、新潟も都市である。したがって、牧之の住む塩沢は、草深い辺境——草莽！——ではなく、都市・新潟と結び付けられた領域なのである。

したがって、問題はこのように規定できるだろう。つまり、すでに都市と関係づけられることによって、純粋無垢な「古の風俗」を喪失してしまった地方が、あらたにイマジネールな「古層」を発見しようとするのである。それが、たとえば、牧之にとっては「秋山」という絶域に残存した「桃源」の世界なのであり、茂世にとっては、山中で遭遇した山人なのである。

『利根川図誌』──不分明となる都市と農村の境界

こういった事態は、地方の民俗が権力（pouvoir）の対象になったことを示している。このことは、享保十八年（一七三三）の幕府による「産物御尋ね」と明らかにつながるものである。地方の風俗は、言説の対象になり、もはや権力から放置される存在ではありえなくなっていたのである。したがって、地理と風俗が言説と権力の対象になるという状況は、たんに地方のみの問題ではなく、江戸とその近郊においても発生していた。

柳田国男は、『利根川図誌』の「解題」で、次のように記している。

布川などは、戦国以来の由緒を誇る小都会だつたが、幾分か他よりも早く農村化の兆しが現はれて居たやうである。私が覚えて居る頃にも、此本の挿画にあるよりは堤防はずつと高く、家は屋根の瓦ばかりがきら〳〵として、旧家の問屋の表先はほの暗く、少し下手へ行くと堤の外はもう畠地で、第一の荷揚げ場はその間に移されてあつた。河岸が年々出水のたびに浅くなり、水筋が遠くなつて、段々に船を寄せ難くなつて居たからである。著者赤松翁の故居は宿《シユク》の中ほど、此の新河岸から土手を超えて、降りて出る角に在つた。思ふに利根川水運の最盛時は、此書の出るよりも又数十年の前、潮来出島の花菖蒲の民謡が、川に沿うて大江戸の町まで運び出された頃に在るのであろう。著者が生まれた文化の初年から、水災の記録は少しづつ多くなつて居る。上流の開発が進んでゆくと、出水に押出される砂土の量が加わり、川床はあがり瀬は変つて、両岸の利害が相剋し易くなつて居たものかと思はれる。その動揺と未来に対する不安が、著者自らも意識せぬ此書の動機の一つであつたことは、文章の咏嘆味が幽かながら之を暗示している。（岩波文庫・一九七八）

水野忠邦によって着手された印旛沼の開発は、利根川水系の地理的空間を変容させ、そのことが、赤松宗旦にとって、安定した秩序の「動揺」として意識されたのだろう。そういった、「未来に対する不安」が、利根川水系の地誌と民俗の現状の記述へと、彼を向かわせた。安定した調和的秩序の崩壊そのものではなく、崩壊の意識が、こういった著作の動因なのである。宗旦は、『利根川図誌』を書くことによって、江戸の近郊としての利根川水系一帯を、江戸という都市から分離し、固有性を持つものとして定位しようとしたのである。

京都の都市空間を模倣した江戸

江戸の近郊において、江戸との差異が曖昧なものになり、同時に江戸においても近郊農村との差異が不分明になる。江戸という都市は、徳川以前に存在した中世の江戸を、徳川によって、一定程度作為的に、ある意図を持って形成された。それは、「全国の覇者としての徳川氏がその権力を誇示するために建設した」のであり、そのことは「中世末京都の正方形街区」を模倣した町割りに象徴的に現われている（玉井哲雄『江戸―失われた空間都市を読む』、平凡社・一九八六）のであり、そもそも江戸は京都の都市空間を再現しようとした都市だった。しかし、このような江戸の都市空間の人為性は、徹底的に貫かれたわけではない。むしろ、その徳川のイデオロギー的戦略は、江戸に一つの象徴権力のシステムを可視的なものとして形成することにあったのであり、そのことはたとえば日光東照宮を造営し、家康を神君化することに関わっていた（ヘルマン・オームス『徳川イデオロギー』ペリカン社・一九九〇）。したがって、江戸開府以降の人口の急激な増大とそれに伴う江戸の空間的拡大は、いわばなしくずし的になされたのである。荻生徂徠が、

都のはずれ田舎へ取りつく処は、外郭とて、元来堀をほり、土手を築く事、武備の一つ也。それほどになくとも、木戸を付けて境にすべき事也。元来この境立てざる故、何方までが江戸の内にて、これより田舎なりという境これなく、民の心儘に家を立てつづくる故、江戸の広さ年々広まりゆき、たれゆるすともなく、奉行御役人にも一人と目をつけ心づく人もなくて、いつの間にか、北は千寿、南は品川まで家続きになりたる也。これ古法を知らざるの誤り也。都鄙の境なき時は、農民次第に商売に変じゆき、国貧になるもの也。農民変じて商人になる事は、国政の上には古より大いに嫌う事にて、大切の事也。（『政談』岩波文庫・一九八七）

と述べているように、都市と農村との境界が不分明となりつつある。このことは、江戸の農

村化であり、他方では農村の都市化であり、都市と農村の両者に深刻な危機をもたらすものとして認識されていた。したがって、こういった状況下においては、都市は、それ自身にとって自明であった都市空間を図会や買物独案内といった類書の形で分節化することを欲望するのである。同時に、不分明となりつつある「田舎」すなわち地方もそういった分節化の対象になるのである。つまり、そこでは〈江戸〉の無意識として空間が、言説の対象になり、分裂した無意識の精神分析として大量の地誌や民俗誌が生産され消費されるようになるのである。このことが、東海道五十三次が流通し、『絵本隅田川両岸一覧』などのように都市空間が絵画として分節される原因なのである。

分裂した無意識の葛藤を治癒する北斎

これまでの記述のなかで大きな意味を持ちながらいまだ姿を現わさないでいる一つの固有名を、ここで提示しておこう。画狂老人卍乞食坊主。しかし、なぜ葛飾北斎なのか。『北越奇談』・『利根川図誌』・『東海道五十三次』・『絵本隅田川両岸一覧』の画工は、すべて北斎であり、『北越雪譜』の挿絵は北斎が描かなかったものの、この原稿はいったんは滝沢馬琴に持ち込まれた。馬琴の著作の挿絵画家としての北斎といった関係は、あらためて指摘するまでもないだろう。〈江戸〉の無意識の図像的顕在化の旗手として北斎を想定することができる。しかし、なぜ葛飾北斎なのか。北斎は、宝暦十年（一七六〇）に、両国橋の対岸、本所割下水（現在の墨田区）で生まれ、そこは「『本所に蚊がなくなれば大晦日』と川柳によまれたとおりの卑湿な地帯で、元来葛飾郡葛西領に属していたが、万治二年、両国橋ができたころから幕府が開鑿にのり出し、次第に江戸化し」「天明八年（一七八八）の御定書によると、そのころ本所はすでに『御府内』（幕府直轄地）と見なされ」「多くの地域には町名がつけられ、町奉行の支配に移されていた」（辻惟雄「北斎の生涯と画作」『別冊太陽』一九七九年夏号）。こういった、都市と農村という両義的な性格を持った葛飾を、北斎がその号として固執したことには積極的な意味がある。つまり、彼は境界としての葛飾という固有名によって、都市と農村の関係性の動揺のなかに彼自身を定位したのである。北斎は透視遠近法（perspective）と『略画早指南』（文化八年、一八一二）に見られるような幾何学的空間分割とその再構成による画法という西欧近代的なメチエを導入し、いわば幾何学的精神（l'esprit géométrique）によって理性（raison すなわち ratio＝比率）に基づいた計算によって世界を構成すると同時に、そういった理性的世界のなかに荒々しいピュシスをもたらそうとしたのである（中沢新一「妖怪画と博物学」『悪党的思考』平凡社・一九八八）。北斎は、そこで都市／農村、文化／自然の二項対立の動揺によって発生した、分裂した無意識の葛藤を治癒しようとしたのである。そういった意味からするならば、北斎が『利根川図誌』の挿絵画家として登場するのは、まったく当然なのである。そして、北斎は号を際限なく変化したのと同様に、分裂症的に無限の対象に視線をなげかけ、世界を分節化する。このようにして、意味を喪失した世界のなかの対象は、新たな意味連関において再構造化されるのである。つまり、北斎の空間分節は、新たな意味世界の発生に関わっているのである。従来は大和絵の主要なモチーフではなかった富士山（辻惟雄前掲論文）を、多様に変化する対象として取り上げ、『富嶽三十六景』として分節化したことは、江戸の意味に関わっている。

北斎よりも二百数十年以前の文禄二年（一五九三）、家康の命によって江戸に下った藤原惺窩は、その「四景我有解」で、日本の風景の美に関して次のように述べている。

我が日本六十州の間、游観広覧の美を誇る者は、関以東の八州を以て甲となす。八州の美なる者は、士峰（富士山）・武野（武蔵野）・隅田・筑波の四景を以て冠となす。故に到らざる者は、人にあらずとなす。予もまた斯の遊を以て意となすこと久し。嘗て聞く、山水を佳とする者は、道機を触発すと。仲尼の泰山に登り、川上に在すは、所以あるかな。
（『惺窩先生文集』巻七、『藤原惺窩　林羅山』、日本思想大系28、岩波書店・一九七五）

ここで惺窩は、関東の風景を〈発見〉している。「四景我有解」は、家康との関係もあり、簡単に断定することはできないが、彼の表現を信ずるかぎり、彼は富士山を含めた関東の風景を視線の対象にし、風景そのものは、誰も所有しえず、美しい風景において解放された精神の喜びは「威武も屈すること能はず。富貴も奪ふこと能はず。貧賤も移すこと能は」（同前）ざるものであり、そこで優游するもののみがその風景を「我有」（私有）することができるとした。ここには、藤原定家十二世子孫としての惺窩の武家の権力に対するアンビヴァレントな態度を読み取ることができる。しかし、そのような問題があるにせよ、江戸開府以降、いかに関東を文化的世界として位置づけるのかという課題が存在したのである。したがって、北斎の『富嶽三十六景』をそういった課題の展開と変容において位置づけることは可能であり、さらに問題は志賀重昂『日本風景論』(明治二十七、一八九四)にまで及んでいる。ただし、北斎において富士は江戸の意味に関わるものだったが、『日本風景論』では「日本人」のナショナル・アイデンティティに関わるようになっていたのである。

想像の始源空間――『八犬伝』

北斎による江戸の無意識の絵画的分節化に対応するものとして、『南総里見八犬伝』という膨大なナラティヴによる分節化が存在している。北斎が『椿説弓張月』をはじめとする馬琴の読本に挿絵を描いており、それらは『北斎読本挿絵集成』(第一巻・第二巻、美術出版社)に収められ、容易に見ることができる。『南総里見八犬伝』の挿絵は、北斎によるものではないが、彼の女婿である柳川重信によるものであり、北斎的な画想に満ちている。そこにおいても、北斎の読本挿絵がそうであるように、理性的計算に基づいた幾何学的精神とグロテスクなもの(le grotesque)が共存している。勧善懲悪の化け物が闊歩する奇怪な世界と北斎的レアリスムにうらづけられた挿絵。『南総里見八犬伝』は、崇高(sublime)とグロテスクとを共存させた、いわば徳川日本の『フランケンシュタイン、すなわち現代のプロメテウス』(Frankenstein; or The Modern Prometeus) なのだ。もちろん『フランケンシュタイン、すなわち現代のプロメテウス』を書いたメアリー・シェリーはわずか二十歳であったのにたいして、馬琴は狷介孤独な老人だったが。

『南総里見八犬伝』は、初輯発売以来好評を博し、ほぼ三十年にわたって書きつがれることになる。好評の理由はいくつか考えられるが、その一つとして南総が主要な舞台となり、しかも八犬士たちの行動範囲が関東一円だけではなく、甲斐・越後・丹波・京都などに広範囲にわたることに関わっているのではないだろうか。『南総里見八犬伝』では、こういった地域の民俗的な世界が再現される。徳川日本における南総は、江戸の近郊地帯として、江戸を中心とした経済圏に包摂され、市場経済の強い影響下にあったはずである。あるいは、関八州の一部として、江戸へ流入する流民の供給源だった。彼らのあるものは、松平定信が火付盗賊改長谷川平蔵を登用して立案・施行した石川島の人足寄場に労働による規律＝訓練(discipline) の対象として強制収容されただろう。つまり、現実に存在していたのは江戸の都市空間を変容させるものとして侵入する江戸無宿の故郷としての南総なのである。南総から江戸に流入した者たちからするならば、流民によってすでに／つねに存在していた自足した調和的村落共同体――これこそが民俗的世界の幸福な母胎である――の変容と崩壊を意味していたはずである。こういった〈江戸〉や〈南総〉はイマジネールな存在でしかなく、まさにこのようなイマジネールな共同体が変容し崩壊したと意識されるときにはじめてイマジネールな共同体をアイデンティティの根拠として形成しようとするのである。したがって江戸無宿によって変容する以前の〈江戸〉や南総の〈調和的な村落共同体〉は、事後的にイマジネールなものとして形成されたのである。

民俗的世界を散りばめる

『八犬伝』は、イマジネールな始源の空間の形成に関わっている。房総半島は関東の紀伊半島であり、京都にとって熊野が存在するように、江戸にとって南総が存在する。『八犬伝』は、南総において、始源から終末に至る直線的時間――円環的時間から直線的時間への変容こそ近代の時間意識のメルクマールである――を構成する創造のナラティヴを再構成しようとするのであり、そのナラティヴには、いたるところ民俗的世界が散りばめられている。『八犬伝』が都市民の意識において「想像の共同体」(ベネディクト・アンダーソン)を形成しようとするものであるならば、馬琴・北斎らは、江戸派国学者・戯作者そして平田篤胤らとともに、内野吾郎が言う「江戸遊民圏」に存在しているのである(『江戸派国学論考』創林社・一九七九)。平田派国学を〈草莽の国学〉とする伊東多三郎以来の規定が、平田派の展開と支持基盤とには妥当しても、篤胤の社会圏には妥当せず、〈草莽の国学者〉が決して草深い辺境の民衆ではなかったという、内野の指摘に注目する必要がある(前掲書)。篤胤が『仙境異聞』で異界を探究し、宣長がたんに死後の魂は汚染された黄泉へ行くにすぎないとして、彼の言説から排除した死後の世界を、篤胤は形象化しようとする。こういった篤胤の志向は、従来は幕末の村落共同体の危機と再構築に関するものとして解釈されてきた。あるいは、それが徳川日本における民俗学の萌芽的形態として認識され、折口信夫や柳田国男によって新国学の名の下で継承されることになる。しかし、「想像の共同体」を求めようとする篤胤の志向が、先に『八犬伝』に関して述べた江戸の市民の問題にリンクしているとするならば、その生涯のほとんどを江戸ですごした篤胤から〈草莽の国学〉といったイメージを引き出したり、柳田のように「常民」の問題を引き出すのはきわめて問題であり、民俗学の発生は、むしろ都市と農村との関係性の変化の問題に関わっているのである。そして、民俗が言説と視線の対象になる事態と同じ位相において、〈人間〉が生産の主体（sujet）として〈発見〉され、人足寄場に封じ込められ、教育と強制の対象（objet）として規律＝訓練されるようになるという事態が発生しているのである。したがって、彼は一人の主体（sujet）として形成され、その瞬間に規律＝訓練の下に（sub）投げ込まれる（jet＜jeter）のである。徳川日本の十九世紀はこういった対象に満ちている。

分裂する複数の視線

人間は労働の主体と規律＝訓練の対象として発見され、民俗は「想像の共同体」の固有性と視線の対象として見出される。博物学の対象である自然は、富を生産しうる存在（主体）として観察され、人間の視線に従属し、その支配に服するようになる。したがって、地誌・

民族誌・『八犬伝』・北斎の絵画そして博物誌は、言説・視線そして権力の対象の成立に関わっているのである。したがって、『北越雪譜』のような地誌に顕微鏡によって観察された自然——具体的には雪・昆虫——が「写生」され、鮭の人工孵化による養殖が「国益」との関連において述べられている——すなわち自然が人間の支配によって生産の主体と化される——のは、地誌が博物学と同一の視線を共有していることを示唆しているのである。こういった視線と対象の関係は、十八世紀において発生し、十九世紀のエピステーメーを形成したのである。たとえば、剪枝畸人著すところの『雨月物語』には、一人のレアリストが登場し、鯉を視線の対象にする。彼の死に際して琵琶湖に放たれた「真写図」から、視線の対象だった鯉は、生ける鯉となって水中を「遊戯」し、視線の権力から解放された。「夢応の鯉魚」におけるレアリスト興義のモデルは、中村幸彦によれば十九世紀大坂の画人葛子明蛇玉だとされるが（「秋成に描かれた人々」『中村幸彦著作集』第六巻、中央公論社・一九八二）、彼の「鯉魚」を、京都国立博物館において偶目する機会を得たが、まさにそこに存在していたのはレアリストの視線だった。「夢応の鯉魚」では、こういったレアリスムの世界は、無意識の世界への回帰というロマンティスムの世界を形成しているが、『八犬伝』において視線の対象から解放された巨勢金岡の虎は、洛中を混乱に陥れる、グロテスクなものとして反乱する自然である。馬琴の『そののゆき』（文化四年、一八〇七）では巨大な人食い蜘蛛を、『頼豪阿闍梨恠鼠伝』（文化五年、一八〇八）では、巨大な怪鼠を、北斎がレアリストの視線によって描いている。こういった一連の挿絵を試みに、栗本丹洲『千蟲譜』に描かれた巨人な蚤と同一の視線の位相に置いてみよう。もちろん丹洲の蚤は反乱する自然として描かれたのではなく、顕微鏡を通して博物学者の視線によって描かれたものである。しかし、問題は、対象に視線を向けようとすることによって、視線そのものが変容をこうむり、顕微鏡、望遠鏡そして眼鏡絵などによって複数の視線が存在することが意識されるようになるといった事態なのである。すでにそういった事態においては、ナイーヴに視線の自明性を前提とすることが不可能になっている。『椿説弓張月』には「鏡中の幻術忠臣節婦を陥る」というきわめて興味深い挿絵が附されている。ベラスケスの「侍女たち」が不在の王の視線を表象しているように(ミッシェル・フーコー『言葉と物—人文科学の考古学』第一章「侍女たち」)、ここで問題となっているのは、王の視線そのものの表象なのである。そういった意味からするならば、北斎は視線の構成と同時に分裂する複数の視線を構成しようとする「ポリフォニー的主体」へ向かっていたのかもしれない(中村英樹『北斎万華鏡—ポリフォニー的主体へ』美術出版社・一九九〇)。

スキャンダルなパロールの王国

十九世紀において、言説、視線そして権力の対象は、対象として従属すると同時に、そういった従属を打ち破ろうとする。そこに発生するのが、言説、視線そして権力の志向性の分裂と錯乱という戦略的領域である。そういった志向性の錯乱は、『北越雪譜』の「作者」に次のような奇妙な民間伝承(folklore)を記録させている。

小千谷より一里あまりの山手に逃入《にごろ》村《むら》といふあり、〔にげ入りを里俗にごろとよぶ〕此村に大塚小塚とよびて大小二ツの古墳双びあり。所の伝へに大なるを時平の塚とし、小なるを時平の夫人の塚といふ。時平大臣夫婦の塚此地に在べき由縁なきことは論におよばざる俗説なり。しかれども此に一ツの不思議あり、そのふしぎをおもへば、むかし時平にゆかりの人越後に流されなどして此地に終りたるにやあらん。その不思議といふは、昔より此

遠近画法を使った北斎の「新板浮絵・浦嶌龍宮入の図」

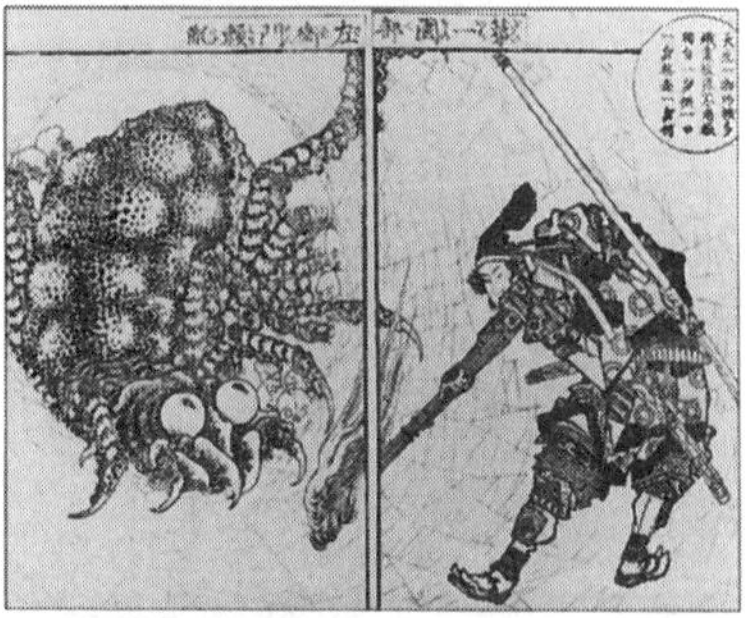
視線の錯乱(1)（『北斎読本挿絵集成』第１巻）

視線の錯乱(2)（『北斎読本挿絵集成』第１巻）

逃入村の人手習をすれば天満宮の祟りありとて一村の人皆無筆なり。他郷に身を寄せて手習すれば祟なし。しかれども村にかへれば日を追て字を忘れ、終には無筆となる。このゆゑに文字の用ある時は村の者にたのみて書用を弁ず。又此村の子どもなど江戸土産とて錦絵をもらひたる中に、天満宮の絵あればかならず神の祟の兆ありし事度々なりしとぞ。さればかの大塚小塚を時平大臣夫婦の古墳なりと古くいひつたふるも何か由縁のある事なるべし。菅家の筑紫に薨じ玉ひたるは延喜三年二月廿五日なり、今を去る事〔百樹日、こゝに今といひしは牧之老人が此したがきしたる文政三年をいふなり〕九百十五年前なり。今にいたりても神霊の明々たる事おそるべし尊むべし。

民俗学によって〈発見〉されるべき民衆がエクリチュールによって汚染されない、「目に一丁字なき常民」だとするならば、純粋な古の質朴かつイノセントな風俗を求めようとして山中に分け入った『北越雪譜』の「作者」が、はからずもそこに見出してしまったのは、菅原道真の怨霊によってその痕跡が永遠に消去されるパロールの王国だった。しかし、このパロールの王国が、時平の怨霊によって汚染された王国だったということ、そのことは民俗学的な知の形成に関わるスキャンダルをあばきたてる可能性を潜在させているのではないだろうか。

第二部

江戸という知のスタイル

宇田川榕菴、源内から若冲まで

図譜で見る江戸博物学入門

大場利康（国立国会図書館）

江戸博物学はそもそも薬の学だった！

ここに、一折のお経がある。題して『菩多尼訶経』。一見、ただのお経のように見えるが、さにあらず。何しろ、「げんすねりうす」やら、「まるぴぎうす」やら、「りんなうす」やら、どうも異人の名前らしき妙ちきりんな言葉が並んでいる。仏さんの名前なんぞでてきやしない。いったいこのお経は何なのか？

医師調剤の図。昔の漢方医は百味箪笥というタンス式のものに薬を貯蔵していた

その答えを知るには、宇田川榕菴（一七九八〜一八四六）という人物について語らなければならない。そんなやつは知らないって？　まあ、そんなふうに言うものじゃない。榕菴こそ江戸時代の博物学に革命を起こそうとした男なのだから。

とは言っても、江戸時代に博物学などというものがそもそもあったのか？　実はあった。あるにはあったが、それは博物学とは呼ばれなかった。江戸博物学——江戸時代の博物学のことをこう呼んでおくことにしよう——は「本草学」と呼ばれていた。本草というのは、古代中国に祖を持つ薬についての学問のことだ。薬となるものに草が多かったためにこう呼ばれる。今の学問で言えば、薬物学に当たるものだ。

薬物学が何だって博物学の呼び名になっていたのか？　それは、江戸博物学のルーツが薬物学、すなわち本草学だったからなのである。

宇田川榕菴

『本草綱目』がルーツ

十七世紀の初め、中国からやって来た傑作本草書、『本草綱目』を受容するところから、江戸博物学はスタートする。もちろん、それ以前から中国の本草書は何種類も渡って来ていたが、この『本草綱目』の影響力はずば抜けていた。薬の本が博物学のもとになるとは不自然だと思われるかもしれない。しかし、本草学の中身は今の薬物学とは異なる。どんな植物や動物、鉱物が薬になるのか、どこでとれるのか、どうやって使うのか、などが問題だったのである。できた薬ではなく、その材料のほうへ関心が移っていけば、自然に、博物学に近づいていってしまう。

しかし、博物学への変化は突然起こったものではないし、もちろん、もともとの意味での本草学がなくなってしまったわけでもない。本草の意味が徐々に広がっていったのだ。たとえば、「食物本草」と呼ばれる一連の著作がある。「古医方」を提唱した名古屋玄医（一六二八〜九六）の『閲甫食物本草』（一六七一年刊）を皮きりに、十七世紀後半から盛んに出版されたものだが、これは、言ってみれば、体に良い食物を集めた食の博物誌だった。最初はやはり健康に良い、というところに重点が置かれ、内容も中国の本草書の引き写しが多く、いかにも本草の名にふさわしいものだったが、野必大の『本朝食鑑』（一六九七年刊）ぐらいになれば、どこ産のものが美味い、などという日本ならではの情報も含むようになる。こうなると、もはや、単なる本草ではない。博物学らしさが見えてくる。

江戸博物学は名物学である！

江戸博物学がもともとは薬の学だった、ということは、薬の材料となる個々の植物・動物・鉱物を厳密に区別しなければならなかった、ということでもある。とくに名前をはっきりとさせることが重要だ。中国名と日本名の対応を間違えたりすれば、ものが薬だけに生死に関わる。それに、いくら『本草綱目』が優れた本であっても、そこに書かれているものの日本での名がわからなければ、何の実用性も

『本草綱目』の編纂者・李時珍（一五一八〜九三）

ない。そこで、中国名の研究、そして日本名の研究が不可欠となる。

そう、江戸博物学は「名物学」だったのである。名物学とは、名前のとおり、名と物との対応を考究する学問である。もっとも、最初は、中国の古典の研究が中心で、学者（＝儒学者）の教養といった性格が強かった。中国の動植物に関する知識を深めれば、それだけ、漢詩などをより深く理解することができるというわけだ。先進国中国の知識を持った最先端の知識人である儒学者たちには、難解な『本草綱目』の語彙を解説する役目が負わされていたという事情もある。名物学者たちは、文献の山に取り組み、文献学を武器として、名と物というよりは、名と名との対応を徹底的に追求していった。どこが博物学なのだと思われるかもしれない。しかし、古今の文献を徹底的に調査し、さまざまな用例を収集する名物学は、言葉の博物学だった。これを江戸博物学から外すわけにはいかない。しかも名物学をまた、本草学と呼ぶこともあったのである。代表作は、弟子に優れた本草学者を多数輩出した（自身は本草学者を

稲生若水と稿本に終わった大著『庶物類纂』。この本の完成のために行なわれた物産調査によって、物産学の興隆のきっかけが作られた（近世歴史資料集成　科学書院）

任じていたわけではなかった）稲生若水（一六五五～一七一五）の『庶物類纂』だろう。全千巻にも及ぶ予定だったが、若水の死により、三百六十二巻で中断した。百七十四種もの中国の古典からの引用を用いた、まさに、言葉の博物誌の名にふさわしい大著である。

博物学にはフィールドワークは欠かせない

その後、研究の対象が日本の古典や、方言に向かうと、名物学は、文化誌的な色彩も持ちはじめる。もちろん、方言の収集など、書斎に閉じ込もってできるわけがない。各地の同好の士との密接な連絡、そして、自らのフィールドワークが欠かせない。こうなってくると、名物学は、民俗学、あるいは文化人類学に近いものになる。方言だけではなく、さまざまな名前にまつわる言い伝えなどの収集も行なわれるとなればなおさらだ。こうして、薬の学である本草学を基礎として発展した名物学は、言葉の博物学を越えて、民俗の博物学にまで広がっていく。実際、民俗学の祖、

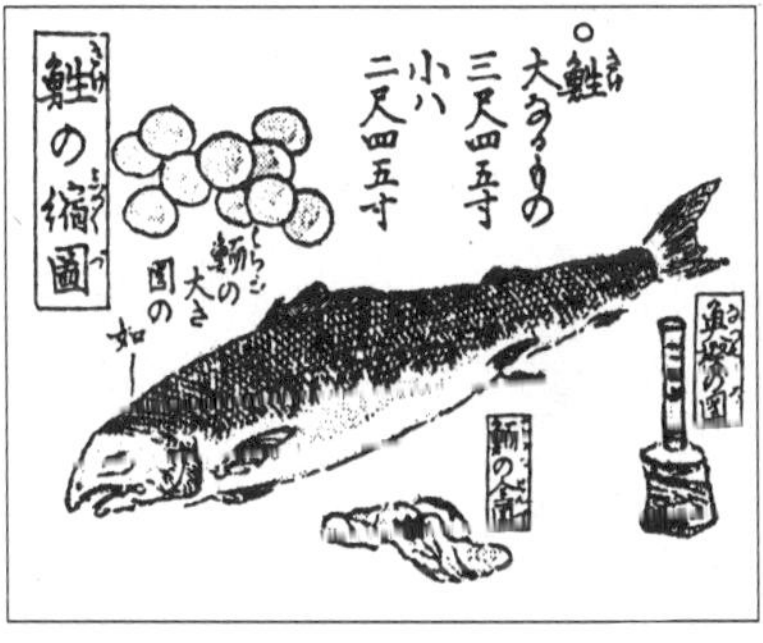

江戸博物学の民俗学的側面を代表する鈴木牧之（一七七〇～一八四二）の『北越雪譜』から。本草学者ではなかったが、自然観察者としても、牧之は一流だった。彼の学は南方熊楠や、柳田国男へと受け継がれていく。

う。柳田国男は、本草書をそのネタ本としてよく使用したとい

フィールドワークは方言の収集のためだけに行なわれたわけではない。むしろ、薬となる自然物の採集こそが本来の目的だった。そのため、本草学者のフィールドワークのことを、採薬という。採薬こそ、薬物学としての本草学を志すものにとって、もっとも基本的な作業だ。どの植物が薬になるのかを、実際にその場で判別できなければ、名前に関する知識をどんなに豊富に持っていても、薬の学としては無意味。実際に自然を観察し、分析する力が必要とされるのである。そして、実地に自然に触れ、身近な自然を観察すればするほど、生物相の異なる中国の本草書では満足できなくなるのは、当然と言っていいだろう。日本の自然に則した本草書が必要となるわけだ。さらに知識の量が増えてくれば、薬ということを離れ、自然そのものに関する興味も生まれてくる。江戸博物学は日本の「自然誌」となっていくのである。

「自然誌」というのはNatural Historyの訳語である。実

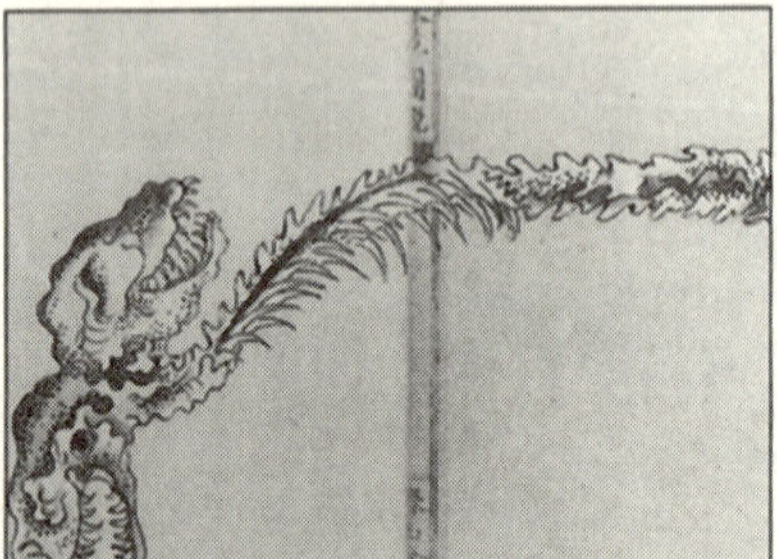

傑作博物図鑑、高木春山（?〜一八五二）の『本草図説』（リブロポート）から。奇形、というより作りものだろう。奇形を愛した江戸博物学の性格を示す一枚。正確な形態の描写と、奇形嗜好が併存している

は、博物学も同じくNatural Historyの訳語として使われていた。が、博物学のほうが本来の意味からして、意味が少々広い。ここでは、博物学のなかの、自然だけを対象とした部分を、「自然誌」と呼んでおこう。西洋で十八、九世紀に頂点を迎えて分解したNatural Historyではなく、現代の、生物学の一分科となったNatural Historyに当てられた訳語と考えてもいい。細胞や遺伝子のレベルではなく、個体レベルでの生物学とでも言えばいいだろうか。薬を離れ、書物を離れ、自然を実際に観察することで得た知識を集積していった江戸博物学は、ある意味で、「科学的」になっていったのである。つまり、伝聞に頼らず、観察によって最終的に判断される知識という意味での「科学的」だ。実物を見て考えれば、「科学的」なのか、と言われると困るが、ここでは置こう。

　人の本に書いてあるからといってむやみに信じ込まず、実際にそのものを自分の目で見て判断する、という態度は、江戸の初期から言われてはいた。しかし、実際にそれが有効に活用されるようになったのは、十八世紀の頭に出た貝

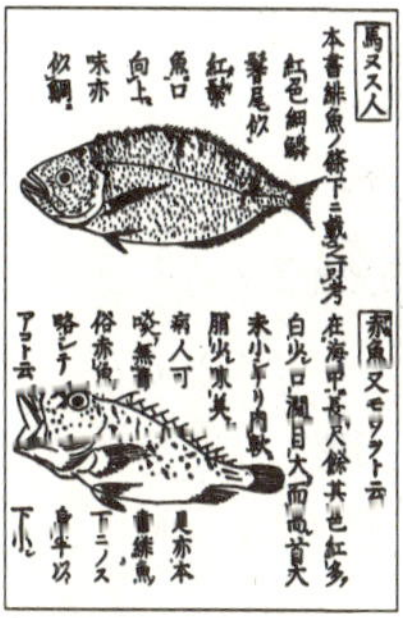

貝原益軒の『大和本草』から。同じ魚類の図でも、実物を見ているのと、言葉でしか知らないものではこれだけの違いがある。「見る」という行為によって、江戸博物学は言葉の把握から「もの」の把握へと一歩を踏み出した（有明書房）

原益軒（一六三〇～一七一四）の『大和本草』からである。タイトルからして、中国の本草ではなく、日本の本草であるという自負が感じられる。薬になるならないにこだわらず、さまざまな日本の動植鉱物をできるだけ自身で確認しながら作り上げられた、日本最初の自然誌らしい自然誌だった。

江戸博物学は物産学である！

江戸博物学者たちがフィールドワークを盛んに行なうようになったのは、採薬のためばかりではない。将軍徳川吉宗が全国に物産調査とその報告を命じたのをきっかけに盛んになったという事情がある。もともと、その物産調査は前出の稲生若水の『庶物類纂』の完成のためだった。だが、物産調査が盛んになる呼び水となったことのほうが意味は大きい。この物産調査には、江戸博物学の担い手である本草学者たちもかり出された。これをきっかけにして、江戸博物学に「物産学」としての性格も加わっていく。

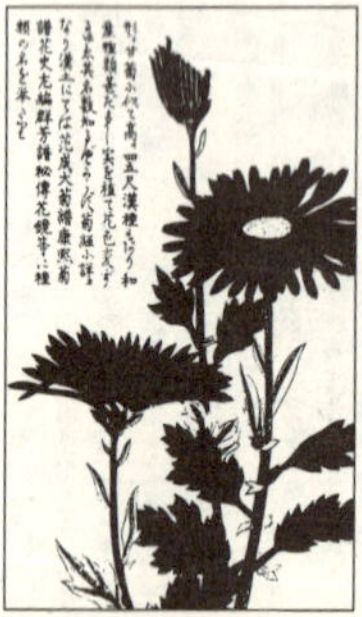

江戸植物図譜の最高峰、岩崎灌園（一七八六～一八四二）『本草図譜』から。全九十六巻にわたる大著。日本画の花鳥画の影響を脱することで、物に即することに徹した博物図譜の名にふさわしい傑作となりえた

物産学は、産業につながる自然物を研究する学問である。実用が問題となる点は本草と同じだが、幕府や藩などの経済的要求が絡んでくるために、より現実的な対応が求められる。実際に栽培、繁殖してみることが重大な意味を持つ。観察だけではだめなのだ。そして、同時に物産学は、本草学者たちに物産学者として生計を得ていく道を開いた。こうして、平賀源内（一七二八〜七九）のように、日本独自の自然誌をまとめあげようとしつつ、同時に自然物に関する知識を産業の振興に結び付け、対外貿易を有利にしようとする人物も現われてくる。

このようにさまざまな学問の絡み合いとして存在していた江戸博物学（つまり、広い意味での本草学）は、自然そのものばかりか、自然と人間の関わりまでが対象だった。扱う範囲が広いだけではない。担い手も、将軍、大名から一般の町民まで非常に多岐にわたった。大名たちの博物学愛好サークルまでもが存在し、一般庶民にも、園芸などを通じて江戸博物学は浸透していた。さらに、源内がブレーンとして活躍した薬品会（博覧会）がその火に油を注ぐ。

物それ自体の観察と写生によって作画することを目指した伊藤若冲。徹底したリアリズムに支えられたその絵の個々の部分は博物画と呼ぶに相応しい。しかし、全体としては、幻想的な芸術の世界が広がっている。図は『群魚図』（宮内庁蔵）

江戸博物学はエンターティメントだった！

江戸博物学は、単なる学問ではなかった。娯楽としての性格をあわせ持っていたのだ。ただ、江戸博物学は単なる娯楽でもない。自然やそれにまつわる事物に関する知識を持つことは、それだけで一種のステイタスたりえた。本草学が本業でないアマチュアが、プロフェッショナルの仕事を凌駕することもしばしば起こりえたほど、プロフェッショナルとアマチュアの区別は曖昧だったが、それでも依然として「学」だったのだ。限られたものだけが関わることができる閉鎖的な学問でも、知としての価値を認められない娯楽でもない。江戸博物学とは開かれた知の世界だったのである。

娯楽としての江戸博物学に欠かせないのが、その絵画としての性格である。江戸時代に作られた博物図譜の量は、膨大だ。博物図譜どうしのあいだだけではなく、動植物を題材とした絵画にも、博物図譜は影響を及ぼす。大部分が出版されず、写本によって伝わったが、それでも、張り巡

『草木奇品家雅見』（一八二七年刊）から。江戸の園芸家・金太の編纂になる園芸書。珍しい奇形の園芸植物の図を集めたもの。日本人は、こよなく変わり物の植物を愛した

らされたネットワークによって、かなりの人が直接にせよ、あるいは間接（写本を通して）にせよ見ることができた。さらに、一つの図像は、写す、という行為を通じて、また新たな図像を生み出していく。出版されたものも少なくないが、複製技術の限界から、どうしてもオリジナルそのままというわけにはいかない。それだけに、世界に一冊だけしかない著作にかけた江戸博物学者たちの執念は、並大抵のものではなかった。

武蔵石寿（一七六六〜一八六〇）の貝殻図譜、『目八譜』などは、ここまでやるなら何も平面に写し取るなぞせずに、直接標本を持ち歩いたほうがいいのではないか、と思ってしまうほどだ。しかし、そのような図像であるからこそ、標本そのものよりも、強い影響力、伝播力を持つことができたとも言えよう。正確さという学としての必要と、美しいものを見て楽しむという娯楽としての要求を、博物図譜は両方抱え込み、発展していく。

こうして、十九世紀には、江戸博物学は、広い裾野を持った一種の文化現象のごとき様相を呈するようになる。ここ

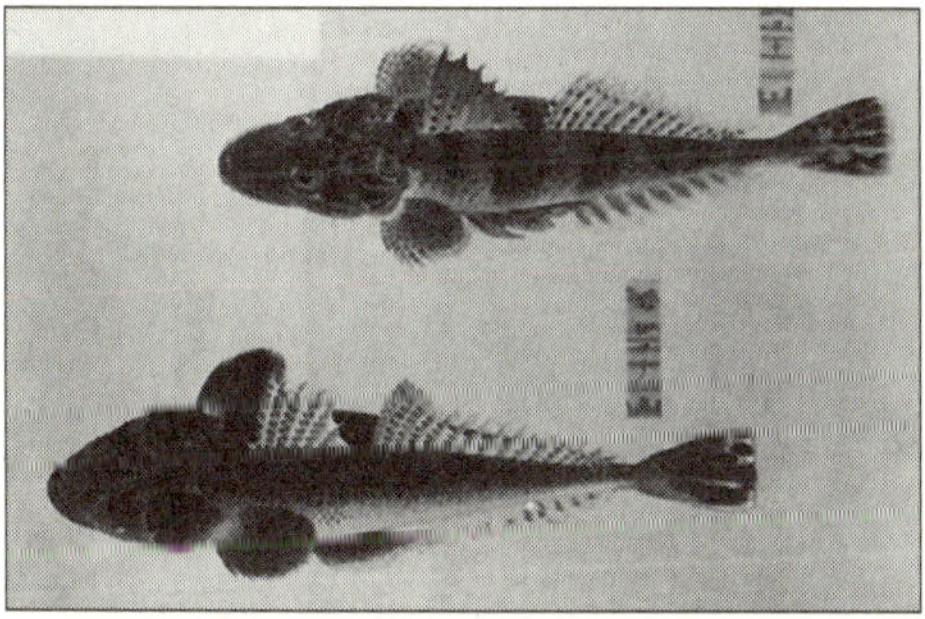

平賀源内と並び、高松藩主松平頼恭のお気に入りだった、三木文柳（一七　一〜し一）の『衆鱗図』から。博物学好みであった頼恭は、この『衆鱗図』を画工に画かせ、幕府に献上した（『江戸の動植物図』）

に、江戸博物学に革命をもたらそうとする人物、宇田川榕菴が登場する。蘭学の名門、宇田川家を継ぐために養子となり育てられた榕菴は、徹底的な教育を施された、蘭学界のエリート中のエリートだった。養父宇田川玄真（一七六九〜一八三四）は、一時は杉田玄白の養子となったこともある（放蕩がたたって勘当されてしまったのだが）、これまた、蘭学界のエリートだった。まさに、生え抜きの親子である。

榕菴革命とは何か？

では榕菴の革命とはいったい何だったのか。実は、あれほど、多くの知を集積した江戸博物学に欠けていたものがある。多くの方法論を取り込み、大名から儒学者、本草学者、医師、浪人に至るまで、多岐にわたる領域の人びとを担い手として、莫大、かつ雑多な知を集めた江戸博物学は、一つの学として、統一的な体系を持つことができなかったのだ。

大量の知を整理するために不可欠な分類について見てみよう。もちろん、分類体系がなかったわけではない。江戸博物学は『本草綱目』の分類をほとんどそのまま使っていた。『本草綱目』にしっかりとした分類体系があれば問題はないのではないか？　確かに、水・火・土・金石・草・穀・菜・果・木・服器・虫・鱗・介・禽・獣・人と並ぶ『本草綱目』の分類に、体系はある。水や火は万物に先立ち、そこから土が、さらに土から金石が生まれる。草から木までは小さいものから大きいものへ、虫から人は賤から貴へ、というわけだ。しかし、それぞれの概念に、誰もが迷わず判定できる基準がなかった。対象に何らかの基準を見出そうとするのではなく、あたかも、使っている言葉の概念をそのまま分類基準として使用したかに見える（しかし、このほうが、普段の生活のなかから見ればより自然ではある）。江戸博物学の担い手たちは、この分類をほとんどそのまま踏襲したか、あるいは少々改良して使用した。しかし、『本草綱目』にほの見えた体系的思考が発展させられた様子はほとんどない。ひたすら、増えた知識が無秩序・

リンネは、十八世紀の西洋博物学を席巻した巨人だった。ヨーロッパの博物学ブームは、リンネによってその絶頂を迎える。しかし、その分類法は、人為分類と呼ばれ、現在では使用されていない

無体系なままに並べられていく。そこに、榕菴の革命の意味があった。

榕菴は『本草綱目』とはまったく異なる分類体系を提出する。榕菴が自分で考え出したものではない。蘭学者、いや、洋学者榕菴は、西洋の体系を、江戸博物学に持ち込もうとしたのだ。榕菴は自らの提唱する学問は、「本草」ではないと言いきり、「植学」を提唱する。植学とは今の植物学のことだ(「植物学」という言葉は中国で作られた)。とくに、榕菴の植学の根幹を成していたのは、十八世紀の西洋博物学を席巻した、リンネ(Linné,Carl von, 一七〇七〜七八)の分類体系だった。

リンネと榕菴

リンネの植物分類は、非常にわかりやすく単純なものだ。雄蕊の数でまず二十四のグループに分け、さらにそれぞれを雌蕊の数で分けていく。花という、植物のもっとも目立つ器官に着目し、雄蕊と雌蕊の数という誰にでもわかる基

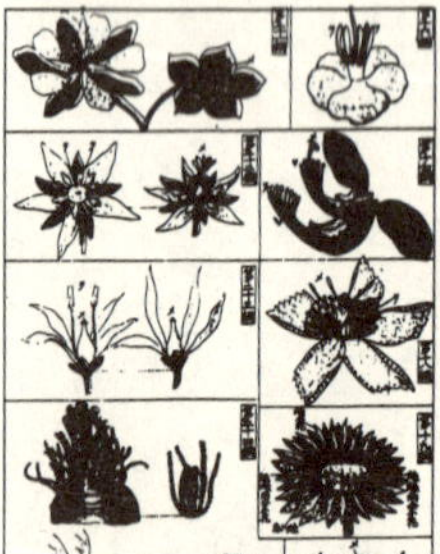

伊藤圭介『泰西本草名疏附録』(一八二九年刊)のリンネ二十四綱図。この書によって、初めて日本にリンネの分類体系が紹介された(東京大学総合図書館蔵書本)

準で分類を行なうリンネ分類は、学問的な批判こそフランスを中心として多々あったものの、少なくとも十八世紀を代表する植物分類だった。学問的には徐々に否定されていったが、十九世紀の初頭まではその解説書の出版は続いていた。

わかりやすいだけではない。この体系には、最強の命名法が付属していた。現代の分類学において、リンネの分類自体はまったく姿を消したが、その命名法は現在でも使用されている。リンネの命名法は二名法と呼ばれ、属名と種名形容詞を並べて書き表わすものである。たとえば、Homo sapiens の Homo は属、sapiens は種を表わす。ラテン語、あるいはラテン語化された単語二つの組合せによって、あらゆる種に名をつける——実際につけられている——ことができるのである。

リンネは、世界のすべての種を記述しつくすことを最初から意図していた。だからこそ、単純であり、かつ誰でも判別できる基準を設定した。そして、これこそ、江戸博物学に欠けていたものだった。すべての種が、簡潔な秩序を持って、収まるべきところに収まる。『本草綱目』型の分類では、それを望むことはできなかった。しかも、リンネ分類に従って種を判別し、その名（現在で言う学名）を明らかにしたとき、巨大な西洋の知を利用する道が開ける。榕菴が望んでいたのは、西洋の知に向かって開く窓を手に入れることではなかったか。

榕菴は医師である。いわゆる蘭方医だ。そして医師としての榕菴は、蘭方、すなわち西洋医学を完全に日本のものにするためには、それを支える知をすべて導入するべきだと考えていた。榕菴は植学を提唱したのち、動学（動物学）に心を残しつつ、早い晩年を舎密、すなわち化学にかける。榕菴にとって、化学こそ西洋科学の、あるいは西洋医学の根幹だった。さらに榕菴は、西洋の歴史や文化にまで目を向けていく。まるで、西洋のすべてを日本に持ち込もうとしたかのように。

江戸博物学は雑多な知の坩堝《るつぼ》だった！

榕菴『植物啓原』のリンネ二十四綱図。原図は、リンネの『自然の体系』の初版本。伊藤圭介のものとは異なる図に基づいていることに注意

ところが、その欧化主義者榕菴が、最初に西洋植物学を紹介したとき、何と、お経の形式を使ったのである。これこそ、冒頭に登場した謎のお経、『菩多尼訶経』（一八二二年刊）だった。「菩多尼訶」とは、botanica すなわち植物学のことだ。もちろん、「りんなうす」というのは、リンネのラテン語名である。榕菴は、ただたんに江戸博物学を西洋博物学に置き換えてしまおうとしたのではない。榕菴自身はやはり江戸の人だったのだ。『植学独語』という稿本のなかで、榕菴は本草学を徹底して批判しつつ、同時に本草学者を褒め称えている。たんなる欧化主義者ではない。江戸という入れ物を生かしながら、西洋をとりこもうとしていた。西洋植物学の書でありながらお経の形をとった『菩多尼訶経』こそ、それを象徴する書のように思える。

榕菴は『植学啓原』（一八三三年刊）という書を最後に、研究の中心を化学に移す。では榕菴の革命はどうなったのか。やはり、早すぎたとしか言いようがない。シーボルトの弟子のひとりであり、榕菴よりも先にリンネ分類を世に紹介した尾張の伊藤圭介（一八〇三〜一九〇一）と、晩年

シーボルト（一七九六〜一八六六）の『日本植物誌』のなかのオタクサ

をリンネ体系による一大植物図鑑『草木図説』の完成にかけた飯沼慾斎（一七八三〜一八六五）を除けば、ほとんど、革命を理解しえたものはいない。榕菴の革命は、江戸の死、すなわち明治という時代を待たねばならなかったのである。しかし、榕菴自身は、明治を見ることなく、一八四六年、この世を去る。

博物学の死＝江戸の死

明治になると、お雇い外国人や留学帰りの人びとによって、江戸はひたすら西洋で塗り潰されていった。しかし、革命の協力者伊藤圭介の弟子、田中芳男（一八三八〜一九一六）や、少年時代に榕菴の『植学啓原』を読みふけった牧野富太郎（一八六二〜一九五七）、不朽の名著『日本博物学年表』（一八九一年刊）の著者、白井光太郎（一八六一〜一九三二）など、博物学を中心にして、江戸博物学を生かしながら、日本独自の博物学を築こうとした人びとがいた。もちろん、西洋博物学が中心であったにせよ、江戸博物学はただ歴史の波に消えてしまったわけではない。江戸博物学と西洋博物学が（榕菴の目論見どおり）結びつき、新たな「東京」博物学の時代がやってくる。しかし、無秩序であったからこそ輝く、雑多な知の坩堝《るつぼ》であった、あの江戸博物学の世界は、もはやそこにはない。榕菴の革命の成就は、江戸の新たな生であると同時に、やはり江戸の死でもあったのだ。『菩多尼訶経』は、江戸の葬送の経だったのかもしれない。

◉参考図書
上野益三『博物学の時代』（八坂書房）
『アニマ』（一九八九年五月号）
木村陽二郎『江戸期のナチュラリスト』（朝日選書）
矢部一郎『植学啓原＝宇田川榕菴』（講談社）
『鳥の日本史』（新人物往来社）
荒俣宏編『高木春山　本草図説　動物』（リブロポート）

江戸になぜゴミ問題がなかったのか？

江戸の廃棄物リサイクルシステムに愕然！

渡辺善次郎（国立国会図書館）

江戸末期の日本は、三千万人と言われる膨大な人口を、この小さな四つの島だけで養い、しかも高度な独自の文化を築きあげていた。
それはモノを徹底的に大切にし、あらゆる資源をフルに活用しつくすことによって可能であった。できるかぎりあらゆる物資を反復利用し、再活用を図る、見事なリサイクル・システムが、その社会を支えていた。

「振袖火事」と古着屋

江戸城天守閣をはじめ、江戸市中のほとんど全域を焼き払い、死者十万を出した明暦三年

（一六五七）の大火は、一名「振袖火事」と呼ばれる。それは紫ちりめんの振袖に由来する。ある大家の娘が上野の花見で見知らぬ美青年をみそめて恋わずらいをし、それがもとで病死。そのとき着ていた振袖が棺とともに寺に葬られたが、それが古着屋を通じて、他の大家の娘に買い取られた。その娘も一年後に病死し、その振袖はまた古着屋から別の娘の手に渡った。ところがその娘もまた一年後に病死した。三人の娘はいずれも十六歳、命日も同じ一月十六日であった。

そうした振袖の不思議な因縁を恐れ、本郷本妙寺で供養とともに焼却しようとしたところ、火のついた振袖が突然舞い上がり、空を飛びまわりながら江戸中を焼き払ったという。当時はそのようなかたちで古着が繰り返し売買されており、かなりの大家の娘たちでも古着を買うのがごく普通だったのである。

庶民の普段着はもっぱら古着だった。破れれば継ぎをあてて、いつまでも大切に着ていた。まったく柄のちがう布で継ぎをしたものでもべつだんおかしいとは見られなかった。冬になれば単衣《ひとえ》もの二枚を合わせて綿を入れて着、夏にはその綿を抜いて単衣にした。六月一日を「わたぬき」と呼んだのはそのためである。

とくに改まった衣裳が必要なときとか、少し洒落て吉原などへ遊びに行くときには、損料屋の借着を利用した。損料屋では蒲団や蚊帳も借りることができた。

布地や綿はかなり高価で、火事のときにはまず蒲団を持って逃げた。用心のよい家では、いつも大風呂敷を広げた上に蒲団を敷いて寝ていた。いざというときには、すぐにそれに蒲団を包んで逃げるのである。

褌でさえ高かったから、行き倒れにでもなるとまずそれが奪われたという。古くなった褌でも染めて仕立物に利用した。

こんな状況だから衣類が捨てられることはない。いよいよ使えなくなれば屑屋が買って浅草紙の原料にした。

幕末の江戸には三千九百八十七人の古着屋がいた。これはソバ屋の数（三千七百六十三軒）よりも多かった。古着の売買はさかんで、問屋・仲買・小売の流通組織も早くから成立しており、上方から江戸へ、江戸から関東、東北へ、という全国的な流通機構も確立していた。

古着とならんで古道具の売買もごく日常的に行なわれており、江戸の古道具屋は三千六百七十二人にのぼった。

与太郎話で有名な「道具屋」をはじめ「火炎太鼓」、「へっつい幽霊」、「花瓶」など、古道具屋はよく落語の題材にされた。へっついや尿瓶までが売買されていたのである。

また「献残屋《けんざんや》」という、不用品を交換する商売もあった。主に武家のあいだでの贈答品、献上品などで不要なものを買い集め、他に売る商売である。江戸城周辺にたくさんあって、品物としては檜台、樽などの道具類や、魚貝の干物、昆布、葛粉、片栗粉など日持ちのよい食料品などがその対象になった。

酒の空樽なども回収ルートがつくられていて、繰り返し利用された。酒屋が回収するだけでなく、空樽買いが市中を歩いてそれを買い集め、空樽問屋に売っていた。
こうして古着や古道具類はほとんどゴミにはならなかった。

何でも直してくれる修理屋さんがいた

ものは徹底的に修理して使われた。そうした修理屋の種類や数はおびただしい。たとえば、煙管の竹を取り替える羅宇屋、錠前直し、桶のタガを掛け替えるタガ屋、庖丁やハサミの磨師、ノコギリや石臼のめたて屋、鏡磨き、ソロバン直し、雪駄直し、鋳掛屋などが、しじゅう市中をまわっていた。

金属類は高価なもので、火事などには鍋、釜を頭にかぶって逃げた。それらに穴でもあけば鋳掛屋に頼んで直してもらった。

下駄や足駄も歯が減れば、歯入屋が新しい歯を入れ替えてくれるし、台だけを取り替えることもできた。鼻緒が切れれば、代わりのものを付け替えればよい。いよいよ駄目になれば薪にした。

行燈やこたつ櫓なども破損すれば、その直し屋が修理し、あるいは新品と交換してくれる。ちょうちんや傘、雨障子などでも張替屋に頼んだ。張替屋は即座に紙を張り替え、それに屋号や名前なども書き入れてくれた。

皿や茶碗のような陶器でも、割れたら「焼継屋」が修理した。漆や白玉粉を用いて焼きついだらしい。新品を買うよりははるかに安いから、できるだけ直して使った。

そうした修理がいよいよできなくなれば捨てざるをえないが、たいていのものは回収業者が買い取ってくれた。買い集めて再生利用するシステムができていたのである。

古傘を買う「古骨買」がいて、「古骨はござい、古骨はござい」と呼ばわりながら市中を歩いた。古傘は骨を直し、紙を張り替えて再利用し、貼ってある油紙は漬物や味噌、魚などの包紙として商店に売った。浪人たちが傘の張り替えをよく内職にしていたことは、芝居にも多く出てくる。

古金属の回収もさかんに行なわれていた。なかには「とっかえべえ」という、今日のチリ紙交換の先祖のような商売もあった。古い銅鉄類とアメとを取り替えて歩く行商人である。浅草に住んでいた紀州出身の商人が、故郷紀州道成寺の釣り鐘建立のために考えついた商売だと言われる。

紙屑やボロ布は紙屑買が買って歩いた。行商人ばかりでなく、路に落ちている紙屑を拾って生活している貧民も多かった。それらはすき返して、トイレットペーパーに再生された。有名な浅草紙である。その業者は山谷に多かった。その職人たちは紙の材料として紙屑やボロ布を煮て溶かすが、それが冷えるまでの暇を利用して吉原見物をしていたらしい。それが「ひやかし」の語源だという。

煤払いのときには神棚、神社に貼られている御札を張り替えるが、その古札も集めて、すき返しの紙にした。

またお盆には、仏に供えた瓜や茄子、真菰などを川に流すことになっていたが、それが川を汚し、ふさぐということで禁止されると、それらを手数料をとって回収し、処分してやる商売も現われた。野菜類は漬物屋に売り、真菰は高輪や九段坂など二十六夜待らの場所にもっていって、敷ものとして売ったのである。

ちょうちんや燭台などで使ったローソクの流れかすを買い集める「ローソク流れ買」もいた。風呂敷を背負い、秤をもって行商したという。それらをまたローソクに再生した。

古椀を買って歩く商人もいた。ぬり直して田舎にでも売ったのであろう。

うんこも買ってくれた！

都市の最大の廃棄物は人間たちの排泄する糞尿である。だが江戸時代の糞尿は、廃棄物どころか、農業生産のためのもっとも重要な肥料として売買の対象にされていた。

江戸庶民の大半が住んでいた長屋では、共同トイレを使っていた。そこに溜まる糞尿はすべて大家の所有とされた。たかが糞尿なぞと軽く見てはいけない。その糞尿を農家に売り払う代金は、大家が管理人として長屋の所有者からもらう給金よりも多かった。幕末頃の事例では、大家がもらう給金は一年に二十両、いろいろな余得が十両ぐらいだが、糞尿代金は三十両から四十両にものぼっている。

こうした長屋のトイレ汲取り権は、独立した権利株として、何十両、何百両で取り引きされていたのである。

一般の町家や武家では、糞尿を汲み取らせる代わりに、農家から野菜や漬物などを受け取っていた。おとな一人分の糞尿が、一年で大根五十本、茄子五十個ぐらいになった。

「山城の小便買ひものどかなり」という其角の句があるが、京都の市中を歩きまわっていた「尿買い」は江戸時代から昭和のはじめ頃まで京都独特の風物だった。彼らは肥桶に野菜をかついで、「青菜に小便しょ。大根に小便しょ」などと呼ばわりながら、街々をまわり、尿と野菜を交換していた。十返舎一九の『東海道中膝栗毛』のなかにも、そうした小便買いの情景が描写されている。

交通・運輸の中心となる都市では、馬糞もまた大量に発生する廃棄物だが、それも人糞尿と同様に貴重な肥料として買われていた。馬糞は関東では人間の尿よりも大切にされ、大名や武家の屋敷の厩を掃除する権利は、一つの株として売買された。

馬一頭あたりの馬糞代は一年に三両にもなった。近郊農村の『村明細帳』などには、よく「男は江戸へ馬糞とりに出る」と記されている。

「片足をとかきにつかふまぐそ取り」という川柳がある。「斗掻き」は熊手のこと。それをもって宿場や街道筋など馬の多く集まる場所へ出かけ、馬糞を拾って生活する人びとが大勢いた。いろいろな川柳や漫画もあって、馬糞拾いが当時一つの都市風俗として成り立っていたことがわかる。

徹底した廃棄物リサイクル

都市生活のなかではこの他種々雑多な塵芥類が大量に発生する。しかし農村で肥料になるものは、近郊の農民たちの手によって熱心に回収された。

たとえば荷造りなどのあとに発生するワラ屑や縄切れ、古畳、厨芥類、魚河岸から出る魚のクズなどは絶好の肥料であった。農民たちは芥舟を出して、それらの塵芥を回収し、あるいは買い集めた。

江戸っ子は初物好きで、初茄子などの走り物、初物を高価で買った。江戸の砂村などでは、そうした早出しの促成栽培を行なっていたが、その方法は「江戸ごみ」と油紙、炭火を利用したものであった。「江戸ごみ」は主として日本橋魚河岸の魚芥が用いられた。温床のなかへ、これを幾重にも踏みこみ、上に油障子や筵をかけて保温したのである。

この他、都市周辺でさかんだった手工業の産業廃棄物、たとえば油粕、酒粕、焼酎粕、醤油粕、豆腐粕、飴粕といった粕類や米ヌカなども肥料にされた。

さらに髪結床から出る人髪や、ドブ泥、煤などにいたるまで、すべての有機物が肥料として集められ、農村に還元されていたのである。

もっぱら薪炭を燃料としていた当時の都市では、毎日排出される灰は夥しい量に達した。だがそれらの灰も主に肥料として回収されていた。京都や大坂では前掛けをつけた灰買人が、「ヌカ、実、灰はござい〱」と呼ばわりながら、カマドの灰と米ヌカと綿核を一緒に買って歩いた。江戸では自家で綿を操らず、米ヌカは春夫の家から買うため、灰買人はただ灰だけを買い集めていたという。

そうした灰買人たちの回収した灰を買い集めて転売する仲買・問屋があったらしく、各地で灰市が開かれていた。

米ヌカについても問屋制度が確立しており、江戸の近郊などでは、下りヌカ問屋、地廻りヌカ問屋があり、都市の問屋と在方の肥料商とを結ぶ流通組織ができていた。

こうして大量に生み出される都市の廃棄物も、燃えるものは燃料に使われ、有機物は肥料にされたりして、ほとんど大部分が大地に還元されたのである。

火事跡に大量に発生する瓦、壁土、石くずなども、道路の補修に利用されたり、割れ瓦はへっつい作りに塗りこめられたりして、かなり減量されていた。そして、どうしても処分できないものだけが埋立地に運ばれた。

世界に冠たるクリーン都市・江戸

どうしようもないゴミは、とかく不法投棄の対象になりやすい。それらは川や空き地によく捨てられた。

江戸では各町内にゴミの溜め場を設け、それを町から川の船着場に運び、塵芥舟に積んで、指定された埋立地まで捨てにいった。そのゴミ処理に要する費用は「芥銭」として町ごとに徴収された。

江戸のゴミ処理で注目されるのは、たんにゴミを捨てるのではなく、それを新出開発に利用したことである。たとえば元禄九年（一六九六）から開始された永代島六万坪の埋立事業は、二人の江戸町人の出願によって行なわれた。彼らは江戸市中のゴミ処理を請負い、ゴミ取り料を値下げし、水路の泥土を浚い、ゴミと川泥で湿地に新田を造成しようとした。それが完成したのは三十四年後である。ちなみに東京湾第十四号地、つまり夢の島―五万坪の埋立てはわずか九年で終わっている。

廃棄物が少なく、発生したゴミも土地造成のために計画的に埋立てられていた江戸は、きわめて清潔な都市であった。その清潔さは当時来日した欧米人を一様に驚嘆させた。

その頃の欧米都市は、いずれもゴミと汚物と悪臭でみちみちており、たえず伝染病の恐怖に脅かされていた。

ヨーロッパ最大の都市であったロンドンでは、テームズ川が市内の下水を集めて、どぶ川と化し、近くの人びとが逃げだすほどの悪臭を発していた。川岸にたつ国会議事堂でも、その猛烈な悪臭のため、しばしば審議を中断しなければならなかったという。

同じ頃、江戸の隅田川では、さかんに白魚漁が行なわれていた。「月も朧に白魚の篝も霞む春の夜」という歌舞伎の名台詞がいかにもふさわしい情景であった。隅田川は澄んでいた。白魚は水質汚染度BOD三ppm以下の清流にしか棲めない魚である。

隅田川べりの春は、桜草つみや桜の花見にわき、夏は大山参りの水垢離とりや花火見物、夕涼みの舟でにぎわった。

テームズ川と隅田川のこの対照こそ、ゴミに溢れていた欧米都市と、ゴミのない江戸との違いである。

子どもが退校処分にあったらどうしたか?

寺子屋の「あやまり役」

江森一郎（教育史）

　ここでのテーマを見て、「ああ、あのことだろう」と想像がつく方は、ほとんどいないのではなかろうか。おそらく、江戸時代を対象とする研究者のあいだでも、この「あやまり役」についての知識のある方はきわめて少ないのではなかろうか。

　私自身この「あやまり役」の面白さに気づいたのは、比較的最近のことだし、したがって、このことに関してたいした知識を持ち合わせていないというのが正直なところなのである。しかし、江戸時代教育史を研究対象にしつつも、もう一方で現代の社会構造そのものや、学校教育システムに強い疑問を持つ私のような者にとって、この「あやまり役」にかかわるかつての教育慣行はかなり重要な示唆を与えてくれるのでないかという気持ちがしだいに増幅しつつある。そこで、解釈力に乏しいままでの執筆で恐縮ではあるが、この文章自体が「あやまり役」についての今後の情報収集の一契機になることをも期待しつつ、あえてこのテーマで書かせていただくことにした。

「あやまり役」の具体例

私が「寺子屋のあやまり役」に興味を持ちはじめたのは、寺子屋の実態を知るには欠かせない書、『維新前東京市私立小学校教育法及維持法取調書』（明治二十五、一八九四）に、次のような記述があることを意識しだしたときからのことである。

茲ニ奇談トスベキハ当番ノ生徒中、予メ請宥役（アヤマリ役ト称ス）ナルモノヲ托シ置キ、譴責ニ遇フ者アル毎ニ、此者ヨリ其罪ヲ宥《ユル》メンコトヲ請ハシムルヲ以テ師ハ後来ヲ戒メ然（ル）後之ヲ宥ス、其状演劇ヲ見ルガ如シト。

（事例1）

〔注〕以下このように紹介する順に各事例にナンバーをつけることとする。

この書に紹介されている話には、その事例が、ほんとうに一般的だったのだろうかと往々にして疑いたくなるような珍談・奇談があるのだが、ここでのテーマの「あやまり役」についても、そういう種類のあまり一般性のない珍談・奇談にすぎないのではないかと、はじめはたいして気にもとめないでいた。しかし、江戸期の体罰観の検討を中心にした拙著『体罰の社会史』（新曜社・一九八九）の原稿を書いている段階で、ほかにもこういう事例の指摘があること（同書、P212〜213参照）などから、この事実のもつ意味が妙に気になりだしてきた。とくに、『長野県教育史』の賞罰に関する寺子屋関係資料を読んでいて、江戸の寺子屋における「あやまり役」と関連する事例をいくつか目にしたからである。すなわち、

賞罰　多くは留置、年取りたるもの詫びてつれ帰る。二例あり　（事例2）

賞罰　イタズラナドスルト「オトメ」ニ処セラル。師匠が帰レトイウマデ帰レナイ。親ナドガオワビニクルコトモアルヨシ。　（事例3）

罰　御止メ、年長者四人「世話焼きドン」と称シ、本人ニ代ワリテ師匠ニ謝罪ナシ与フ。　（事例4）

これらは、『第八巻、史料編2、明治五年以前』のうちの「諏訪史編纂のための寺子屋調査」からのみ採った例だが、この『史料編』所載の長野県の他地区の史料にも同様の記述がある。

罰　留置。三十分位　此の際師の妻が断りをなすを常とす。　（事例5）

罰　留置。師の夫人が断りをなす。　（事例6）

罰として机上に立たせ、茶碗に水を盛りて持たせる。その時門弟は協力して師匠に詫びて

許さるることあり。（事例7）

（以上三例は、伊那郡の寺子屋。同書、P647、733）

引用文中の「茶碗に水を盛りて持たせる」という罰については、全国の寺子屋に広く見られる寺子屋特有の「捧満《ほうまん》」の罰である。この罰は明治以後寺子屋の罰、体罰がきわめて過酷だった具体例としてよく取り上げられてきたが、実際はそうではなかったらしいということは拙著『体罰の社会史』（P209～212）でかなり詳細に論じておいた。

文庫箱を背負って家へ帰る

昭和十年（一九三五）発行の『千葉県教育史』にも、当時の故老の聞き書き調査の結果が豊富であるが、このなかにも「あやまり役」についてかなり詳細な史料があった。たとえば、

不良の行為を為せる者に対しては、机上に直立せしめ、或いは他生の帰宅後留置いた。而してかかる際には、近隣の老人が来て許しを乞う慣例になっていた。ここに於いて師匠は懇々説諭を加え帰宅を許した。（事例8）

行状の悪しき者のあった際には、塾主のまえに呼び出し、その行為を能く能く取り調べて訓戒したが、その方法たるや頗る巧みで、心より悔悟する者が多く、尚必要ある時は、

帰宅するときに留め置くことがあった。かかる場合には、隣家の主人が来て、斡旋をなし、塾主に詫びを入れ帰宅を許さるゝのが例であった。（事例9）

などの事例がある。

これらのうちでもっとも詳細なのは、大平小学校長斉藤忠次郎の「苦心研究の結果になるもの」であり、「山武郡地方に於ける私塾、手習師匠の状況を知る上に、好個の資料として推奨するに憚らぬであろう」と特記されている調査である。すなわち、

> 罰の最も重いのは「文庫箱を背負って家へ帰れ、明日から来るに及ばぬ」という放校処分である。例えこの言渡（し）があっても、名主などが詫びを入れて無事に納め、実際師匠から暇を出された人はなかった。……日暮れまで留め置かれるのも随分つらかった。渋面を作って居る頃になると、師匠の家族の者か、近所の人が謝罪《あやま》ってくれたものである。師匠が用先から帰ってみると、生徒達は、鬼の留守に命の洗濯とばかり、乱痴気騒ぎ、師匠はソッと隣家の老人の處へ行って、「今日は一つ子どもらを仕置きしようと思いますから、頃合《ころあい》を見計らって止役《とめやく》に出てくれませんか」と頼んで置いて、芝居に取懸ったという師匠もある。（事例10）

ここでは「あやまり役」は「止役」と表現されているが、ともかく、この慣行を師匠の側

から逆手《さかて》にとって、「芝居」を仕組んで楽しんだ様子が目に見えるように描かれている。

ところで、『維新前東京市私立小学校教育法及維持法取調書』の著者が、明治二十五年の時点で、「奇談トスベキ」としている「あやまり役」的な教育慣行は、そもそも江戸に発生したものが起源となって近隣地方に及んだのか、それとも各地の寺子屋にあった長野県下のような慣行が古くから地方の農村共同体に広く存在していて、それが逆に江戸の寺子屋に影響したのだろうかという問題の立て方が、私の頭に浮かんできた。実はこの自問自答に決定的証拠をいまだに持っていないが、結論的なことを先に言ってしまえば、私は後者、すなわち、地方起源説のほうに傾いた作業仮説を、今は持つに至っている。こういう仮説をたてた根拠はといえば、それは、寺子屋の実態研究の「金字塔」と言って間違いない乙竹岩造『日本庶民教育史』全三巻（昭和四年、一九二九）の故老への聞き取り調査を中心とした膨大な内容からこのことに関する史実を摘出してみた結果なのである。

「あやまり役」のところへ頼みに行く

一九九〇年という寺子屋が廃れて百年以上たった今日の時点で、われわれが寺小屋の実態研究をするのは、いわば「至難の業」である。にもかかわらず、幸いに戦前の寺子屋研究の金字塔、乙竹岩造の大著が残されている。しかし、この書にある詳細な索引のみでみたのでは、「あやまり役」については一例しか載っていない。それは次のような千葉県での事例である。

留置等に対しては、師匠の方にて村の閑人《ひまじん》に「あやまり役」なる者を依頼し置き、他の寺子が「あやまり役」のところへ頼みに行き、その謝罪を待ちて赦し、父兄が詫びに来ても赦さないことがあった。（印旛郡旭村故老遠藤甚右衛門報告。同書、中巻、P883……事例11）

〔注〕この師匠のことは、上記『千葉県教育史』にはまったく載っていない。

「師匠の方にて村の閑人に『あやまり役』なる者を依頼し置き、他の寺子が『あやまり役』のところへ頼みに行き」という部分が、この慣行を解釈するうえで重要な手掛かりを与えてくれると予想されるものの、以上の一例しか「あやまり役」の記述がないのである。しかし、膨大なこの書の関連箇所を丹念に読み直してゆくと、実はかなりの数の「あやまり役」関連の慣行の具体相を知ることができる。以下はその作業の結果であるが、便宜のためすでに紹介した上記の事例に基づいて分類・類型化して紹介してみたい。ただし、類別のしかたは、暫定的・便宜的なものにすぎない。

①第一類。事例1、4、7などのように、寺子仲間の先輩・同輩の子どもが「あやまり役」となる場合。

留置長きにわたる時は、同輩の者協議し赦免を師匠に嘆願することもあった。

（中巻、P865、群馬県……事例12）

座禅等の重罰の場合には大抵兄弟子が詫びを容れて許されたものであるが……、

（下巻、P575～576、山口県……事例13）

②第二類。事例5、6などのように、師匠の「御新造さん」が「あやまり役」となる場合。

処罰は必ずしも厳酷では無かったので、大抵の場合は用いられたものは、留置である。それも一定の時間が過ぎれば、師匠の夫人が詫びを入れて赦されるのが殆ど不文律であり、子どもの親が詫びに来ても師匠が怒った顔をしている。「洵《まこと》に有り難うございます。よく叱ってくださいました」と謝礼を述べて親が連れて帰るのが普通であった。

（中巻、P756、東京都……事例14）

③第三類。事例3のように親があやまる、または「あやまり役」を兼ねてもよいという場合。

最も重いのは机・文庫を負はせて家に帰らしむるもので、これを師家の方は「暇を出す」と言っていたのであるが、その時は兄弟子二三人を同伴してその家に送らしめ、且つ具《つぶ》さにその罪状理由を述べしめる。これは本人の最も恥とした所たるのみならず、父兄も亦最も恐れた所であるから、直ぐ師家に飛んでゆき、百方詫びを入れて寛恕を乞うのである。

（下巻、P553、広島県……事例15）

破門、即ち机を負わせて帰されたる場合でも、自然親に知れるが、そういう際には親は師家を訪れ詫びをして許された。

（中巻、P1055、秋田県……事例16）


（掟書の第三項に）「……3、罰を受けたる時は親必ず迎えに来たれ……」

（下巻、P108、岐阜県……事例17）


机・文庫を負わせて家に送り帰すのが……これは、大抵父兄から詫びを入れて再び登校する事が出来た。

（下巻、P653、愛媛県……事例18）

④第四類。事例2、8、9のように、年寄りや付近の人が「あやまり役」になる場合。なお、この形が「あやまり役」の原型であったと思われ、今日の教育状況への反面教師的示唆という点でももっとも注目されるものである。

留置は「お仕置き」と言って最も多く用いられたが、又、屢《しばしば》他の者の詫びを以て許されたもので、一故老の語るところによれば、留置を命ぜられた者は声を上げて泣き叫ぶ、そうすると近所に五十許《ばか》りの老婆がいて、その声を聴きつけてきて詫びをして呉れる。それで留置を命ぜられると大抵は大声で泣いたという事である。

（下巻、P132〜133、長野県……事例19）


罰の種類も多くは留置で、その時は隣家の老婆が出てきて百方陳謝し、将来を盟《ちか》わせて宥さるるなどの事が多かった。

（下巻、P304〜305、大阪府……事例20）

罰の種類は「お留め」又は「晩留め」と称した留置が最も多くして……これを課せられた場合には多くは近所の老人などが詫びを入れて許される。(下巻、P485、岡山県……事例21)

留置を命ぜられた場合には、近所の老人を頼み、詫びの挨拶を入れて宥さるゝのが常であった。

(下巻、P505、鳥取県……事例22)

ここでの場合のように、老人が「あやまり役」を担当することは、今日の老人が邪魔者扱いされていることから考えても、私にとってとくに興味深い。川柳に「折檻をしかけ、笑いにばゞあ出る」というのがあったが、こういう慣行とおおいに関連があるのであろう。

⑤事例10のように、上記分類の二つ以上に該当するものや、それらが同一地域の他の寺子屋で並行して行なわれていたもの。

その子の泣きながら机・文庫を負いて家に帰るを見るや、親は直ちにその児童と机・文庫とを携え師家へ行きて謝罪するのであった。或いはかくの如くにして追放せられたる筆子《ふでこ》は、家に帰れず、師匠も亦た放逐は一に懲戒を目的とするを以て、これを課すと同時に密かに近隣の知人に知らせ、故《ことさ》らにその詫びを入れて、然る後これを赦すのもあった。

(中巻、P929、栃木県……事例23)

師匠が一方では厳罰に処して置きながら、他方には密かに付近の人に頼みて詫びを入れしめて然る後これを許したるが如き、或いは長く留置き、父兄のその子を迎えに来たりて百方陣謝するを待って連れ帰らしめたるが如き……此処にも亦宛然《さながら》江戸の寺子屋を想わしめるものがある。
（中巻、P844～845、埼玉県……事例24）

「お留め」は常に行われ、始めは古参の者取りなして免るし、次には父母より詫びを入れて放るし、尚再三に至れば、近隣の者父母に代わり出頭して謝罪する。これを「貰い下げ」といった。罰の最も重きは机を負わせて退学せしむるものであるけれども、大抵は父母又は近隣の者から詫びを入れて事済みとなった……
（下巻、P91、山梨県……事例25）

留置を課せられたる者は父兄若くは親戚の者が詫びを入れて連れ帰った所が少なくない。
（下巻、P419、和歌山県……事例26）

留置稍長きに亙る時は師匠の妻が詫びをいれて免されるのがあり、父兄或いは近隣の老人が来て謝して連れ帰ったのもある。
（下巻、P445、滋賀県……事例27）

「あやまり役」とは何か？

以上で乙竹の聞き取り調査（ここの引用では省略したが、以上の引用文にはすべて報告者の所在、実名が記されている）による各地の寺子屋の「あやまり役」の実態を、遺漏がなければすべて拾ったことになる。

以上の事例から、かなり確かなこととして推測できることは、次の点であろう。

1、「あやまり役」は寺子屋においてはほぼ全国的に普遍的に存在した（上に挙げた例は北は秋田県、南は愛媛県まで及んでいる）特色ある懲罰にかかわる慣行であること。

2、「あやまり役」のような第三者が、子どもの懲罰に必要と意識されていたらしいこと。

3、この「あやまり役」なるものは多く近所の老人によって担われていたこと。そして、このかたちが「あやまり役」の原型であったろうこと。

私は、今のところこれ以上の推論はできないままでいる。推論を重ねることを恐れる理由の一つは、寺子屋師匠の三カ年間の毎日の日記として稀少価値のある『玉松堂日記』（埼玉県教育史別冊資料、一九六八）をかなり注意して検討してみたが、残念ながら、その結果さらに踏み込んだ推論をなしえなかったからである。ともあれ、『玉松堂日記』から関連する事項を拾ってみると、以下の三件がある（傍点引用者）。

①愛助義（儀）不届に之有り候に付、縛り上げ祖父を呼び寄せ、引き渡し申候処、達而詫入れ候に付、聞き入れ遣わし候。

（安政四年二月十三日の項……事例28）

②勘五郎当月十七日手習ニ参候迚（とて）途中にて遊び居り不参ニつき今日参り候間、机背負せ相下げ候。

（安政五年九月二十三日の項）

勘五郎高殿詫びに参り候間、聞き済まし帰山（復学）致させ候。

（安政五年九月二十四日の項……事例29）

③傳作義（儀）源佐衛門え教に行き釘を以て硯え穴明け、殊に素読復し方等閑旁々以て不埒ニ付、暇遣し候処、紋蔵殿と申仁、参られ相詫び候間、聞き入れ申候。

（安政六年四月十日の項！……事例30）

あやまり慣行という「人情の機微」

ここには、祖父や「高殿」なる人物、「紋蔵殿と申仁」が「あやまり役」の役目をしていることは明らかだが、これだけからでは彼らがどういう経過や経緯《いきさつ》でその役目をすることになったのか、もうひとつわからない。重大な罰に処せられた場合に年輩者の「詫び」が必要なことだけは、ここにもハッキリと示されている。

なお余談ではあるが、この玉松堂の師匠、植田養山は、「不届き」な子どもを「縛り上げ」たり、近所の子守娘が「樫の枝折り取る」のを注意したが止めぬというので、呼び寄せ「打擲」したり（安政六年四月二十九日の項）、一回の登校サボリで、「机を背負せ相下げ」たりで、やや荒っぽい師匠と見受けられる。

私がこの慣行に興味を持つのは、先にもふれたように老人が仲介者としての役割を担うという点であり、もうひとつには、この慣行の演劇性、「遊び」的性格を共有するという点である。こういう視角は最近、山口昌男氏などの文化人類学的研究により重要な観点であることを学びつつあるが、残念ながら、今は以上のような史実の紹介程度しかできない。

ただし、次のようなことは最後に述べておいてよいだろう。

もっとも一般的な寺子教訓書、『童子経』には「教に順わざる弟子は、早く父母に返すべし」という言葉がある。これはおそらく（自らが親に伴われて入学した際に持参したものである）机・文庫を持ち帰らせるという、退学処分を意味するよくやられた罰の根拠となっていたのであろう。そして、師匠がいちど下した罰を容易に自身で撤回せず、そうしたくてもできなかった根拠は、おそらくは儒教文化圏における教育論の原点である『礼記』の学記編に「凡そ学の道は、厳師を難しと為す、師厳にして道尊く、而して後、民は学を敬するを知る」とあることなどが、そういう雰囲気を作り出していたのであろう。他方で、我が国では、紛争・裁判の解決法として、「内済（和解）」が幕府によっても奨励され、その場合「第三者の介入」によることが中世以来慣例となっていた（茎田佳寿子「内済と公事宿」岩波講座『日本の社会史』第五巻など）。これらの要因が複合的に作用して以上のような寺子屋の興味深い罰の解決慣行を生み出したのであろう。

私は最近、武山清彦氏（仙台西高校長）の近刊の熱血の書『非行と斗う』（ぎょうせい）をいただいた。そのなかに、非行生徒の両親が子ども立ち会いのもとで全教職員の前で気の毒なほどに謝罪した場面が描かれていた。その痛ましい姿をみることが子どもが立ち直る一契機となったというくだりを読んで、人情の機微を知っている方だと感心した。寺子屋における「あやまり役」の慣行はおそらくこうした「人情の機微」に深くかかわっていたことと思われる。今日の乾き切った学校でも少なくとも「友人が本人に代わって謝る」くらいの雰囲気をつくりたいものである。（なお、以上の引用文は、読みやすくするため、旧仮名遣いや旧漢字を新仮名遣いや新漢字に改めたりしてある部分がある）

江戸医学の交代劇

蘭方医学と西洋医学の熾烈な戦い

小林昌廣（医療人類学）

南蛮外科医

時次郎の傷は、白い骨がのぞくほど深かった。だが、千庸の入念な血管の結紮によって、傷口の出血はほとんど止まっている。

「では、縫合に移ろう」

千庸は、釣針を思わせる先の曲った針をおたきから受け取ると、やっとこを思わせる持針器にはさみ、針に糸を通して、傷口の縫い取りをはじめる。（中略）京や近江で、左中のような金創医（外科医）がやってきた治療法といえば、傷口を烙鉄（焼きごて）で焼き、そのあとに傷癒薬を塗ったり膏薬を貼るだけである。傷口を縫うといっても、まっすぐな針を使ってせいぜい一針か二針括るのみである。ところが、南蛮流では、傷口の血管を結紮して出血を止めた後、持針器を用いて巧みに皮と皮を縫いあわせる。これは左中にとって目のさめるようなやり方だった。手術がおわると、干庸は、もう一度火酒をふりかけて傷口を洗った。

これは「医学時代小説」と呼ばれる新ジャンルを開拓した作家篠田達明の最新作『聖母の鐘』(新潮社)の一場面である。漢方医東野左中は、足の切断術を修得するために、豊後の南蛮病院へと向かうが、そこで彼はかつての弟弟子である炭下干庸に出会う。干庸は天主教に改宗し、宣教師であり医師でもあるアルメイダから南蛮流の医術を習っていた。

近江で代々金創医として活躍していた東野家で、外科術ばかりでなくハリ術、整体術、産科術まで学んだ左中も、あまりに手際のよい南蛮流の結紮縫合術の前には立ちつくすしかなかったようだ。

宣教師アルメイダは実在の人物である。ポルトガルの富裕な商人で医師免許ももっていたが、一五五五年(弘治元)、三十歳のときに来日する。豊後の領主大友義鎮(宗麟)の庇護をうけて、府内で我が国最初の洋式病院を設立する。アルメイダは、病舎のベランダで公開手術を行なって、「魔術、妖術」と恐れられた南蛮流治療のイメージアップを図ったばかりでなく、らい病や梅毒の患者を収容したり、ミゼリコルディアと呼ばれる巡回診療を無料で行なったりもした。しかし、ジェスイット派では聖職者が医療行為をすることを禁ずる規則ができたため、アルメイダは病院を去り、九州の各地を伝道し続け、一五八四年に六十歳の生涯を終える。府内の病院も、一五八六年島津軍によって大友氏が破られたときに、教会とともに焼失する。翌年、豊臣秀吉によってキリシタン禁止令が出され、アルメイダらの努力によって各地につくられた救療施設も衰退の途をたどる。

ふたつの事件

一五四三年、種子島にやってきたポルトガル人によって鉄砲が伝えられ、一五四九年に来日したフランシスコ・ザビエルによって天主教が伝えられたことは中学受験程度の歴史的事実だが、これとほぼ同時期に南蛮医学もまた日本に伝えられていたのである。技術（鉄砲）と精神（天主教）とのあいだに生まれた子どものように、南蛮の医術は我が国にもたらされたのだ。

それからほぼ三百年後の一八四九年（嘉永二）、年表はふたつの不思議な出来事を記載している。

「三月十五日、幕府、医官に令して外科眼科以外は蘭方参用を厳禁す。次で九月二一六日、蘭書翻訳取締令を出し、医書の出版は凡て医学館の許可を得せしむ」

「七月、蘭船牛痘痂を齊す。十七日モーニッケ通詞の三児に種て始て善感す。訳官楢林宗建、吉雄圭齊、モーニッケに親炙し、種痘普及に大功あり。翌年一月末日までモーニッケ親しく種痘したる小児三百八十一名に達す」（田中操『日本医事大年表』一九七二）

ひとつは、幕府が任命した医者である医官は蘭方医術を行なうことを禁じ（ただし外科と眼科は除外）、さらに蘭書の翻訳を取り締まり、とくに医書の出版は医学館による許可制とする、という出来事である。医学館とは、一七六五年多紀元孝が幕府の許しを得て設立した医学校である躋寿館《せいじゅかん》が、一七九一年に官設として名称が変わったものである。多紀氏は代々口科と本道（内科）をもって幕府に仕えた名門であり、医学館の長もまた代々多紀氏に命ぜられた。

いまひとつは、オランダ医師モーニッケがバタビアからとりよせた牛痘の痘痂《かさぶた》を用いて、藩医楢林宗建の息子ら三人に種痘を施したところ、善感（種痘がうまくつくこと）したという出来事である。佐賀藩主鍋島閑叟は、さっそく宗建を佐賀に招き、自分の息子らにも接種させ、このの ち牛痘法はたちまち全国的に広がってゆくことになる。

まったく同じ年に起きたふたつの出来事は、オランダ医学の立場から見るかぎり、一方では弾圧され、一方では勝利を収めるという正反対の姿勢をとっている。だが、我が国においては医学を含めた蘭学を受容すべきか拒否すべきかという瀬戸際に立たされた、きわめて象徴的な出来事だったのである。

山脇東洋の限界

キリスト教禁止令、そして鎖国という過程を経て、海外の情報は出島のオランダ商館ただ一カ所を通してのみ江戸期の人びとに与えられるだけだった。そんな状況においても、南蛮医学は和蘭医学と名を変えながら、少しずつその西洋医学の知識と技術とを、急進的な医師たちの手元に届け続けた。そうした西洋的知の種子は、やがて杉田玄白、前野良沢らの翻訳した『解体新書』（一七七四）をもって結実する。ポルトガル人アルメイダが最初に播いた種子が、二百年余りのうちに芽をふき、蘭学の枝葉を自由に成長させたのだ。

もちろん、『解体新書』刊行以前に屍体解剖は行なわれ、解剖に関する図譜、テキストの類いもつくられてはいた。とくに山脇東洋が一七五四年に京都で刑死体を解剖したことは、解剖学史上画期的なことだった。東洋はそのときの所見をまとめて、五年後に『蔵志』という書物を刊行する。なるほど東洋の行動は、自分の眼で事実を見るという態度に裏づけられた、勇気と自信に満ちたものだった。東洋はその当時の医学界を風靡していた古方派の医師であった。古方派は、彼らと日本の医学を二分していた後世《ごせ》派に対する医師集団であり、金元医学による形而上学的な医学原理をしりぞけて、後漢の張仲景による「傷寒論」の立場にもどって、実証主義的、経験主義的な医術を施すことをその根本に置いていた。「実験によって拘泥の説を破る」という思考法は「親試実験」と称され、運気論や易の理論を重んじた観念的な後世派とは鋭く対立していた。ちなみに官立の医学館を統べていた多紀氏は、後世派・古方派双方の利点を生かしつつ、伝統医学を集大成した治療医学を構築しようとした折衷派（医学史では考証派と呼ばれる）に属していた。

実証主義、治療優位の古方派の雄であった山脇東洋による屍体解剖は、のちの『解体新書』翻訳という地平に一節の光を照らしたであろうことは間違いない。人間の身体の内部を覗きたいという医者の職業者的欲望を、首なしの刑死体とはいえ腑分という実際的な行為で満たした東洋が、古来の内臓説を排し、理論よりも事実を重んずる「先物主義」を唱えたこともまた評価すべきだろう。だが、いささか冷たい言い方をしてしまえば、東洋の行為そのものはそれ以後の解剖学的知見の拡張に大きな影響を与えたかもしれないが、東洋の思想は、残念ながら古方派の領域を抜け出ることはできなかったのではないだろうか。理論ではなく事実を優先するという思考は古方派のそれであり、結局東洋は古方派の認識論を最高の地点まで持ちあげることに終始してしまったように思える。少なくとも東洋の態度は古方派医学の「確認」であって、新しい医学の「創造」ではなかったようだ。

杉田玄白の発見

その点、杉田玄白は観念的な後世派からも、理論軽視の古方派からも自由な位置にいた。玄白は祖父の代から小浜藩主に仕える和蘭外科医であった。とは言え、当時の蘭方医にありがちだったことだが、玄白の父甫仙はオランダ語の読み書きができるわけではなく、祖父の学んだ療法を「秘術」として行なっていただけであり、その水準はアルメイダの南蛮流外科術にも及ばなかったらしい。玄白はオランダ医学、とくに解剖学の重要性を軍事的な思考のアナロジーから「発見」した。

予め形体を究るは所謂兵家の孫呉と同じ事なるべし。孫呉を知らざれば軍理は立ぬものと聞及べり。医も形体に詳ならざれば、医理は立ざる事と知らる。漢土の医者、悉く治療の拙にはあらず。又其書悉く廃すべきにはあらず、蓋漢医は孫呉を知らざる軍師の如くにて、只合戦の場数になれたるを以て能《よく》戦ひ、其功によりて次第に身を立、国を興したる将の如くなるものと同《おなじ》く、戦闘は能《よく》なせども軍理に疎きがゆゑ、勝事ありても毎に危き勝《かち》軍《いくさ》といふべきに似たり。（『形影夜話巻上』）

玄白は漢方（ここではとくに古方派）を完全に否定する気はない。漢方には漢方独白の療法があることを充分に認めている。「只阿蘭の書ばかり読て事足りぬと思ふは誤り」であって傲慢であるとも述べている。だが漢方には「医理」が欠如している。「医理」とは客観的な医学法則といった内容を含んでいるだろう。「凡そ医を業とするもの、先づ始に形体内景の平素を精究することを第一にとる事なり」と断じているから、「医理」はまた形体内景の平素（人体の形体と内部構造の常態）を示してもいる。その意味で玄白は、『形影夜話』においては漢蘭の療法上の違いを指摘してはいるが、実のところ現代で言う基礎医学の重要性を強調することになったのだ。

現在医学校で基礎医学として最初に学ぶのは、解剖学と生理学である。解剖学は人体のかたち、各部の配列・組成などの構造を扱い、生理学は生体のはたらき、作用などの機能を扱っているが、両者は画然と分けられるのではなく、互いに前提となりながら発展する領域である。医学を含めた生物学は、対象である生命体の構造と機能とを究めることが最終目標となる。構造があるものには必ず機能が生じ、機能あるものは必ず構造をもつ、というのが生物学の基礎に置かれるため、より微細な構造と機能を求めて、生物学者・医学者のまなざしはその照度と解像度を高めようとしているのだ。

玄白にとっての「医理」とはまさに生命体の構造と機能をでき得るかぎり知り尽くすことにほかならなかった。生理学はまさに「生命の理」学のことであるのだから。

『解体新書』によって「蘭学」という語が定着するようになったのだが、解剖学者小川鼎三は『解体新書』の「成功」を三つにまとめている。第一に、庶民のあいだから自発的に起こった事業であること。第二に、外人、通詞の助けなく翻訳を行なったこと。第三に、当時の日本人学者の一部がこのテキストの刊行を渇望していたこと。これらの「成功」はひとり解剖学という領域の画期的展開を表わすのみではなく、蘭学全体の発展にとって大きな足跡を残したことを語っている。杉田玄白は日本人として最初に蘭学を肉化した、と言ってもよいだろう。

独占か、弾圧か

　蘭学という大輪の花を咲かせた玄白の思想は、その弟子大槻玄沢によってさらに開花させられた。しかし、オランダ医学ではなく蘭学が我が国の知識人のあいだに広められることは、ふたつの側面を含んでいた。ひとつは、『解体新書』の翻訳グループが、外科医杉田玄白をはじめとして、中川淳庵や前野良沢のごとき内科医らから構成されていたという点にとどまらず、彼らの誰もが物理学、天文学、本草学、地理学などの広範な蘭学空間に多人な関心を寄せ、それらの方面の知識を集積していた、という面である。蘭学と言えば、ほとんどオランダ医学と同義であると思いたくなるほど、医学は蘭学の中枢を占めていた。その意味で、基礎医学を準備する物理学や化学がながらく置き去りにされていたために、玄白が高らかに謳った構造（解剖学）と機能（生理学）の重視という発想は、完全に成熟したわけではなかった。とりわけ生理学的思考の円熟は、江戸後期の日本でもっともすぐれたオランダ語の使い手である高野長英の登場を待たなければならなかった。しかし、玄白ら『解体新書』翻訳グループにとっては、蘭学は医学にとどまらず、まったく新しく豊かな学問の世界をかいま見せてくれたのだった。

　こうした蘭学の多面性がまた、幕府にとっては充分な脅威となり得たのである。それが蘭学普及のもつもうひとつの側面である。確かに玄白ら一党は、蘭学を中心とした海外事情の我が国への紹介を、藩命でもなく自発的に行なうことに努めた。鎖国のただ中にあった幕府がこうした海外事情を欲していたのは当然であろう。とくにときおり日本を訪れる列強の国々と伍するためにも、軍事技術関係の情報はぜひとも必要だった。

そのために幕府は蘭学の独占、つまり蘭学を官学化すべく政策を打ちたてはじめた。いわば蘭学の弾圧がここに始まったのである。それは寛政の改革（一七九〇）、蛮社の獄（一八三九）、天保の改革（一八四二）といったかたちで顕在化し、オランダ人との接触の制限、蘭学出版物の統制、危険分子の処罰など多岐にわたったが、幕府にとっては軍事を中心とした科学技術の情報独占と、蘭学の立場からの幕府批判者の一掃とが主な目的だったから、徹底的な弾圧にはなっていなかった。

とは言え、こうした軍事技術志向は幕府から諸藩にも伝播しその担い手として武士階級出身者が登用されるという状況が生じた。医者から武士への蘭学の担当者のシフトは、幕府の諸政策が、蘭学の弾圧・独占ではなく、蘭学の中心領域の変容をもたらしたのだ。

しかし、江戸の医学館において漢方医学の中枢を占めていた多紀氏にとっては、この期を逃さずに蘭方医たちを圧迫し、日本医学界に君臨することが必要だった。そこで天保の改革に乗じて幕府に働きかけ、一八四五年（弘化二）、翻訳書はすべて天文方の検閲を受けるよう定めた。この当時まで、蘭方医学は主に外科を得意としていたため、内科（とくに薬物療法など）は漢方医学の独壇場であり、漢方の権威はある程度保持されていた。しかし、天保年間にシーボルト門下の伊東玄朴らによる蘭方内科の治療がなされてからは、漢方医の患者が蘭方内科医に奪われるようになってしまった。そのような過程があってのちの多紀氏の策なのである。

　このようにして、弘化二年の定めのあとに、嘉永二年（一八四九）、医官が外科・眼科以外の蘭方を用いることを禁じ、さらに医学館の許可なく医書を出版することを禁ずる令が発せられたのだ。だが、「外科・眼科は除外」という一文は、すでに蘭方医学の特質を幕府が許容していたことを物語っている。そして、蘭学の解禁は思いのほか、早く訪れる。一八五五年（安政二）、洋学所（のち蕃書調所）の設立によって、洋学（ペリー来航ののちであり、すでに蘭学にはとどまらない）が公式に幕府に認められたからである。洋学所とは、いわば幕府直営の海外情報蒐集・研究センターである。ペリー来航以来、軍事技術関係の情報を蒐集し整理することは幕府にとって最優先の責務となっていた。

洋学の「勝因」

　そこで、嘉永二年のもうひとつの出来事、モーニッケによる種痘の普及だが、もはや詳述は不要だろう。種痘のもたらした予防医学的発想、また村単位で種痘を行なわせた公衆衛生学的思考は、すぐれて近代西洋医学の枠組に準じたものである。

　医学史家石原明は、洋学解禁の前後、西洋医学に決定的な勝利をもたらした「事件」を四つ挙げている。すなわち、牛痘接種により天然痘予防が成功したこと、将軍家定の病により西洋医家を医官に登用したこと、軍備増強のため西洋兵学を採用し、ついで西洋医学教育を行なうに至ったこと、そして特効的新薬の舶来により西洋医学の偉効が明らかになったこと、の四つである。

種痘の普及は、我が国最初の公衆衛生運動であり、各地で大きな成果を収めた。たとえば佐賀では藩の事業として進められ、大坂では緒方洪庵により除痘館が設立された。江戸でも医学館の反対もあったが、神田お玉ヶ池に種痘所がつくられた。このお玉ヶ池種痘所は、のちに西洋医学所と改名され、さらに「西洋」の二文字が除かれ医学所と改められた。名称の変遷によって、医学が西洋医学と同義になってゆくことがよくわかる。

嘉永二年に起こったふたつの事件、それらを新興の蘭方医学と伝統的な漢方医学との熾烈な闘いの開始点と見ることもできるだろう。だが、医学館の多紀氏よる間接的な洋学弾圧は、種痘の成功や西洋医の医官登用等の進歩的な現象の前にはさしたる効果を与えなかった。これをどう説明できるだろうか。一八〇九年、七十七歳の杉田玄白翁は『形影夜話』のなかで、山脇東洋や吉益東洞ら古方派の大家がなぜオランダ解剖学の実証精神を取り入れなかったかについて「これ其人の罪にあらず、時未だ開けざるゆゑなるべし。翁がごとき不才のものも、幸に文運開くる時節に遇ひ、万事備はれるの化を蒙る事あれば、悉皆実徴の事共の従事すべき事のみ多し」と断じている。古方派の医師が悪いのではなく、時期が悪かった。自分はよい時節に立ち会い、恩恵を受けたのだから、ことごとく実証的な研究ができた、というわけである。やや楽天的な玄白の呟きは、幕末における漢方医学から西洋医学への医学アカデミズムの交代劇を説明するときにも聞こえてくる。そうした時節だったのだ。

江戸・現在・中国

しかし、そうした時節をみごとに演出したこともまた西洋医学の成功だった。現代の医療へ直接につながるであろう幕末西洋医学、その連続性を証拠づける例をいくつか列挙してみよう。

- シーボルトによる臨床医学教育（患者を前にして行なわれた講義は、従来のテキスト講読という授業形式を一新させた）。
- 高野長英の生理学思想（我が国最初の生理学教科書『西説医原枢要』は、十九世紀ヨーロッパの二大医学思想である機械論と生気論とをうまく統合している）。
- 緒方洪庵の医療思想（フーフェラントの内科学書を訳出し、西洋内科学を初めて紹介したばかりでなく、フーフェラント医学の「医家倫理」に注目して『医戒』を広めたことは、医師を「治療する機械」ではなく「倫理をもつ人間」として位置づけた）。
- ポンペによる伝染病対策（コレラや性病を社会医学の立場から捉えたり、日本人の疾病構造をその文化に対応づけて調べるなど、医療を集団レベル・文化レベルで規定しなおした）。

長英の生理学思想は、基礎医学の重要性と哲学的な影響の大きさを強調しており、現代で言うところの生命科学的思考を先取りしていた。また、シーボルト、洪庵、ポンペらは、教育者としてのみならず、患者を社会のなかに位置づけ、医師が対象とするのは特定個人ではなく患者の背後にある文化・習慣であることを明言した医療者としてすぐれていた。

行きつくところまで行きついた感のする現代医療だが、そこで提出される問題点は、幕末の西洋医たちが抱いていた疑問と共通することがあるようだ。もちろん、現代医療は高度技術化という衣裳をつけてはいるが、最終的に問われるのは日本人の死生観という生々しいテーゼである。蘭方医学が他のジャンルの知識を必要とし、また別の領域を生みだしたように、現代医学も同じように隣接分野との離合集散を繰り返している。そこではつねに技術が云々される。技術の行使者とその恩恵を受ける者の顔が見えないという点では、江戸時代も現代もよく似ている。けれども、ことに医療に関しては受供両者の根底でつながっている生命観、死生観が存在する、ということに注目した人びとがいることも、江戸期と現代では共通しているのではないだろうか。

十八世紀の半ばに、古方派と後世派とのあいだである争いがあった。古方派の鶴田元逸は著書『医断』のなかで「医は司命の職というが、とんでもない誤解である。生死は天の定めるところで、医師の関係するところではない。医師の扱うのは病気だけだ」と主張するが、後世派の畑黄山はこれに対して『斥医断』を著し、「医師が生死に関係しないなどとはそれこそとんでもない誤解である。それを別にして医師の存在理由はない」と述べたのである。

こうした争いは決して黒白がはっきりしないものだが、歴史の上では古方派が後世派を打ち負かしている。しかし現在ではどうだろうか。古方派的な実証主義・治療主義はしばしば患者に嫌われ、むしろ後世派的な自然哲学思想が重んじられることもある。最近よく読まれている『養生訓』の著者貝原益軒は、後世派の正統な継承者だった。

アルメイダのもたらした南蛮医学の小さな種子は、森鷗外をして「日本固有の医学は一箇の零点なり」（「日本医学の未来を説く」一八八九）と言わしめるまで成長し、たわわな実を稔らして現在にいたっている。漢方医学の母なる国中国では、毛沢東の提唱によって「中西医学合作化」が進められ、今や中国伝統医学と西洋医学の両方の医学を修得した「中西結合医」がふえつつある。その一方で、中国各地の医史（医学史）研究所では、かつての医聖たちの業績を再整理したり、忘れられた治療法を復活させたりしている。中国医学と西洋医学との巧みな合体が、江戸時代の日本においてどうして実現できなかったのだろうか。強烈な中華思想をもてなかったからなのか。あるいは、これもまた「時節」の問題だったのだろうか。

江戸漢詩の楽しみ方

玩鷗先生が詠んだ江戸のガジェット

鈴木健一（近世文学）

『玩鷗先生詠物百首』の小宇宙

江戸時代後半に盛んに行なわれた漢詩の一形式に詠物詩がある。その名のとおり、物の名を題として詠む漢詩である。

詠物詩が流行した安永・天明（一七七二〜八八）頃は、盛唐詩を模倣しようとする荻生徂徠らの古文辞格調派に代わって、詩人は自由と個性を目指すべきだとする山本北山の『作詩志《さくしし》彀《こう》』の主張に基づいた清新性霊派が台頭してきた時期だった。清新性霊派は写実的な詩風を重視したので、物を対象として詩作する詠物詩が受け入れられる素地は当時の漢詩壇に充分あったと言えるだろう（揖斐高氏「詠物の詩」『江戸詩歌論』汲古書院所収に詳しい）。

江戸時代においては、日本の詠物詩史上画期的な意味を持つ『日本詠物詩』というアンソロジーのほか、十数種の詠物詩集が刊行されているが、なかでも太田玩鷗《がんおう》という漢学者の『玩鷗先生詠物百首』（天明三年〈一七八三〉刊）という作品は、その題材の選び方が他の詠物詩集に比べて異色であり、注目すべきものと言えるだろう。

参考までに、その題のうち異色なものをいくつか挙げてみる（アラビア数字は百首中の通し番号）。

3 蟬蛻（蟬の抜け殻）
4 倒掖戯ポピン（首が長い管になったフラスコ形のガラス製玩具。「ぽぴんぽぴん」と鳴る）
7 引火奴ツケギ（火を移し点じるときに用いる木片）
8 鬼灯ホウヅキ
11 交綫戯イトドリ（あやとり遊びの類い）
12 搏換虎ハリヌキノ虎（玩具）
18 竹馬《たけうま》
22 漏斗ジャウゴ（液体を注ぎ入れるためのアサガオ形の用具）
26 千里鏡トヲメガネ（望遠鏡）
38 美人角觝《かくてい》（女相撲。見世物）

47鵞毛艇《チリメンザコ》（ちりめんぼし）
54弄胡猻《サルマワシ》
56機関的《カラクリマト》（吹き矢で的を射当てる遊戯。的に当たると、人形が飛び出してくる仕掛けのものもあった）
68射香《香ヲキク》（香道。香の匂いを嗅ぎ、その名を当てる遊芸）
75手鞠
79豆腐
80紙撚《コヨリ》
86上巳人勝《ヒナ人形》
91擂盆《スリバチ》
100転雪丸《ユキコカシ》（雪だるまの類い）

右の題は全体の二割ほどだが、ここからだけでも、動植物、玩具、日用品、食物、当時の風俗など、幅広く題を選んでいることがわかる。他の詠物詩集にはあまり見られない変わった題材が多く、玩鷗の果たした先駆的意義は大きい。

玩鷗は若い頃色里で遊び、当時の人柄は「豪蕩俊邁（意気が盛んで小事にかかわらず、才知のすぐれていること）」だったと言う（『玩鷗先生詠物百首』巌垣竜溪序文による）。そのような人柄が素地となって、右のような特異性が生じたのかもしれない。

とはいえ、題材の特異さのみが『玩鷗先生詠物百首』の特質だというわけではない。玩鷗のなかでは、漢学者としての自分が今まで得た知識を駆使して卑近な日常の品々や現象をいかに巧みにいかに面白く描写できるか、という点に興味の中心が据えられていたであろう。言ってみれば、それは、漢学に習熟した者が自らの教養・学識を応用しようとした一種の知的なゲームなのであり、この作品はその産物である。

千里鏡――望遠鏡の威力に驚く人びと

百首のうち、いくつかの詩について見ていきたい。まず26番「千里鏡」の詩を取り上げてみよう。「千里鏡」は今で言う望遠鏡のこと。当時、千里鏡以外にも、遠眼鏡《とおめがね》・星眼鏡などの名で呼ばれた。

まず望遠鏡の歴史をたどってみよう。望遠鏡は西暦一六〇八年、オランダで発明されたと言う。またガリレオ・ガリレイは望遠鏡の改良に努力し、最終的には倍率三十二倍のものを完成させ、それを用いて一六一〇年に木星の衛星を発見したりした。

日本への望遠鏡の伝来についてはさまざまな説があるが、慶長十八年（一六一三）イギリスの使節が献上したのが最初らしい。『徳川実紀』同年八月三日条には、駿府城においてイギリス人が徳川家康に謁見し、「猩々緋《しょうじょうひ》、弩《ど》、鉄炮、千里鏡」などを献上したという記事がある（「猩々緋」は深紅色に染めた毛織物。「弩」はバネ仕掛けで矢や石などを射る弓）。

また『南蛮寺興廃記』という書には、天正二年（一五七三）九月三日、宣教師ウルカンが安土城を訪れ織田信長に献上した品物のなかに「七十五里を一目に見る遠眼鏡」があったとあるが、七十五里と言えば約三〇〇キロメートルであり、とうてい信じがたい。

江戸時代中頃、享保の改革を推進した八代将軍徳川吉宗も望遠鏡で天体観測を行なったひとりである。津村正恭の随筆『譚海《たんかい》』巻五には、

> 寛保元年（一七四一）はゝき星出けるに、有徳院公方様（吉宗）よるよる御坊主壱人召連られ、吹上御庭へ出させられ、望遠鏡にて星のやうす御覧有、

とある。

太田玩鷗の詩は次のようなものである（原漢文）。

> 遠郭《えんかく》参差《しんし》として　目を極むること難し
> 聊《いささ》か靉靆《あいたい》を携へて　層巒《そうらん》に倚《よ》る
> 管中　道《い》ふことを休《や》めよ　天を窺《うかが》ひて狭しと
> 掌裏　全く同じ　地を縮めて看《み》るに
> 蟻歩《ぎほ》　近く分かつ　千里の外
> 人声　遥かに隔つ　幾雲端

多時　眺望して　初めて鏡を推す
咫尺《しせき》　蒼茫として　薄靄《うすもや》残る

大雑把に意味をまとめると、一、二句目は「遠郭（遠くに見える城郭）」を見るため「靉靆（眼鏡）」を持って山に登ること、三、四句目は「千里鏡」を用いると遠い景色が手に取るように近くで見えること、五、六句目はやはり「千里鏡」をのぞくと、あたかも蟻が歩いているかのように小さく見える遠くの人が、声は聞こえなくても近くに感じられること、を主として詠んでいる。

そして七、八句目。「多時」は長いあいだ、「咫尺」は非常に近い距離、「蒼茫」は広々として果てしのない様。七、八句目の意味は、あんまり長いあいだ一所懸命のぞきこんでいたので、千里鏡を目からはずしたところ、近いところがぼんやりして、うすもやがかかっているかのようになってしまったと言うのである。とくに八句目の「咫尺　蒼茫として　薄靄残る」は、何となくユーモラスでおかしい。現代でもギャグマンガなどで、近眼の少年がいたずらな仲間にメガネを奪われたとき、その少年の眼からは周りの風景がぼんやりしたりゆがんで見えるというシーンがみられるが、千里鏡に熱中した人がそれをはずしたとたん味わった〈ぼやけた世界〉は、その現代風ギャグに通じるものがありはしないだろうか。それは余談としても、この七、八句目からは、千里鏡がはるか遠くまで見ることができるのに驚いて夢中でのぞきこんでいた人間の熱中ぶりがリアルに伝わってきて、作者の手腕の巧みさを思い知らされる。

ところで『玩鷗先生詠物百首』以外に、江戸時代のどのような文学作品において千里鏡（遠眼鏡）は取り上げられているだろうか。

天和二年（一六八二）刊の『好色一代男』巻一には、主人公の世之介が遠眼鏡でのぞき見をする場面がある。このとき世之介は九歳。行水の女を世之介がのぞいていたところ、それに気づいた女は恥ずかしくて声も出せず、ただ手を合わせてやめてくれと拝んだという挿絵が載っている。このシーンは、小説のなかで望遠鏡でのぞき見するもっとも古い例と言われている（231頁図参照）。

また『誹風柳多留』にも、「こそぐって早く受取る遠眼鏡」などという句があり、早くのぞいてみたいという躍るような心持ちが表現されている。

右のような作品と比べても『玩鷗先生詠物百首』の詩は、千里鏡を手にした人物がその威力に驚き、子どものようにはしゃいでいる様子が臨場感を伴って読み手に伝わってくる点がすぐれていると言えよう。

射香——香を楽しむ女性たち

次に68番「射香香ヲキク」の詩を取り上げる。これは、組香《くみこう》という、二種類以上の香を用いて一つの世界を表現し、その匂いを嗅いで香名を言い当てる遊戯について詠んだものだろう。

組香は中世後期から始まり、江戸時代においてたいへん発展した。その代表的なものを十《じ》種香《しゅこう》と言い、『万芸間似合袋』という書では「十炷香、宇治山、小鳥、小草、花月、名所、矢数、競馬、源氏、連理」を十種香とする。江戸後期には庶民のあいだでも流行し、御家流・志野流・米川流・建部流などの流派が栄え、組香の種類も八百を超えたという。町人や豪農は自己の経済力を背景に〝教養としての香〟を、また遊女は〝遊女のたしなみとしての香〟を求めたのである（『日本を知る事典』「香道」川島将生氏の解説などに詳しい）。

また延広真治氏の「香に迷う」（『鑑賞中国の古典15　蒙求』角川書店）は、日本文学と香の関わりについて論じている。それによれば、日本文学には、香によってその人であると知る趣向、契りのしるしに香を与えるという趣向、またその変型で香箱を贈るもの、さらに複雑化したものに、そのように嘘をつく話型があるという。

では、玩鷗の詩について見てみよう。

判花　闘草《とうさう》　閨人に属す
殊に愛す　双鑪《さうろ》　韻事の新たなるに
火候　将《まさ》に窺はんと　繊指掩《おほ》ひ
香名　認め難くして　翠眉《すゐび》顰《ひそ》む
半窓の斜月　応《まさ》に暁を侵《をか》すべし

一炷の早梅　先《ま》づ春を占《し》む
中に氤氳《いんうん》鼻観に通ずる有り
輸贏《しゆえい》　已に定まりて　朱脣《しゆしん》綻《ほころ》ぶ

一、二句目は「判花（花合）」や「闘草（菖蒲合）」などいろいろある「閨人（婦人）」の楽しみのなかでもとくに香は人気があること、三、四句目は「火候（火加減）」を見たり、「香名」を当てようとする女性の様を言う。「翠眉（美しい眉）顰む」というのは、香名がわからないからだろう。「繊指（細くしなやかな指）掩ひ」という仕草はとても愛らしい。五、六句目、月光や梅などの春の景物が醸し出すロマンチックな雰囲気が、なまめかしげに遊戯に打ち興じる女性たちにはよく似合っている。七、八句目「氤氳」は気の和らぐ様、「輸贏（勝ち負け）」が決定し、「朱脣（赤い唇）」がゆるむことを言う。

全般に、女性たちが組香に熱中しているその場のあでやかな様子が、生き生きと描かれていると言えるだろう。

紙撚

次に80番「紙撚《こより》」を見てみよう。

「こより」は、細く切り裂いた紙を縒《よ》って糸や紐のようにしたもののことである。紙撚のほか、紙縒・紙捻とも書き、また観世縒《かんぜより》とも言う。じつに便利なものでいろいろな使い道がある。

たとえば洒落本『古契三唱』跋文に「あげ煙管のやにこきも、とをるとをらざるたがひは、ただくゎんぜよりの一すじに、たのむほかにないぞへ」とある。やにで詰まった煙管を通すため観世縒を用いることと、しつこい客を上手にさばいていくことを懸詞を用いながら表現しているのである。

また『雑兵《ぞうひょう》物語』という書には、居眠りする兵士への対策としては、こよりで鼻先を触ってやればよいとある。

では、『玩鷗先生詠物百首』の詩ではどう詠まれているだろうか。

擘裂《はくれつ》　剪裁《せんさい》　片楮《へんちょ》に同じ
一条　撚《よ》り出す　指頭の工
夜牀　痘を験して　膏　力を添え
夏帳　蚊を駆《か》りて　火　攻を試む
否塞《ひそく》　宜《よろ》しく通ずべし　煙管の道
短長　奪ふに堪《た》へたり　竹籤《ちくぜん》の功
狂童　奈《いかん》ともせず　調謔を逞《たくま》しくし
刺鼻《しび》　窺《うかが》ひ来りて　唾翁を嚏《くさめ》す

一、二句目は、こよりの製造法。紙を「擘裂剪裁（ひきさき裁ち切る）」して「片楮（紙切れ）」同然にしたうえで、「指頭の工（指先の技術）」で一すじひねり出すことを言う。

三句目から六句目までは、こよりがいかに便利なものかについての具体的な例。「痘瘡（疱瘡）」の治療のため膏薬をつけようとしたり（三句目）、蚊を焼き殺すため火をつけて使ったり（四句目）、「煙管《きせる》」の「否塞（ふさがった状態）」した中を掃除したり（五句目）、「竹籤（くじ）」の代用にしたり（六句目）するなどの多彩な使い道がある。これらの表現には、日常のすみずみまで細かく行き届いた玩鷗の観察眼が発揮されていよう。

最後の七、八句目はじつにユーモラスだ。「狂童（いたずらな子ども）」が「睡翁（いねむりする老人）」のところへやって来て、鼻にこよりをさしこんでくしゃみをさせるのである。さきほどの『雑兵物語』でも似たような例があったが、ここでは子どものいたずらなのでおかしみがある。とくに三句目から六句目までは、こよりがじつに有益だという真面目な例なのでよけいオチがおかしいのである。ここにも、作者玩鷗のユーモラスな人柄がうかがえるだろう。

美人角觝――華麗に闘う女力士

最後に38番「美人角觝《かくてい》」の詩を取り上げる。「美人角觝」と漢字で書いてあるとなんとなく難しいもののような気がするが、「角觝」とは相撲取りのこと。すなわち「美人角觝」とは、明和（一七六四〜七一）頃盛んに行なわれた見世物としての女相撲を言うのである（249頁図参照）。女の相撲の歴史自体は古く、『日本書紀』巻十四、雄略天皇十三年九月に「乃《すなわ》ち釆《うね》女《め》を喚《め》し集《つど》へて、衣裙《きぬも》を脱ぎて、著犢鼻《たふさぎ》（引用者注：ふんどし）して、露《あらは》なる所に相撲とらしむ」という記述があり、また中国宋の時代の司馬光に「上元に婦人をして相撲せしむるを論ずる状」という一文がある。しかし、日本において、興行として盛んに行なわれるのは、江戸時代の中期、明和頃のことであるらしい。女性がまわし一つで土俵に上がるのだから、かなりエロチックな見世物だったにちがいない。なかでも女と座頭に相撲を取らせるものは、「一人り娘に聟八人と称して、ただ一人に座頭八人を取組ましめ、手取足取りに言ふべからざる醜態をあらはさしめたり」（『芸界きくまゝの記』）という記述からしても、その淫らさの度合いが知られるだろう。

では玩鷗の詩を挙げる。

新たに催《もよほ》す　角觝《かくてい》　女　雲の如し
纏錦《てんきん》　繊腰《せんやう》　夕曛《ゆふくん》に映ず
但《ただ》見る　仙娥《せんが》　両隊を分かつを
娘子《ぢやうし》　三軍を督《とく》するに関はるに非《あら》ず
言《い》ふことを休《や》めよ　楊柳　嬌として力無しと

忽《たちま》ち　桜桃　乱れて芬《ふん》を闘《たたか》はす有り
枉殺《わうさつ》す　蛾眉《がび》　能《よ》く性を伐《き》ると
若《も》し明主に逢はば　自ら勲を垂《た》れん

一句目は、相撲興行のため女力士たちが集まってきたところ。二句目は、力士たちの姿についての描写。「纏錦」つまり錦のまわしをまとった「繊腰（ほっそりした美女の腰）」は「夕曛に映ず（夕陽に映《は》えている）」と言うのである。

三句目「仙娥」は女の仙人、または美女を言う。それが「両隊を分かつ（力士を東西に分ける）」と言うのだから、「仙娥」は女性の行司を指すのだろう。四句目「娘子（むすめ）」が「三軍を督する（軍隊を率いる）」と言うのは、娘子軍《じょうしぐん》という唐の平陽公主が率いた女性だけの軍隊を意識しての表現。

五句目、「楊柳嬌として力無し」は、有名な中国の詩人白楽天《はくらくてん》の詩句「侍児扶《たす》け起《おこ》せども嬌《きやう》として力なし（付き添いの女が助け出したが、なよなよとして力が抜けたようになった）」（「長《ちよう》恨歌《ごんか》」）、「柳気力無くして枝先づ動き（柳の枝はなよなよと風に吹かれている）」（「府西池」）などの表現が念頭に置かれているのだろう。「言ふことを休めよ」と言うのだから、力士たちは柳のようにはなよなよしていないと言うのだろう。

六句目は、力士が戦う様子の描写。「桜桃」は美人もしくは美女の赤い唇をたとえて言う語。唐の玄宗が、侍女を二組に分けて花の枝で戦わせた故事で有名な「花軍」という語もあり、六句目はそれを踏まえての表現。

七句目「伐性」は、「伐性之斧（女色などに溺れること）」という成語を踏まえている。「蛾眉（美しいまゆ）」が男たちを女色のトリコにすると言うのである。八句目は彼女たち自身の勲功を「明主（かしこい君主）」に誇る様子を描く。

ここで表現の点で気がつく点を箇条書きにまとめておこう。

①「但見る」「言ふことを休めよ」などの漢語調の言い回し、
②「楊柳」「蛾眉」など有名な漢詩にも用いられるような漢語の使用、
③「嬌として力無し」「伐性」などの成句の使用や、「娘子軍」などの故事の援用、
④押韻をきちんと踏んでいること（通例、律詩では、一・二・四・六・八句末で押韻する。
この場合は、雲・嚔・軍・芬・勲）、

などなど、漢詩という伝統的な文芸が持っている語や約束事を用いていることが見てとれる。さらに、その伝統的な器に対して、中味である内容は女相撲という卑俗でエロチックな見世物であるという、この落差にも注目したい。

したがって、

(α)漢詩の伝統的な表現を用いて、微に入り細に入り、ある題材の属性を描写する巧みさ、
(β)題材の卑俗さと、漢詩という形式の高雅さの落差から生じるおかしさ、

の二点が、38番「美人角觝」詩の、ひいては『玩鷗先生詠物百首』の世界が獲得した魅力と言えるだろう。最初に述べたような、この作品における漢学者の知的ゲームとしての特質を

考えれば、(α)こそ『玩鷗先生詠物百首』の主たる産物であり、それに対して、(β)は副産物といったところだろうか。

江戸漢詩の可能性

以上見てきたような、新発明への驚き、遊戯への熱中、日用品への観察眼、見世物への興味といった事柄を、ある時はユーモラスに、またある時は抒情的に、とさまざまな角度から描いて見せる太田玩鷗の手腕のなかに、彼自身の持つ洗練された感覚と精神ののびやかさを感じ取ることができるだろう。この『玩鷗先生詠物百首』は、玩鷗の精神世界の豊饒さを包みこんだ小さな宇宙なのである。

これほど面白い玩鷗の詠物詩ではあるが、江戸時代全体にわたる漢詩研究書として評価の高いいくつかの主たる研究書には、その存在を見出すことができない。従来の研究が優れていないと言うのでは無論ない。むしろそこからは江戸漢詩の世界の奥深さをこそ感じるべきだろう。今後ますます江戸漢詩の研究が切り開かれていくことで、われわれの眼前に新たな日本文学の地平が現われてくるにちがいない。現在よりもさらに豊かな日本の詩歌史を手にすることができるその時を期待しつつ、この拙い文章を終わりにしたい。

付記：女相撲については、雄松比良彦『女相撲史研究』（私家版・一九九三年）を参照されたい。

自前の思考でひとり考えるということ

三浦梅園の立脚するところ

野崎守英（日本思想）

江戸期にわれわれが現在経験しているような学校制度はなかった。学校のようなものとしてあったのは、藩校と寺子屋と私塾だった。そのうち、現在、たとえば岩波版『日本思想大系』に収録されている思想家が主に拠ったのは私塾だった。彼らは、その主催者だったり、塾生だったりしたが、この私塾は自発的な学びの場として成立している点に特徴がある。このことは、学問という営みがなされるための条件として学校の制度化が、必ずしも必須ではないことを示している。

自前の思考とは何か？

つい先ごろ、ある大学の商学部を卒業して広告会社に入社したが、四年勤めてそこを辞め、別の大学の哲学科の二部に入りなおしたという若者の話を聴く機会があった。どうしてまた哲学科に、と訊いた私に彼が応じていった言い方が特徴的だった。――「邦訳ですがプラトンを読んで、考えを進めてゆくことがこんなに気持ちのいいことなのか、とはじめて少しわかった気がして、生まれてはじめて勉強しようかという思いが湧いてきたのです」。こうして、この青年は、昼間は魚市場で働き、夜は大学に通うという生活に転じて三年になるということだった。

将来のことは何ともいえないわけだが、今、この青年の心を占めているのは、学びの喜び、ということになるだろう。そう言ってしまっては、いくらかきれいにまとめられすぎだ、と青年は言うかもしれないが、大まかに言えばそういってさしつかえあるまい。

次にこの青年がこう言ったのも印象的だった。――「最初の大学の時は若過ぎたのですかね、どさくさのなかで何もかたちにならずに時が過ぎてしまった感じです」。

青年の場合は二度目の大学が心に響く学びの場になったわけだが、本当の学びの場として制度を離れたあり方が、今でもないわけではない。私自身、そうしたあり方を二つの場で経験している。

一つは、本居宣長研究会。かつて「寺小屋」（誤記がそのまま固定してしまったものという）という自主学習を志したグループが高田馬場にあった。できたのは今から二十年ぐらい前で、十年ほど続いて、エネルギーが集団としては尽きて解散した。私はある時からそこで本居宣長研究という一つのチームの講師ということになっていたが、本体解散後も研究会は行なわれることになって、現在でも継続的に会は続けられている。

もう一つは、お茶の水人文学会。大仰な名称は冗談半分で、会場がお茶の水にあるからといって誰かが名づけた。ミシェル・フーコーの『言葉と物』がフランスで出た頃、それを読もうということで会は発した。のちに、ヘーゲル『精神現象学』を参加者の使用できる外国語を対照させて読む会に転じ、今は、カントの『判断力批判』を同じ調子で読んでいる。当時大学生だったなかの一人も今は四十歳前後になって、あるときの会合で「一緒に年をとるのは楽しいものですね」と洩らしたのが印象的だった。

私自身の経験に照らすだけでもこうしたことがあるのだから、ほかにもさまざまな自主グループは各所にあるだろう。が、現代ではこれらは基本的には副業である。そこが江戸時代の場合とは違っている。江戸時代には、自主的学習志望者にとって制度としての学校はなきに等しく、学ぶ場としては塾が本場だった。

しかし、江戸期にあって、人は塾でこそ学んだ、といっては正確ではない。学ぶ者は塾に入ったりはしても、結局は一人で考えた。そうした事情についていえば、基本は現代だって変わりはないだろう。が、総じて見た場合、違いが目立つ点もある。江戸期の何人かの思想家といえる人たちが、ほとんど自前の思考のなかで、考えのはじめから考えを進めた点をこの時期のきわだった特徴とすることは見当がはずれてはいないだろう。

梅園が志向する方向

そのような一人として三浦梅園がいる。思索の跡をたとえば『玄語』という著作に残した。

『玄語』の性格についてまず注目すべきはこれが漢文で書かれている点である。この書は、一七五三年（宝暦三）、梅園三十一歳のときに起稿され、一七七五年（安永四）、五十三歳の折に完成された、と年譜にある。改稿二十三回に及ぶという。算術的には一年に一回書きなおされたことになるわけである。改稿の一つに「元炁《げんき》論」と題されるものがある。これは和語で書き記すことが試みられたが、その試みは捨てられ、漢語での記述が採用される。そうした過程に見られる事情に梅園の考えの向かう方向の特質を望むことができる。

一部を書き写してその点を考えてみよう。

天神者《は》、変動以活《テシ》、定常以成《テル》。是《ヲ》以《テ》坱坱《おうおう》之中、物體、濁実《だくじつ》重《ク》凝《こり》而下《ニ》結《ブ》焉。物気、清虚軽《ク》融《シテ》而上《リ》散《ス》焉。故《ニ》地體沈《ミ》結《ビ》、愈《いよいよ》密《ニ》愈堅《ク》、堅密依《レバ》レ中《ニ》、則《チ》粗軟之《ゆきテ》レ精《ニ》而成《ス》レ天《ヲ》。衮衮《こんこん》之間、神性、運転嘘噏《こきゆうシテ》而斯《ここニ》率《ひきユ》焉。物期循環鱗次《りんじシテ》而退《キ》逝《ク》矣。故《ニ》天気転動、愈疾《とク》愈剛《シ》。疾剛保《スレバ》レ表《ヲ》、則《チ》運緩之《ゆキニ》レ静而成《ス》レ地《ヲ》、転紀《しるシ》二衮衮《ヲ》一、地紀《ス》二坱坱《ヲ》一。是《ヲ》以《テ》転拒《ンデ》レ物《ヲ》而不《ル》レ容《レ》之内、地

載セテレ物ヲ而不ルレ沈マ之間、景影布テレ処ヲ、星辰上ニ環ス、水燥容テレ物ヲ、動植下ニ立ツ、循環鱗次。期競テ追フレ時ヲ。（岩波版『日本思想大系・三浦梅園』送り仮名、振り仮名、句読点は論者の考えで読みやすいように補った）

「四たび四界を説く」という項の一節である。とまあ、こんな風に漢文が並んでいるわけだが、この漢文を読んで、梅園の言わんとするところがわかる人は特殊な素養を練った人以外にはない。通常者には、言表の内容をどう捉えるか、イメージが結実しないだろう。それで当然なのだ。

意解してみる。

天と神について考えてみると、神は変わりに向かう動きというあり方で活性的な働きをし、天は定まる、常態性を保つというあり方で場に成るのである。その二つの面があるから、広がりのなかで、物の体は、濁り、実質化という方向となって重さを備え凝結して下方に結晶する。他方、物の気は、清く透明で、実とは反対の虚という方向であるから軽く融合的であって上方に散らばる。そこで地における体は沈下して結晶するが、その度合いはますます密度濃く堅さも増す。が、密度が濃さを増し堅さも増すと、堅密は中点につきあたる。すると、反作用として、密の反対の粗、堅の反対の軟が精の方向に向かい、天を天たらしめるのである。袞袞《こんこん》たるものとしてある生成流動のあり方について考えてみると、その面では神的なものの性が運動し転回し呼吸のような働きをしている。そこで時の働きが率《ひ》き出されることになる。物についての時の動きにかかわる働きが循環したり直線を辿ったり、または退行のあり方をしたり姿を消したりする。そのこととのかかわりで、天における気は転じたり動いたりして、そのあり方は漸次疾《はや》くなり密度を剛にするということであって、その疾と剛が地の表を保っている場面では、運動は緩やかになり静の方向に進み、地を地たらしめるのである。転回のあり方は、太陽の出没、月の出入りなどをしるしとして袞袞のあり方に刻み目を紀《しる》し、地は、山岳の高まり谷の低みなどをしるしとして坱坱《おうおう》たるあり方に刻み目を紀する。このことはこうも考えられる。転回は物のあり方とは矛盾するから物を拒んで転の領域の外に出してしまうと、地が物を載せる場となって沈降しない状態がかえって保証される、と。そこでその中間――転回世界の天と固定世界の地との中間――に光と影の領分が処を広げて、影とかかわる恒星、光とかかわる惑星が上部に廻り、火、水気のかがよいは物を包みこみ、その場に動物植物は立脚地をうることになる。循環として見える期（=時の刻み目・太陽や月の動きに見られるそれ）とまっすぐに進むように見える期（人の心を通して現われる過去・現在・未来というかたちをとるそれ）が、見えない時を追いかけていることになる。

以上が、梅園の表現が志向する方向を移植すべく配慮して試みた引用部分の口語訳である。

なぜ漢語で表現したのか？

ここで一つの問いを立ててみる。

梅園がもしも現在の日本にいて、ここに一端を見たような思想内容を表現しようとしたら、漢語を用いるだろうか。

たぶん、用いないだろう。と言うよりも、用いることができないだろう。

私が、仮に、梅園のようなことを考えたとしても、それを漢語で表現することはしない。素養がない、ということもある。が、理由はそれが最大ではない。われわれは、現在は漢語文化圏のなかにどっぷり漬かっているということがないから、私が漢文で表現しない、表現できない、というのが、事の基本的な実相である。

しかし、梅園の場面に戻って考えてみると、彼は、当時、日常に使っていた日常語としての日本語で表現する可能性のなかにもあった。しかも、先述のように、彼は『玄語』の記述を、いったんは日本語で書く試みもしているのである。にもかかわらず、最終的な表現の場が漢語に定められるという事態がここにある。

このことが意味しているのはどういうことだろう。

見られたように、梅園の思考の特質は言語概念の対照性を軸にして進められる点にある。引用したはじめの部分から実例を挙げれば「天」と「神」は対照し、「変動」と「定常」は対照し、「物體」と「物気」とは対照し、「濁実」と「清虚」は対照する。引用の以下の文章でも、そして『玄語』全体においても、一つの概念が立てられればそれに対照する概念がほぼ必ず立てられる。とすると、問題は、その対照がどういう質の対照か、ということだが、その一端はのちに論じることにしよう。ここで注目しておきたいのは、こうした対照性にかかわる表現形式についての面である。私はこう考えてみたいのである。梅園の対照性に耽溺する思考があってこそ概念輪郭が反対概念を示しやすい漢語が記述の具として採用されたのではないか、と。このことは逆に考えてもよいだろう。つまり、梅園がとりわけ、漢語枠で考え、その営みのなかで日常の日本語表現と漢語表現とのずれを意識させられたからこそ、かえってその思考は極端に対照性を立てる方向に向かったのだ、と。

後者の面に重点を傾けて、その先で考えられることを辿ってみると梅園の特質の一つがほの見えてくる。極端な思考実験者という像がそれである。梅園の思考過程の一端を想像で追ってみよう。世界には元《もと》の元らしいものがあると彼は直観する。それを「気」であると捉える。その元の元、「一《いち》」は、当然、「一」のままにとどまることはない。とどまることはできない。こうして「一」は「一《いち》・一《いち》」に分化すると推定される。そう考えて、「一」の「一・一」への分化は、また「一・一」から元の「一」への環元という逆の働きとしてもあるだろう、という方向に考えが行く。そこで往きと戻りという時間の層が思考内容に入りこむ。こうして対照は相称的対照の一対一対応ばかりではすまなくなる。対照のさまざまな層を考えつくそうとする営みが進む先は涯しなくなるのである。結果として極端な思考実験という相貌を呈することになる。

言語のつなげによる新しい神話の描き出し

このような特質からなっていると私には見える梅園の思考は、そうした特質とおそらくはかかわって、内容的に、きわだった性格を備えることになった。それを一つの定言化する言い方でまとめ風に言ってみれば、問題に適合する概念のつなげによる新しい神話の描き出し、ということになる。

先の引用原文、口語訳化した部分の言葉の動き方を検討してみよう。「神」という言葉が二度にわたって登場する。この「神」は信の対象として言語化して設定される神でないことは言うまでもない。神と名辞化するよりは神的なるもの、と形容的な内容として用いられる概念であると捉えられるべきである。冒頭にあるように「変動」を支えるのがここでの「神」なのだ。「衮衮の間、神性、運転嘘噏してここに（時）率ゆ」という言述のなかの言い方からも明らかなように、ここでの「神」は、この世界において活動的な状態が成り立つのを支える基軸であると想定されている。その活動性が梅園のなかでは「時」のあり方と重ねられるのである。

その発想をもう少し追いつめてみると、見えてくるのはどういう特質か。引用部分をもういちどふりかえってみよう。

先述のように「天」と「神」とが対照されているが、「天」という概念が示すのは天空間である。相称的対照としては、この「天」に対するのは「地」ということになる。「天」と

「神」との対照は次元の違いとしてのそれである。

この世界には「天」という場所があり「地」という場所がある。その二つの場所のかかわりを梅園なりの概念で解明しようとするのが『玄語』「本宗」の「天地」の章で目論まれていることだが、注目すべきは、ここで「天」が、場所、空間として捉えられていることだろう。つまり、この「天」は、物理学のほうにも移行できる概念なのであって、『論語』風の崇高な天というイメージのものではない。ともかく、われわれが生きている空間には、「天」と名指し「地」と名指して対照させることができる二つの場所がある。それは人や動物や植物を包みこみ、生気を与える広がりとしてある。そうした場所があることに言葉がどう切りこめるのか。梅園が企てたのはその点について彼固有の筋道を立てて解明することだった。

注目すべきは、自分が一つの空間のうちに位置づけられていることへの驚きから、――これを疑いといっても同じことになるはずだが――梅園が考えを一つの極点まで追いつめている点である。が、さらに注目しなければならないのは、考えを進める際に、場所にかかわる概念、そして具体物として名指せる概念を支えるものとして、抽象的な概念、あるいは形容的なあり方にかかわる名辞を使うことになる点である。「神」がその例になるだろう。「中」もまたそうだろう。

「中」について見てみよう。

「物」にかかわる「気」の領分は、結実化と反対の運動をして天に上昇する。その反作用として地における体は結晶度を増し、凝固の程度を強める。そう考えられる先に「中」が想定されるのである。この想定をどう考えるべきだろうか。科学的事実に類比できるものとしてこのことが言えるのではないことは言うまでもないことだろう。そうだとすれば、ここに「中」を梅園がなぜ持ち出すのか、持ち出しえたのか、は検討を要するだろう。

考えられているのは、いわば予定調和のような領分である。ある方向が強まるとその極点においてその反対の方向に向かう働きが生ずるという観点の立て方は、われわれの経験則の基底にある感受性の構造に根ざしている。が、証明は不可能である。そうした領域に属する内容を「中」という言葉として概念だてし、その言葉を軸にして思考を進めてしまう点に営みの破綻を、あるいは明晰さのなさを指摘することはできる。つまり、この点で梅園は正確でないのである。

だが、こうも考えられる。梅園は一人で考えていた。誰かに「中」が「中」である根拠を説明してください、と問われることはなかった。そこで、対照を支える地点を概念化した言葉のうちには、梅園のなかの直観に根ざす詩的な概念が入りこむことになった。「神」「中」という言葉で基底づけられる領分にはそうした性格が濃厚にある。

言語追跡の点でこのような性格が梅園にある面について肯定的に評価しようとしてみると、次のような言い方が可能である。これはわれわれが夏に見る地上のかげろう、やはり夏に見る山ぎわの入道雲、晴れた夕方空を彩る夕焼けのあかね色の光景、晴れた夜空に見える星のきらめきや月の輝き、それらが現象化する場としてあるこの世界のあり方をどう基底づけるかという方向に向けて言葉を与えようとした試みなのだ、と。引用文中の「景影」という言葉のうちに囲まれているものは、右に例示したような諸現象であることは疑いない。とすれば、だから、梅園は、正確さに欠けるところに行きついた代償として、現象として宇宙に立ち現われる美しい領域のあり方を総括的に説明する方向に向かう一つの言葉を与えることができたのだ、とは言えるだろう。

その点をこそ、先に、言語——これを玄語と言い換えてもよい——のつなげによる新しい神話の描き出し、といったのである。

梅園のこうした言語映像のあり方に思いをやりつづけていると、林の中や田の中の道を、夕方に、または時に夜に歩いたりしながら、折おり道に佇んでさまざまな「景影」に接して視線を憩わせた、一人の人間の立ち姿がほのかに見えてきそうである。

いちばん遠いところから考える

ここでは梅園の思索についてほんの一端を見るにとどまったが、それでも、梅園の論述過程に——ということは思考過程にということになるが、——一つの特質があることを指摘できそうである。それは、彼が、人間が脳裡にイメージできるいちばん遠いところに出発点をおいて問題を展開させる点だ。ここでは「天」という概念がそれに当たる。天のなかで「体」を備える方向に向かうものが地に属することになるという叙述がそこでなされる。そうしたかたちで「天地」という広い空間の全体の姿が捉えられるのである。しかし、天から何ものかが地に降り、地からは何ものかが天に昇る、ということになれば、運動という軸をその場面に入れなくては事態を説明することができない。「神」という概念が、そうしたことを予想するかのようにあらかじめ用意されていた、と言うべきだろう。が、事態は面白い方向に展開する。「神」の作用として「天」からの降下、「地」からの上昇、「天」と「地」のあいだに生ずる微妙な現象について記述がなされたあと、終結部に「時」という概念が出現する点に注目したいのである。「時」とは「在るような風彩」をしてはいるがそれ自体としては見えないものである。その点で、人間が言葉を使って追認できるものとしてはもっとも遠いものとしてあるのが「時」の特徴だ。しかも、われわれを包み、われわれの内側にも流れているらしいものとして「時」というものはある。そこに梅園の叙述は行きついているのだが、このことはどういうことを意味するのか。

それをこう言ってみることができるだろう。自分の属する場所から知覚できるもっとも遠いところに端を発して、自分を包みこみ自分の内側にもあるもっとも遠いものに行きつこうとする思考を梅園はしているのだ、と。もう少し一般化すれば、遠い外部について考えることを出発点にして内側をも包みこむもう一つの遠いところに行きつこうとする思考がここにある、と言えるだろう。この二つのものの対照は一対一対応ではありえないが、梅園の関心の基底にあったのはこうした質の対照だったのである。

人間の内部を語ることの不可能

このことは、次のことを意味するだろう。梅園にとっては、人間の内側——これを精神という言葉で定義化してもよい——を、それ自体として語る言葉はない、と思われていたのだ。正しい意味での神話が語られざるをえないのは、おそらくこうした地点だろう。この彼の姿勢は、自分の内側のことを語りうるかのようにしてふと語ってしまう精神のあり方に批判を投げかける。われわれの内部はどのようにして内部たりうるのか反省をせまる方向にわれわれをいざなう。

江戸期に生きた梅園の立脚する場所は、こうした迫力をもってわれわれとの対置点にあるのである。

第三部

江戸の恋愛

美少年歌舞伎役者は芸も売ったが身も売った!?

花咲く江戸の美少年・愛の残酷美学

佐伯順子（比較文学）

「役者評判記」——百花繚乱のスターカタログ

♡桜が散りかかるようなやさしいムード、白い肌、色っぽい笑顔、思わせぶりな視線には小野小町もかなわない

♡艶っぽい顔だちは、五月雨《さみだれ》のしずくのこぼれかかる卯の花のよう

♡紫色の藤の花の開いたような表情、吉野山の桜が咲いたかとも見え、山霞まで漂ってきそうな趣き……

♡風にたなびく柳のようにたおやかで、肌は雪のように白くすき透り、チラリと見ただけで仙人も神通力を失い、魂もどこかへとんでゆく

美人のことをよく〝花のように美しい〟と言うけれど、桜だ、藤だ、卯の花だと、色もさまざまにとりまぜて、花にたとえた美しい人たちの紹介が文字どおり百花繚乱《リョウラン》、いったいどんな美女たちのオン・パレードなのかと思いきや……、早合点してはいけない。美しいからと言って、何も女とはかぎらない。これは花と咲き乱れる美少年たちの紹介記事なのである。

武家若衆図

美少年とすごす夢一夜

それもタダの美少年ではない。舞台の上に華やかに舞い

踊る少年たち。江戸時代の「役者評判記」、つまり今をときめく歌舞伎役者たちのスター・カタログ。歌舞伎と言えば今でこそ〝古典〟芸能だが、江戸の人びとにとっては同時代のナウい芸能界。歌舞伎役者はファッション・リーダーでもあり、今で言うTVタレントのノリ、憧れの〝芸能人〟。だから「役者評判記」はさしずめ江戸の人びとの「現代人気タレント事典」、ま、光ゲンジなり、少年隊なりのファン・ブックに近いものとも申せましょう。

でも、ファン・クラブ誌と一味違うのは、ほめちぎっているだけではなくて、言うべきことはチャンと言っていること。見てくれはよいが、歌唱力はイマイチ、というのは現代の若いアイドル・タレント（ちょっと古い言いまわしではジャリ・タレ）によくあるケースだが、「役者評判記」はそういうところもしっかりチェックしている。

花のよそおい、月のおもかげにもまさるカワイらしさ。ただし芸はマダマダで、何をするにもあぶなっかしい。とくに最近はオーバー・アクション気味で、前より芸は

大江戸めもらんだむ
江戸の男色

江戸時代、とくに十七世紀の江戸において、少年＝若衆（当然美少年！）と年長の人＝念者のあいだで交歓されるホモセクシャルな性愛は、当時「衆道《しゅどう》」と呼ばれ、武家社会では広く認められたことで、逆に若衆の風俗や衆道にまつわる恋の処方は男女の色事を感化・洗練させていった。しかし、年長の者と年少の者が念比《ねんごろ》に落ちるという関係は、身分制度の厳しい武家社会では、男女の仲以上に、ただならぬ〝危険な愛〟でもあった。

この〝危険な愛〟は、永遠の少年のシンボルとされた前髪にたいするこだわりだった（参考・氏家幹人『江戸藩邸物語』中公新書）。当時の指南書が十五、六歳で元服してから額を剃るまでを衆道の盛りとしているように、念比になった男どうしの恋慕は前髪への執着というバイアスを経てさらにたかまった（たとえば西鶴の『男色大鑑』には、互いに六十半ばになろうというのに、かたわれが若衆姿を

落ちている。それに、セリフを言う時首が左へ傾く癖ある。

生まれつきの美貌なので名前は売れているが、セリフにしまりがなく、聞いているとハラハラして手に汗にぎる思い。

今まさに開こうとする梅の花のような美しさで、そのうちさぞよい香りもしてくるだろうが、芸ははしこすぎてカワイゲがない。

顔よし、芸よしなら申し分ないけれど、そううまくはゆかず、〝天は二物を与えず〟ということもママあったようである。江戸のタレント事典はけっこうシビアなのだ。

と言っても、芸のマズさをコキおろしているというほどではない。ヘタなことはヘタで指摘しておくが、カワイイんだから許せちゃう、というホンネがちゃんと見えている。

「とかく歌舞伎役者《ビショウネン》と言うものは、眺めているばかりでな

しているカップルが描かれている）。しかし、十八世紀になると、前髪は若い武士たちに疎んじられ、男色も同時に廃れていく。

くて、早く床入りするほうがよい」と言うのが正直な気持ち。実は江戸時代の歌舞伎のお客サンたちには、芝居を観るだけではなくて、その後のお楽しみも用意されていたのだった。

好色の道をきわめた人なら、天女サマのお姿よりも、こういう美少年にこそホレこんで、金をつぎこんで身をもちくずし、世を捨てるのが本当だ。

「卯の花」にたとえられた美少年には、こんなコメントがそえられている。また、芸はイマイチと書かれていた美少年も、「どんなヤボな男でも夢中にさせてしまう魅力があって、命も金も惜しくはない、とホレこむ男が続出」だったとか。歌舞伎役者の少年たちは、芝居を見せて人びとを楽しませていたばかりではなく、恋の道、好色の道を、共に楽しむ少年たちでもあった。お芝居がハネたあと、彼らはお客サマと夜と朝の間もおつきあいした。「流るゝ水のうたかたのあはれ一夜と恋するもの、あたかも星の数々」

大江戸めもらんだむ

吉原誕生

江戸建設の槌音賑やかなりし頃は、男性のほうが多い社会だったから当然性欲の処理が問題になる。そこで江戸時代初期、散在していた遊女たちを一カ所に集めて傾城町をつくろうとしたのが庄司甚右衛門であり、彼の願い出を受け、幕府が元和三年（一六一七）頃、各傾城屋に営業権を与え、一定の規則に基づき集めたのが吉原である。だから、幕府が認めた公娼制度であり、税金をたんまり徴収しようという幕府の思惑から始まったわけである。

吉原の由来は葭が茂る沼地を埋めたので、葭原とつけたが、同じ音で吉原のほうが縁起がいいとか、傾城屋の店主の多くが駿河の元吉原の出身者だったからという説がある。いずれにしても、この時の吉原はその後明暦の大火にあって焼け、現在の浅草の竜泉寺の近くにある日本堤あたりに引っ越すことになる。

と、美少年タレントとすごす夢の一夜を買うために、人びとはビシバシ散財しまくったのである。そちらのほうがお目当ての人にとっては、踊りが少々見苦しくても、セリフがたどたどしくても、カワイければいいのだった。

　美女が夜のおつきあいというのならわかるが、美少年というと首をかしげられるかもしれない。好色は好色でも、美少年の世界は男性どうしの愛の世界である。なんと淫靡な倒錯した愛の世界!?　という印象を現代人なら抱きかねないが、「役者評判記」の口調を見ればおわかりいただけるように、当時の感覚ではこうした愛のかたちはポピュラーな社会現象、異常でも病気《ビョーキ》でもなかった。それどころか、名高い「好色一代男」が生涯に「女性三千七百四十二人、美少年七百二十五人」とおツキアイした、と記されているように、江戸の色男は男色、女色の「色道ふたつ」に通じていなければ、本当の恋のエキスパートとは言えなかったのである。

裸体美より着衣の美を

少年たちとの恋愛はなぜ異常視されることもなく、したがって社会的抑圧をうけることもなく、歌舞伎という媒体を通じて商業化されてさえいたのだろうか。その謎を解くために「役者評判記」を通じて、もう少し彼らの実態に迫ってみよう。

外見は風流な若い女の色っぽい容姿

この人の憂い顔は悩める李夫人（中国の美女の代表）を思わせる

本当の女かと見まちがえそう

花にたとえた美の描写が美女の描写ともとれたように、少年たちの美しさは、美男子と言うよりも美女の美しさだった。男性独自の美を強調するのではなく、限りなく女性

図1　遊歩若衆図（杉村治兵衛）

図2　遊歩美人図（杉村治兵衛）

の美に近づくことが要求されていたのである。

　このことは、美少年たちの絵を見れば一目瞭然。キレイな少年の絵は、キレイな女の人の絵とほとんど区別がつかない。たとえば図1、2の「遊歩若衆図」と「遊歩美人図」は、着ている物と微妙な髪型の違いくらいしか差はないし、図3の菱川師宣の「若衆と娘」では、二人とも同じように美しい二重まぶたとぽってりした唇でほほえんでいる。また、図4、5の懐月堂派の美人画を並べてみると、遊女の絵と女形の絵はポーズといい表情といい双子のようによく似ている。

　このように美少年と美女との境界が曖昧であり得たのは、着物という物理的条件が大きい。西洋の婦人のコルセットに見られるような、胸のふくらみと腰の出っぱりを細く締めたウエストで強調し、その対照をよしとするような女性美の把握を、江戸の人びとはしていなかった。着物はウエスト、バスト、ヒップの寸法に差があるよりは、逆にいわゆる〝ずん胴〟のほうがスンナリ着こなせるし、女性特有の身体のラインを強調するよりもむしろおおい隠してしま

図3　若衆と娘（菱川師宣）

図4　立美人

う。だから、胸の出ていない男性が着物を着て女性に扮しても洋装よりぎこちなくはならないし、ましてやあまり肩幅の発達していない少年が着れば、女性が着るのとほとんど変わらなくなってしまう。

また、人間が美しいと意識されたのは着物を脱いだときよりも、着ているときのほうだった。裸になればいやが応でも女性と男性の身体のつくりの違いが目につく。だが、美女や美少年を讃えるときに、裸体美を讃美することはほとんど見られない。身体ばかりか、顔のつくりも、具体的に描かれることはあまりない。最初に引用したように、藤の花だとか卯の花だとか、桜の吉野山に霞がたなびくようだとか、ひたすら人間以外のものにたとえて、全体的な雰囲気で美を表現しようとしているのである。

図5　紅葉の破れ縞模様衣裳の立美人

図6　梅下の遊女と禿図（菱川師宣）

吉野の前、月

月の美しさはいつも変わることなく、遠いところまで光は届き、夜の闇を照らす。だから人間ばかりでなく、鳥も獣も月に憧れる。

初音《はつね》の前、梅
梅の木立はしゃんとして、花も美しいが、匂いはいっそう味わい深い。春雨のしっとりと降る明け方、露を含んで花開く風情はとびきりのもの。

高島の前、卯の花
卯の花が、雪か波しぶきか月の光かと見まごうほど垣根に咲き乱れている、そんな印象のする女《ひと》。

これは最古の「遊女評判記」。「役者評判記」と同じように、遊女たちの紹介記事なのだが、美少年たちと同様遊女たちも、月や花にたとえられているばかりで、プロポーションとか目鼻だちについての記述は見あたらないのである。

美しい男《ひと》を手に入れたい！

やはり絵で見てみれば、こうした文章の言わんとするところが納得できるだろう。浮世絵の美人画は、美少年と顔の区別がつかないだけでなく、個々の美人のあいだにも、顔だちの区別がみられない。顔の表現や表情はきわめて様式化されていて、各画家たちの様式のあいだに微妙な差があるばかりである。

　にもかかわらず、美人画や若衆の絵を見ていて、同じ顔ばかりで退屈するということはない。没個性的な顔をしているのに、多様な個性をもってわれわれにアピールするのである。顔は同じなのに、着物の柄や色あいは装飾の無限の可能性をほこっているようにも見え、そのかもし出す雰囲気の違いや、袖や裾のちょっとした動きが、「役者評判記」や「遊女評判記」に書かれているような、さまざまな花の彩りのような多彩な美を創り出しているのである。

　問題は裸体の美ではなく、着衣を含めていかに自分自身を美しく演出するかにかかっていた。このような美の世界では、男と女に差をつける必然性もない。だから、遊女とつきあうために散財するのも、美少年に逢うのに大枚ハタクのも、同じ〝美しいひとを手に入れたい！〟という欲求

大谷広治のはしば久吉と二代三条勘太郎（鳥居清信）

に根ざしていたと言ってよい。「歴史は教えた、過去において……人間美の総合を要求し、ある程度までその要求に相応させた事実のあることを」と江戸研究の大家・三田村鳶魚センセイがおっしゃっているように、男女の境界をとり払った人間の美しさ、という感覚が存在していた時代には、手に入れたい美しい人がたまたま少年だったからといって、それが異常だとはみなされなかったのである。

三代松本幸四郎の法橋娘朝顔（一筆斎文調）

浮世ばなれした快楽の追求

では美しい女性と美少年はスミからスミまで同質だったかというと、そこまでは言いきれない。美しい歌舞伎役者の女形を見て「どうせならあのコを本当の女にしてみたい」と言う人びとが大勢いたのに対して、「そんなコトはもってのほかだ。美少年はあくまで美少年であって、女にするなんてケシカラン」という意見もあったのである。では美少年ならではのものとは、どういうところにあったのだろうか。

それはやはり、彼らが〝フツウでない〟ところだろう。こう書くと前の文章と矛盾するように聞こえるが、ここで〝フツウでない〟と言うのは、〝異常〟、〝病的〟というマイナスの意味ではなく、〝ありきたりでない特殊性をもつ〟というプラスの意味である。女性が美女をめざす。これはアタリマエである。しかし少年が美女のように見える。ここにはアタリマエでない面白味が確実にある。これだけでは、「歌舞伎の女形は女以上の色気がある」というよくある女形論と同じで、それこそアタリマエの面白味のない話になってしまうから、やはり「役者評判記」の本文から、歌舞伎役者の美少年の美の何たるかを考えてみることにしよう。

こんな美少年は前代未聞だから将来のためにぜひ尊像を彫って残しておきたい、とある仏師が言ったのももっともだ。なにしろ、白銀の露をうかべた牡丹のようで、浅草の観音様かとも思われるほど美しいのだから。

尾上菊五郎の工藤・九代市村羽左衛門の五郎・二代嵐三五郎の十郎（勝川春章）

舞台の演技ばかりでなく、床入する時もやんごとない印象で、九重の帳の内によりかかって思わせぶりにたたずんでいる様子は、ホトンど人間とは思えず、薬師仏様が地上に降りていらしたよう……。

美少年の美は決して軽薄な美ではない。仏師が尊像を残したい、という思いにかられるほど、どこか神々しい気品をたたえ、観音サマのお姿に近いやんごとない印象を与えるのだ。しかもふだんの様子だけではなく、猥雑になるはずの夜のおつきあいの場面でさえ、荘重で仏様がいらしたかのような人間ばなれした美しさを発散なさる。仏様はまさしく男とも女ともつかぬ中性的なお顔、お姿をしていらっしゃる。究極の美少年はそれに近い。いわば彼らは性を超越した美の体現者だった。

仏様のお顔というのも、あちこちのお寺の仏像を見ればよくわかるように、きわめてワン・パターン的な様式美である。美人画や美少年の顔の没個性的な様式は、個性を超越した理想の美への志向と言ってもよいだろう。そして美

千本桜　鮓屋の場（勝川春章）

少年の美は、中性的という点で、美女の美より一枚ウワテなのである。

江戸の人びとがそんな美を求めた背後には、せちがらい現世を離れて夢の世界に遊びたいと言う「遊び」への強い希求があった。現世はとくに「浮世」と呼びならわされ、わずらわしい、しがらみの多い日常世界と、非日常的な「遊び」の世界の対比とがくっきりと浮かびあがっていた時代だった。「役者評判記」の序言にも「浮世は夢」、「戯れ遊べ」と記されている。人びとは遊廓と歌舞伎の世界に「浮世ばなれ」した遊びの快楽を求めて情熱を注ぎこんだのである。

美少年――人工的な非日常美の競演

そういう時代には、人びとの心を捉える美とは、徹底的に現世的な臭いを排除したものだった。遊女たちは日常生活を思い出させる妻たちとはまったく別な人種として、豪華な衣装で飾りたてられ、観音菩薩かと見まごうほど人間

大谷友右衛門の奴（勝川春章）

ばなれした演出で登場した。その姿を歌舞伎役者の美少年が真似して演じることで、浮世ばなれした快楽はますます高められていった。ここには〝自然な〟肉体を讃美しようなどという意識はない。生まれたままの人間の裸体なら誰だって持っている。そうではなく、通常の人間とは異質な差異をいったいどうやって作り出すか。江戸の人間美は、そんな人工的な非日常美の競演だった。

美女と化した少年のみでなく、男性的（通常の言いまわしに従えば）荒々しさを強調した立役の役者たちの描かれ方を見ても、単なる男の顔ではあきたらず、極彩色の隈どりで非日常性がアピールされている。そこにあるのは日常の人間の男の顔にはない「異常」な何かである。だから演技も〝写実〟などとはほど遠い。江戸の観客たちは誰もそんなものに見向きはしない。日常生活の〝写実〟的動作なんて家の中にゴロゴロころがっている。そんなものを見るために、ワザワザ金を払って悪所に通ったりするなんてバカバカしくてやってられるワケがない。見るならなるべく「浮世」の世界からかけ離れたものを。明治以降の演劇人

二代嵐三五郎（勝川春章）

に〝不自然〟とののしられた女形や型に見られる様式的演技は、そんな江戸の観客の欲求に支えられていたものだった。肉体だって、そのままの肉体では注目されず、思いきり加工された相撲の力士の肉体にして、はじめて衆目を集める価値が生じたのだった。

価値？　価値とは何の価値だろうか。美として認められる価値、それはそのまま商品価値につながっている。

嵐峡《らんきょう》
錦繡の嵐山が大堰川の水に映えていにしえの歌がしのばれます

青苔
打水に苔が青々と息づく清雅の点茶に……極上の琥珀製

くらま路
晩秋の鞍馬路をたずねて謡曲の里に遊ぶ

三代佐野川市松の祇園町白人おなよ（東洲斎写楽）

優雅な名前をつけられた和菓子のカタログ（題して「百菓瞭覧」、鶴屋吉信）の筆致は、そっくり、「遊女評判記」や「役者評判記」を思わせる。そのとおり、美少年や美女たちは金銭でもって肉体を買われる〝商品〟だった。その意味では和菓子と変わらない。金銭さえ積まれれば拒否できない、意志の自由のない物体に近かった。「役者評判記」や「遊女評判記」は人間の商品カタログとも言える。

江戸の文体は、人間の商品カタログを記すのにためらいはしなかった。歌舞伎役者の美少年たちは、芸も売ったが身も売った。この事実には、芸能の美はエロスと切り離せないという美の真実が隠されている。現代でも、憧れのタレントたちを見て、ファンの人びとは多かれ少なかれ、彼ら、彼女らに触れてみたいという欲望を抱くことがあるだろう。しかしそうした欲望は、コンサートやファンの集いの握手ぐらいで満足させられることが多い。だが江戸の芸能界では、ファンの人びとのスターとのスキン・シップの欲望は終点まで辿りついていたのである。ただしそれはた

三代市川八百蔵の舎人梅王丸（歌川国政）

役者（歌川国政）

んに性欲を満足させる行為として行なわれていたのではなかった。「役者評判記」が語っていたように、芝居の舞台で見せた非日常的な夢の続きとして、観客に観音サマを抱いたかのような美しくも幸せな夢を見せられる力量がなければ本物ではなかった。そのひととき、人びとはつらくはかない浮世からのがれて極楽に遊んだかのような錯覚にとらわれる。観音サマを抱くとは恐れ多いが、はるか中世の『日本霊異記』という仏教説話集には、吉祥天女のような美女に抱かれてみたいという願いを吉祥天女その人が叶えてくれたという、美とエロスによる救済の可能性が暗示された話がおさめられている。芸能の本質は歌や踊りによって人を非日常的な境地にいざない、イイキモチにさせることにあるのだから、その仕上げは最終的にはエロチックな快楽にゆきつくのだった。

消費される芸人の肉体

そもそも芸人の肉体とはそうした目的のために、人びと

大当狂言ノ内・八百屋お七（歌川国貞）

に商品として消費される運命にある。芸人とは過酷な商売なのだ。江戸の美少年たちは、その過酷な宿命を甘んじてひきうけていた。まだ十代半ばの幼い肉体に、美しき者の栄光と、売られる者の悲惨とを一身にひきうけながら。現代の芸能人たちは、「近代」化による人権思想やメディアの多様化に守られて、美とエロスの商品化が、性の商品化と一致することを免れている。しかし江戸の美少年たちにとっては、ラジオやテレビを通じてではなく、生身の肉体を見てもらうことが勝負であって、芸はつねにライブだった。さらに視聴覚のみならず、触覚をも通じて、自らの美を提供した。彼らは江戸の人びとのあくなき美の追求に対する美しき生贄《いけにえ》とも言え、文字どおり身体をはっていたからこそ、ハンパではない光に輝いて、芸能の美しくも残酷な原点をわれわれに教えてくれるのである。

付記：「役者評判記」は古典文庫版の『野郎児桜』（貞享三年）、『野郎楊弓』（元禄六年）、『やくしや雷』（元禄七年）から、また「遊女評判記」は小学館日本古典文学全集の『露殿物

大当狂言ノ内・大工六三郎（歌川国貞）

語』（寛永初年）から、必要な文章を適宜取捨選択して、読みやすいように引用した。同性愛が異常視されなかった理由はここに記した以外にもさまざまな重要な要素があるのだが、本稿にはおさまりきらないので、同じ問題についての『太陽』連載の拙稿をご参照願いたい。

◉資料
『ブック・オブ・ブックス日本の美術浮世絵』（小学館）
『原色　浮世絵大百科事典第六巻』（大修館）
『キヨッソーネと近世日本画里帰り展』（毎日新聞社）

艶やかで睦まじい男女の姿態に目を凝らせば…

色情のエチカ

川村邦光（宗教学）

「脳病」のネットワーク

明治の錦絵に、落合芳幾の『本道《ほんどう》外画《げが》難病《なんびょう》療治《りょうじ》』（一八九〇年刊）と題された戯画がある。芳幾の師匠・一勇斎国芳の『きたいな名医難病療治』を元絵としたものであり、そこに「脳病」の女性が描かれている（二つとも、中野操編著『錦絵　医学民俗志』に所収されている）。

幕末期の『きたいな名医難病療治』には「脳病」は出て

いない。『本道外画難病療治』において、「脳病」をはじめとして、「神経病」「貧びょう」「はやり風」が文明開化の病気として新しく登場しているのである。ここに描かれた「脳病」の女性は、右手の甲を額に当ててうつむいており、頭部が病んでいる箇所として指示されている。その悩ましげな絵姿から察すると、血の道（婦人病）だったかもしれないが、今日なら、頭部そのものの疾患ではなく、ノイローゼやうつ病のような精神疾患のようである。

この「脳病」が明治になって新しく現われた病気かといえば、まったくそうとばかり言えない。江戸文化と西洋文化との遭遇によって生まれた病気と言えそうだ。明治には、「脳病」薬が何種類も出回ることになる。「脳病」薬の広告は、奇妙なディスクールの宇宙をつくりあげている。その効能書きや挿絵を〈読む〉ことは、意外に難しい。現代人の感覚や常識からするなら、連関性のない病気が支離滅裂といえるほどに、絡み合って羅列されているからである。

しかし、江戸の想像力と言うよりむしろ、江戸の感性、あるいは「妄想」力をもちあわせていた明治人には、なん

『本道外画難病療治』

てこともない効能書きであり、相互の密接な繋がりをただちに見て取れたことだろう。現代人にはもはや失われた感性や心性が、「脳病」というカテゴリーに包摂された、異種混合の多様な病気の連関と統一を可能にしたと言えよう。

たとえば、当時有名だった「滋強丸《じきようがん》」を挙げてみよう。「一服試よ　陽物無力　則陰萎諸病に卓効」と前面に掲げ、右端に「男女とも夜飲む秘薬」と大書きし、「脳病一切《のうびよういつさい》・腎虚遺精《じんきよいせい》・手淫諸害《しゆいんのしよがい》・陰茎萎縮《いんけいいしゆく》・元気衰微《げんきのおとろえ》・貧血諸病《ちのすくなきやまい》・過《か》淫諸症《いんしよしよう》・早衰早漏《はやいもれ》・心経不能《こころのぼんやり》・精液欠乏《せいえきけつぼう》・気鬱諸病《きうつしよびよう》」と羅列し、さらに「滋強丸」の商標の左脇に「滋腎春強壮剤」と銘打ち、ついでに下では「無効返金を約す」（『風俗画報』二一一号・一九〇〇年）と大見得を切っている。

この広告から、「脳病」とは癲狂・精神異常・精神病とはまったくではないにしても、あまり関係のないことがわかる。かつて精神病のことを癲狂とか脳病と言い、精神病院のことを癲狂院とか脳病院と言っていたのだが、その「脳病」とはどのような病気だったのか、簡単に言うことは難しい。

滋強丸（『風俗画報』二一一号・一九〇〇年）

「脳病」薬は、「滋腎春強壮剤」という文句から、今日でも小学生から老人にまで支持されている、滋養強壮剤・精力剤であったことが容易にわかるだろう。とはいえ、「脳病」薬がどうして「腎」や「手淫諸害」や「陰茎萎縮」などと結びつくのか、わかりにくいことは確かだ。「脳病」という新しい病名が従来のさまざまな症候群と出合い、「脳病」のネットワークをつくりあげていった。この「脳病」のネットワークに組み込まれたものは、頭部や下半身に密接な病、頭部と下半身が相互に連関して派生する病のようである。

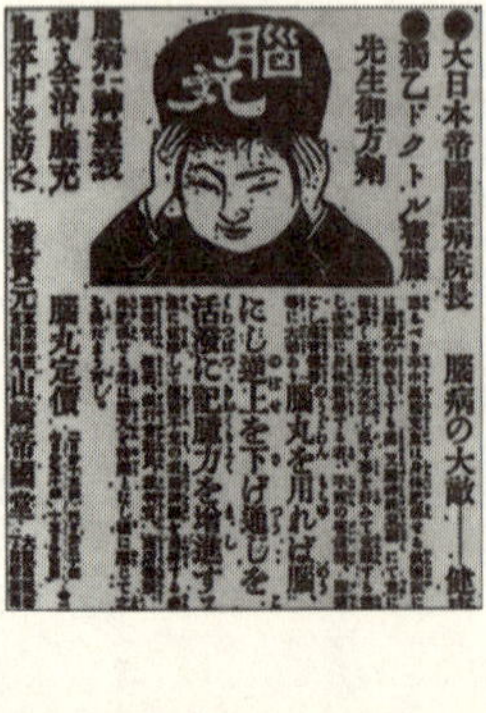

脳丸（『日露戦争実記』一四号・一九〇四年）

性的な病が綾なす糸

もうひとつ、「脳病」薬「神経脳病　長壽丸《ちようじゆがん》」の広告をあげて、「脳病」のネットワークの構成を探ってみよう。「◎依卜昆垤児《ヒボコンデル》　HYPOCHONDRIA（俗に癇癪《かんしやく》と称し頻《しきり》に悲憤《かなしいいきどおり》を発する所の神経病）◎歇依私的里《ヘイステリ》（俗に血の道と称し些少《いささか》の事を気に懸《かけ》人に面談するを嫌ひ太甚《はなはだし》きは日夜暗処《よるひるくらがり》に蟄居《ちつきょ》し終に自殺抔《など》を為すに至る所の神経病）◎鬱憂病《きのふさぎぶちぶちやまい》　頻に精神を労し或は劇《はげし》き感動より来る所の心悸亢進《むなさわぎ》◎癲癇《てんかん》◎脳充血◎頭痛◎眩暈《めまい》◎卒倒《たちくらみ》◎痙攣《ひきつけ》◎麻痺《しびれ》◎魘夢症《おそわれ》◎不眠症《ねむれぬしょう》◎健忘《ものわすれ》◎神経痛◎過房手淫《かぼうしゅいん》より起る所の痴呆《ばか》◎脱神《きぬけ》◎其他◎陽痿《ようい》◎遺精《いせい》◎夢精《もうぞう》◎搔痒《そうよう》等男女生殖器の病◎総《すべて》神経系脳系《のうけい》の諸病及び◎強壮◎補血の為に用て偉効あり／……強壮補血の効を奏すべき配伍なれば無病と雖も脳神経を過度に作用せらるゝ諸君は平素本剤を持薬として用いれば彼の恐るべき脳充血●脳膜炎●卒中風等の危険病《こわいやまい》を惹起《ひきおこ》するの憂なく且つ身体《からだ》を強壮《じょうぶ》にし血を増し腎を補ひ一生生無窮《きわまりなき》の快楽《たのしみ》を得べし」（『大阪朝日新聞』一八九四年一月三十日）

二つの広告にあげられた病名のうち、明治前（1）／明治後（2）と考えられるもの、頭部・上半身（a）／下半身（b）を患部とするものに、無理を承知でいちおう分けてみよう。

（1）―（a）元気衰微・貧血・心経不能・不眠・頭痛・癇癪・鬱憂病・心悸亢進・癲癇・眩暈・卒

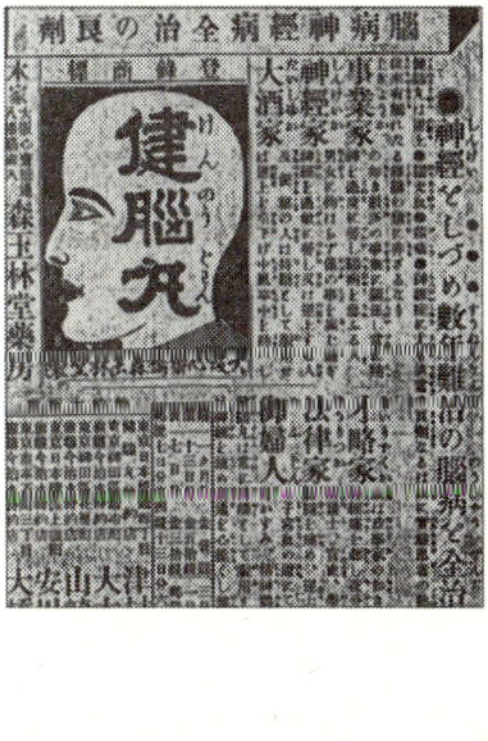

健脳丸（『太陽』四巻一号・一八九八年）

倒・痙攣・麻痺・魘夢症・健忘・痴呆・脱神・卒中風

(b)血の道・陽物無力《ちからなき》・腎虚・遺精・手淫・陰茎萎縮《まえのよわり》・早衰早漏・過房・陽痿《なえまら》・夢精・掻痒《まえかわく》

(2)—(a)脳充血・気欝諸病・ヒポコンデル・神経病・脳膜炎

(b)神経痛・精液欠乏・ヘイステリ

明治前でも明治後でも、(a)と(b)には、身体的・器質的なもの／心的・精神的なものの境界線はなく、心的なものが身体的なものへ影響を与えることもあれば、その逆もあるといった風である。熱／冷、寒／暖、火／水の不調和が生命のエネルギーである「気」に変調をもたらすことにより、病が生じるという病因論があるとひとまず考えることができる。そこに、養生論が登場するわけだが、それは後に述べることにする。

ここで興味深いことは、「脳病」のネットワークのなかに、下半身の病、それも性的な病が綾なす糸のように絡み

大江戸めもらんだむ
農民は米を食べられなかった⁉

江戸時代の農民は、米をつくってもその大部分を年貢としてとりたてられるので、米を食べられず、ヒエやアワを食べる貧しい生活をしていた。

——誰しもこのように信じてきた常識があまり信憑性のあるものでないことを最近の研究は明らかにしている。つまり、主要産物の米が封建社会を支える租税システムの単位となるため、それをつくる農民や一般の庶民が米を食べられなかったという説明はどうもおかしいのではないか、と。

そして事実、農民はかなり米を食べていたのである。第一、江戸成立期の年貢制導入において、大部分の人の主食が米でなかったとしたら、幕府が米を給料や税金の基準にした意味がない。そして商品経済が進むにつれ、余裕のできた農民は金銭で税金を納めるケースも増えている。あるデータは、十九世紀半ば、米の毎日の消費量は全穀物消費量の五三％を

合っていることである。「脳病」とは後に頭部の病、つまり精神病に局限されることになるが、頭部・上半身と下半身を貫通して、内臓にまでおよぶ病、ひいては生殖器を中枢とした、心身全体の病を包摂するコンセプトとして成立していた。明治前では、おそらく広い意味で「気」のアンバランスによる病だったのである。

明治期に「脳病」という新しい病名が西洋医学を通じて流布することによって、文明開化の病気として脚光を浴びた。とはいえ、この「脳病」には、明治前の江戸期の病と「色」の文化が揺曳している。たとえ、マイナスの彩りしか残されていないとしてもである。

妄想という名の病

「脳病」のうちで生殖器に関連する病を眺めてみると、女に無関係だとはまったく言えないにしても、いちおうほとんど男にかかわるものだ。女のそれとしては、血の道（婦人病・子宮病）と掻痒（陰痒《まえかわく》）くらいである。ここに何を読

占めたと推定している。われわれが想像する以上に、江戸の農民は豊かだったのである。

みとることができるだろうか。端的に言えば、江戸も明治も、男は脆弱で情けないのだが、男の権威をつとめて防衛しようとする文化を繁栄させていたことである。他方では、言うまでもなく、「色」の文化の蔓延である。

先の「脳病」のネットワークのなかでは、腎虚が中心となる病である。陽物無力・陰茎萎縮・陽痿は陰痿（平賀源内に『痿陰隠逸伝《なえまらえんいつでん》』という戯作がある）とも言い、腎虚の症状のひとつで、インポテンツのことである。その軽症が早衰早漏ということになろう。手淫（手弄《せんずり》）・過房はその対極にある。過度の行為も病のひとつであり、やがて腎虚にいたる（腎虚になると、「腎虚火動」と言い、かえって情欲が盛んになることもある）。

遺精も腎虚の症状の一種である。江戸の漢方医、蘆川桂洲によると、遺精とは「夢中に心に感ずることもなく、覚へず、精のもるることなり。腎虚の症なり」とあり、これに続けて夢遺に関しては「夢に相手あって感じて、精もるるを夢遺とす。心虚の症なり」（『病名彙解』）とある。

遺精は「腎虚の症」で、夢遺は「心虚の症」だと区別さ

大江戸めもらんだむ

鉄砲伝来

かつて話題になった本で、ノエル・ペリンの『鉄砲を捨てた日本人』（紀伊國屋書店）がある。ペリンはそのなかで、「日本がなぜ鉄砲を放棄したのか」という疑問に対して、次のような五つの理由をあげている。

①幕府が火器を統制することができなかった、②地理的、政治的理由、③日本刀に対する日本人のこだわり、④西洋思想に対する反撥、⑤美的感覚。

火器統制は家康が堺あたりで一括製造させていたのだから、統制がなかったとは見当違いだ。他を見ても外国人特有の「菊と刀」風の日本人論の構図が瞥見されて、あまりあてにならない。第一、日本人が鉄砲を放棄したということ自体、正確ではない。確かに、世の中平和になったのだから鉄砲なんていらないというのが江戸人たちのホンネなのだろうが、塚本学の『生類をめぐる政治』を読めばわかるのだが、江戸時代において、鉄砲

れている。この夢遺とは、先の「長壽丸」の広告のなかで「もうぞう」とルビの振られていた「夢精」のことである。夢遺の項では、「俗に云、もうぞうなり。心に感ずる所あって、夢中に交合して、精もるることなり。心虚に属す。遺精よりはかろし。或は年少く気盛に鰥居《かんきよ》矜持《きようじ》して、精欲をつつしみ、自ら覚ずして泄精するものは、瓶《つぼ》の水満《みち》あふるるにたとえたり。薬を用いずしてもよし。其の外は腎水の不足より起ることなり」（『病名彙解』）と詳しく解説されている。

先に下半身の病として分類したもののみならず、頭部・上半身の病も、江戸時代にはじつに「腎」と「心」の病なのであり、明治の「脳病」のネットワークは主に「腎虚の症」と「心虚の症」によって構成されていたのである。「妄想」とは今日の用法とは異なり、じつにセクシャルな色彩を帯びていたのである。この妄想に関しては、宮本忠雄の「妄想考」（『妄想研究とその周辺』）があり、私もそれを踏まえ、「妄想」を軸にして民間の思考（民俗の知）と精神医学（制度の知）を対照させて論じたことがある（拙著

は放棄されてなかったのである。しかも武器（軍需）としてではなく、農具（民需）として鉄砲は使われていたのである。

十七世紀末まで新田開発（つまり鳥獣対策）を目的に農村で大量に使われていた鉄砲は、一時綱吉の鉄砲改めによって回収されるものの幕末まで鉄砲はあった。ここに、戦争によって絶えずテクノロジーを進化させてきた西洋とは違って、鳥獣対策という自然との関わりにおいてテクノロジーを考えていたところに江戸の独創性があった（参考・宇田川武久『鉄炮伝来』中公新書）。

『幻視する近代空間』参照）。

「妄想」という言葉は、そもそも漢訳仏典に現われ、仏教語としての出自をもっている。煩悩による迷った思い・邪念といった意味である。それが民間のなかで、セクシャルな意味を帯びた用法がなされるのは、中世にさかのぼるほど、古い来歴がある。イエズス会宣教師が編纂した『日葡辞典』には「妄語」「妄塵」「妄術」「妄夢」などとともに、「Mo zo.マゥザゥ（妄想）」がとりあげられ、「みだらな事やふしだらな事について、心に浮かぶ幻想や幻影」という語釈をつけている。さらに「Mo zo uo miru.（妄想を見る）」という文例を挙げて、「みだらな事を夢に見る」（『邦訳日葡辞典』）と解釈している。

「妄想」とはエロティックな幻夢や夢のことであり、病とはまったく関係なかったわけである。それがいつしか遺精・夢精へと変容していった。遺精・夢精は漢方が定着するにともない、「心虚の症」として病のなかに囲い込まれていったのである。夢精はつい最近まで心身の健康を害する「異常性欲」の徴候とみなされていたが、江戸の夢精は

大江戸めもらんだむ
木綿産業革命

朝鮮から導入された木綿は十六世紀には国内で栽培が広まり、十七世紀初頭には苧麻《ちょま》に代わって庶民の日常衣料の地位を確立する。しかも、栽培・加工・販売にわたって綿業の分業化が進み、地場産業を生み、近世社会の経済構造を大きく転換させることになる。

ひとつは藍業であり、阿波で隆盛する。ふたつめは干鰯《ほしか》である。これは千葉県九十九里浜の地引網漁でとれる鰯を干したもので、当時もっとも有力な肥料だったが、木綿栽培の発展によってこの干鰯の需要は増し、大量に生産されるようになる。さらに、これによって商品流通の担い手である廻船業も大きく飛躍し、大坂を「天下の台所」としていっそう発展させることになる。

そして、重要なことは、農家経営の変化である。木綿によって自給経済から商品生産者的性格を強めた農家は集約型農業に転換することになる。しかし、この

決して異常ではなく、たんなる病でしかなかった。病と「色」の文化が共棲し、さらには薬の文化を繁盛させた。病の薬ばかりでなく、「色」の薬もである。長命丸・女悦丸・地黄丸が有名であり、その他に本草学に基づいて黄菊・昆布・芋などで製造された媚薬や強精剤が多く販売され、自家製造もされた。

「妄想」は彼岸への救いを妨げる邪念から、此岸を彩るエロティックな幻想・夢へ、さらには此岸の真っただ中での色情の病へと変容していった。そこでは、江戸民衆の妄想力が発揮され、色情と病の共存する文化、好色と養生の文化を培ってきたと言えようか。

色情と養生のはざまで

江戸期の心身観・人間観・病気観、そして思考法を表徴しているものに『飲食養生鑑』『房事養生鑑』（中野操、前掲書、所収。また、林美一『艶色江戸の瓦板』参照）と題された錦絵がある。一八五五年（安政二）に作製されたもので

ようにさまざまな利益をもたらした江戸の綿業も、綿業近代化を推進する明治政府の国内綿作を切り捨てる方針によって、ついに栄光の歴史の幕を閉じることになった。

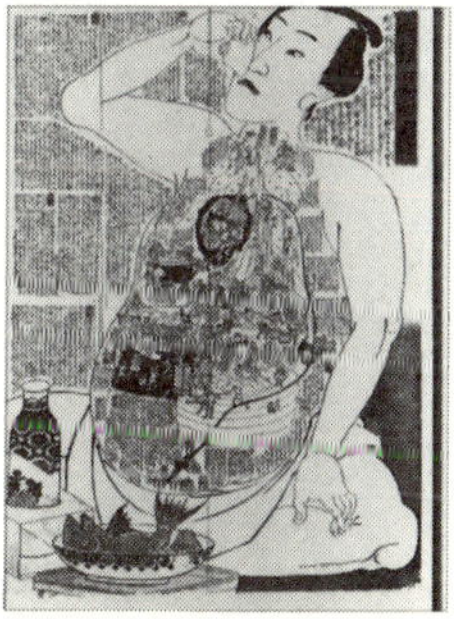

『飲食養生鑑』

あり、絵師は一勇斎国芳の門人・一登斎芳網、書き入れの文章は渓斎英泉の門人・一筆庵英壽である。

それぞれ男女の胸部・腹部を開いて、各器官の働きを擬人化した図像によって表わし、過度の飲食・房事を戒める言葉を添えている。この錦絵では、頭部を解剖して脳髄の所在を示すことはない。男は丁髷姿で盃を傾けた町人風、女は兵庫髷姿で口に長煙管をくわえた花魁風。この時代、頭脳が思考を司っていたのではなかった。『飲食養生鑑』によると、「身のうちのことを決断し、食物より飲物、また知恵才覚とうにいたるまで胆のつかさざることなし」(林、前掲書)と説明されているように、「胆」が思考の中枢であった。

ところで、飲食と房事が、どうして養生において焦点化されたのであろうか。江戸期には、食生活と遊里・岡場所の飛躍的な発展をみたが、それと並行して、今日のものとは一味異なった、健康・養生ブームの時代でもあった。多種多様な養生書が出されたが、何と言っても貝原益軒の『養生訓』がいわば模範的なテキストだった。「沉(んや)

大江戸めもらんだむ

江戸の革命思想家・安藤昌益

安藤昌益(一七〇三?~六二)は、第二次大戦後、カナダの外交官E・H・ノーマン(ノーマンは不幸にも晩年赤狩りにあって自死を遂げる)が著した『忘れられた思想家』(岩波新書)によって、いちやく脚光を浴びた江戸中期の農本主義の思想家。封建時代にあって、その身分制度を根本から批判し(人ハ万万人ニシテ一人ナリ)、徹底した平等主義を唱えた。主著『自然真営道』では、人間には上下・男女の違いなく(男ノ性ハ女、女ノ性ハ男。男女、互性ニシテ活真人ナリ)、等しく労働(直耕)に従事するのが人間の本来の姿であり(万物ハ転身ノ直耕ニ生ルコトヲ知レヨ)、このようなコミューン的理想社会を「自然の世」と呼んだ。

昌益の思想は、研究が進むにつれ、その全貌が明らかになり、エコロジー思想の先駆として、あるいはフェミニズム思想の先蹤としても近年再評価されつつある。

大なる身命《しんめい》を、わが私の物として慎《つつし》まず、飲食・色欲を恣《ほしいまま》にし、元気をそこない病を求め、生付《うまれつき》たる天年を短くして、早く身命を失う事、天地父母への不孝のいたり、愚なる哉《かな》」と益軒は記す。飲食と房事は、養生の二大テーマだったのである。

益軒の養生論によるなら、養生とは「うまれ付たる天年をたもつ道」、つまり寿命をまっとうするための方法である。要するに、飲食・色欲を慎み、病にならず、長生きするための術である。

益軒の養生論は、たんに心身への配慮・自己管理を説いているのではない。言うまでもなく、この時代の思想、儒教的・封建的イデオロギーをまとっている。「父母につかえて力をつくし、君につかえてまめやかにつとめ、朝は早くおき、夕はおそくいね、四民ともに家事をよくつとめおこたらず」というのが、養生の術の根幹にある。長生きは親孝行・忠君の基本的な要件なのである。

とはいえ、それは封建体制の枠内で、自明の思想的な前提に依拠しているにすぎない。益軒の視座はむしろ市井に置かれ、市井に棲息する身体に照準が合わせられている。

益軒の養生論は「四民ともに家業をよくつとむるは、皆是養生の道なり」という言葉に尽きるように、四民（士農工商）各々に相応した、「家」中心の私的・公的な生活スタイルの維持に眼目があった。それも、私的な日常的生活を根本に据えていたのである。それゆえ、「ひとえにわが身をおもんじて、命をたもつを専にす」という利己的な私生活中心の「養生をこのむ人」をも生み出していったが、それは泰平な時代の趨勢であった。

腎は五臓の本、脾は滋養の源

益軒の養生論では、日常的生活そのものといえる飲食法に重点が置かれ、房事は二義的である。それは、本草学（薬草学）に精通し、『養生訓』を出筆した時に八十四歳という高齢に達していたせいだろうか。益軒はまだ視力が衰えず、細かい文字を書いたり、読んだりすることができ、歯はひとつも抜けなかったという。「六十を過て、欲念おこらずば、とじてもらすべからず」という中国古典医書『千金要方』の指南を守ったようであり、「老を養う」という章には当然のことながら、房事に関していっさい述べられていない。

　過度の飲食と房事は何よりも「元気」を衰退させ、病を生じさせることになる。飲食は脾（また胃）をそこない、房事は腎をそこなうのである。「腎は五臓の本、脾は滋養の源」なのであり、房事と飲食が養生論の要となる。「長生の術は食色の欲をすくなくし、心気を和平にし、事に臨んで常に畏《おそれ》・慎《つつしみ》あれば、物にやぶられず、血気おのずから調《ととの》いて、自然に病なし」と飲食と房事の節制が第一に強調される。

　益軒にとって、房事は子孫繁栄のための、一手段にすぎなかったわけではない。かと言って当然ながら、色欲を無制限に発散させることを容認したのではない。何よりも「腎を養う事」が肝要であり、「精気を保って、へらさず、腎気をおさめて、動かすべからず」にということに尽きる。いわゆる「接して洩らさず」、腎のエネルギーを浪費しな

貝原益軒（一六三〇〜一七一四）。名は篤信、福岡藩士で朱子学者

いことが、房中術の極意である。

腎は生命の精髄である腎水（精液）を製造する。しかし房事によって腎水を浪費して、「腎気、虚すれば、一身の根本衰ろう」、つまり腎虚になる。先の『飲食養生鑑』では、「淫事のすぐる者、からだの弱り早きをもて知るべし。この考えなくてかなわず」と過度の房事を戒めている。『房事養生鑑』では、「子宮」を説明して、「この卵巣、男きんだまあると同じく、年寄ればしわみ、若ければやわらかにして、ともに小さし。ここに房事をみだりに好み、魂衰え、からだやせて、つやなく、はてはいろいろの危うき病を起こすは、その精液の水を減らしすごすにて、もと精液は血よりなるものゆえ、その血のからだを養うに足らぬこととなればなり。恐れて慎むべし」（林、前掲書）という。過度の房事は生命を損なう心身の衰弱・腎虚へといたるのである。

養生文化と色の文化

大江戸めもらんだむ 家光の恐怖政治

家光親政初期の寛永十年前後の政治状況は、将軍家光の恐怖政治と呼ばれている。家光は大横目（大目付）の役職を設置して、諸大名を厳しく監察し、これで老中たちから「おじおそれ候由」などと取り沙汰されていた。

しかしこの家光の強権政治は必ずしも全期にわたって続いたのではなく、この時期に限られたものだった。つまり、謀叛の風聞が飛び交うなど緊張した政治状況だったのである。現にこの危機を乗り切ると、将軍と老中との合議運営が基本となっていく。

たとえば、将軍と老中たちが直接に会同する「御前会議」、老中と諸奉行が評定所で会して政策をつくり、将軍にその裁可を仰いでいくかたちをとった。寛永十六年のポルトガル船追放令は、閣老によるかなり綿密な討議を重ねて政策決定されたとされている。家光の時代は政治体制確立期の試行錯誤の時代であって、益軒は、先の『千金要方』を引いて、年齢毎の男女交接の回数を記している。参考までに挙げると、二十歳は四日に一回、三十歳は八日に一回、四十歳は十六日に一回、五十歳は二十日に一回、六十歳はしないにこしたことはないが、体力が旺盛なら、月に一回である。二十歳以前の者は、「血気生発して、いまだ堅固ならず、此時しばしばもらせば、発生の気を損じて、一生の根本よわくなる」ゆえに、房事をすべきでないとされる。

色欲の節制を若者に説いても、おそらく無駄なのは、今も昔も変わりはない。「年若き時より、男女の欲ふかくして、精気を多くへらしたる人は、生付さかんなれ共、下部《けぶ》の元気すくなくなり、五臓の根本よわくして必（ず）短命なり」、あるいは「色欲の方に心うつれば、あしき事、くせになりてやまず。法外のありさま、はづべし。ついに身を失うにいたる。つつしむべし」と説教されたとしても、「あしき事」はやまなかったであろう。

禁欲を二十歳以前の者に勧めたとしても、色欲そのものを否定したわけではなかった。「あしき事」は癖になると

これ以降、幕府の意思決定のあり方は、閣老による寄合によって実質的な決定がなされ、それを将軍が追認していくというかたちが次第に定着していくようになった。

は言いながらも、色欲は決して悪魔の誘惑でなく、いわば自然の勢いとして是認されている。しかし、益軒の場合、色欲それ自体が問題視され、色欲の関係論（男女のみならず、男―男、女―女の関係も）とでも言うべきものに関して、何ら述べるところがなかった。「色」に不可欠な「情」に対する配慮が欠如していた。また、男の色欲の処理が中心的な論点になっているという観を否めない。女に色欲を認めなかったわけではないが。ともあれ、こうした色欲観が宗教的な禁欲主義をまったくといってよいほど発達させず、「あしき事」にとらわれて、妄想になったり、腎虚に憂えたり、身代を潰したりする、好色文化が世にはびこることになる。

江戸時代には、「ひとえにわが身をおもんじて、命をたもつ」養生文化が花開いた一方で、遊興・絵画・文芸・遊芸・薬などの領域で「色」の文化が爛熟した。老いも若きも、男も女も、好色に無縁ではなく、色に染まり、好色のとりこになって、粋を競い、色情を発散させたのだ。それが江戸の民衆文化にひときわ彩りを施すことになったのである。

心はとうから「女夫」ぞ——色情の倫理

一茶が執拗に妻との性愛の回数を日記に細かく記していたことは、よく知られている。一茶は五十二歳にして初めて妻をめとった。その二年後の正月、「二十陰　柏原に入る　隣迨《たいや》夜夕飯／二一晴　墓詣　夜雪交合／二二晴　昨夜、窓下に於て、茶碗・小茶碗、人に障《さわ》(触)らざるに、微塵に破る。妻云う『怪霊の事』と云々。股引及び特鼻褌《ふんどし》(褌)を洗う」と記している。

二十日は亡父の逮夜《たいや》(忌日の前夜)であり、隣の継母と異母弟夫婦の家で一茶・菊夫婦は夕飯を一緒に食べた。翌日が亡父の命日で、墓参りに出かけ、夜、妻と交わっている。このとき、妻は妊娠八カ月であった。親の命日は精進日であり、精進物を食べ、交合を慎むのが習わしである。また、妊娠中の交合は禁物であった。胎児の尻に痣《あざ》(蒙古斑)がついたり、胎児の口に淫水が入って癲癇になったり、

懐胎の腹中の図（閨中紀聞・枕文庫　渓斎英泉画）

胎毒を受けて病身になったりすると恐れられたからである（渓斎英泉『閨中紀聞　枕文庫』に図解されている。林、前掲書、参照）。

一茶はこの後も、祖母や父母の命日に墓参りをし、墓場で「黄精」という強精薬になる薬草を掘り、夜には妻との交わりを繰り返している。精進日にタブーを犯したのは、一茶が子どもを切望していた（菊とのあいだの三男一女は、いずれも夭折した）一方で、養生に抗して老いの限界に挑戦するかのように、黄精（和名ナルコユリ）や淫羊藿《いんようかく》（和名イカリ草）といった強精の薬草を採集して「色」の道に邁進したからだったと言える。とはいえ、タブー違反の後ろめたさのゆえか、「怪霊の事」や夢見の悪さも日記に記さざるをえなかったようだ。

一茶の性愛への執着は、一見すると、養生法とは真っ向から対立するかのようである。だが、養生術の房中術や導引や調息の法は道教的な神仙術に由来し、養生術は神仙術を世俗化したものとみなすことができるなら、一茶は神仙術の継承者と言ってよいほどだ。おそらく養生と好色は同じ土壌に培われたものと言えるだろう。

一茶のこうした生活スタイルにはたして何をみてとることができるのだろうか。ひとつとして、色情・色欲を媒介として夫婦の情愛を営みはぐくんでいった、庶民の生活スタイルを挙げることができよう。高尾一彦（『近世庶民の文化』）によると、西鶴の『好色一代男』では、好色が忠孝に対置されている。好色に現われる人間関係とは、「女夫《めおと》」の関係、すなわち正式の夫婦ではなくとも、相思相愛の仲にある男女関係にほかならない。そこから、遊女との仲も排除されてはいない。近松門左衛門の『博多小女郎波枕』では、博多の遊女小女郎が愛する惣一に、「お前の心に此小女郎はまだ傾城ぢゃと思うてか。此の身は曲輪《くるわ》にいるとても心はとうから女夫《めおと》ぞや」と恨みを言うのである。

こうした「女夫」の倫理は、武家の儒教的イデオロギーではなく、庶民の生活倫理によって培われたものであり、少なからず遊里文化＝色道とのフィードバックによって両者ともに洗練されていったはずである。しかし、遊里文化は、明治の文明開化期を境として、淫猥・卑賤視された

『好色一代男』巻一の世之介がのぞき見する場面

（佐伯順子「『文明開化』の『遊び』」『日本の美学』十五号、参照）。また、「女夫」関係も明治民法や皇太子（後の大正天皇）成婚キャンペーンを契機として、「家」制度に繋留されて変質していった。したがって、色道や「女夫」の関係性など、ほとんど顧みられることもなかった歴史的な経緯を忘れてはいけない。

色道のなかで切り拓かれた男女の作法を、いちがいに封建的な女性蔑視のものとかたづけることはできない。そうするのはたやすいが、民衆自身がはぐくんだ生活倫理の可能性を全面的に否認し、おとしめてしまうおそれがあろう。西鶴の作品から、「愛情の倫理と美意識」を析出している、高尾一彦の見解を見てみよう。

「まことの心」とは何か？

遊里での「遊び」のスタイル、すなわち色道・粋は「恋」を基本とする。じつに、この「恋」には、金銭が媒介されていたとはいえ、遊女と客のあいだに倫理的な規制が設けられていた。（1）客はひとりの遊女との恋愛中に、他の遊女と遊ぶことができなかったこと、（2）客が馴染みの遊女と縁を切るためには、相当の理由を必要としたこと、（3）遊女は嫌いな客をふってもよいとされていたらしいこと。色道・粋の根底には、男女双方の倫理意識として「まことの心」があり、この「まことの心」に基づいて、互いに「情」をかけあい、男女の共感をつねに心掛ける美意識が成立していたのである。

これを遊里だけに限られた倫理的な男女関係とみなすことはできない。高尾一彦（前掲書）によると、「倫理的制約や人間らしい主張を内包した男女の愛欲の情生活が、庶民によって意識され、それが倫理意識や美意識として発達しはじめているという歴史的状況」が生み出されていた。こうした「恋」や「まことの心」を大切にする好色が、身分違いの恋愛を「不義」とする、封建的な身分制度を諷刺し批判する、庶民の社会意識をもはぐくんでいったのである（たとえば、『西鶴諸国咄』巻四の二「忍び扇の長歌」）。

「恋」を切に求めた色道の恋愛ゲームは、「まことの心」

黄表紙『女角力濫觴《おんなすもうのはじまり》』（吉田魯芳作・北尾政美画。都立中央図書館蔵）

や「情」を基盤にした、庶民の「女夫」関係の倫理意識への自覚に根ざしていた、とあらためて見直すことができる。そして、色道の美意識は、庶民の「女夫」関係に還流して、その倫理的意識を洗練させていったのである。好色をテーマとする江戸文化は、好色を「女夫」関係の重要な価値とする生活意識にささえられた、庶民の倫理や美意識によって担われて発展していったと言うことができる。

「女夫」倫理から夫婦和合の思想へ

菱川師宣、西川祐信、鈴木春信、鳥居清長、喜多川歌麿、歌川豊国、葛飾北斎、応為、歌川国貞、渓斎英泉、歌川国芳——、いずれも代表的な浮世絵師たちである。おびただしい春画（枕絵）・艶本《えほん》・読和《よみわ》（わじるし）が、これらの浮世絵師たちによって、作製された。テーマは言うまでもなく、男と女の交合である。それに対する民衆の支持は絶大だった。

不思議なことに、春画がどのような民衆的意識によって生み出され、どうして広範囲な支持を得たのかという問いは、ほとんどなされたためしがない。そこには、民衆的倫理・美意識とともに、思想性も結晶しているはずなのだが。

江戸期を通じて、女性のしつけの模範的テキストとしてきわめて普及したものに『女大学宝箱《たからばこ》』（『女子学』、貝原益軒著とされるが、著者不明）がある（女訓書に関しては、筧久美子「中国の女訓と日本の女訓」『日本女性史3』参照）。益軒の死後、十八世紀初頭に著されたらしいが、「淫乱」ならば離縁されるべきだと説教し、女の色情をまったく認めず、陰気な話に満ちている。それに対して、『女大楽宝《おんなだいがくたから》開《ばこ》』という陽気なパロディがある。宝暦年間、十八世紀中葉に、開茎屈軒《かいまらへきけん》と名乗る者によって記されている。

『女大楽宝開』では、「それ、女子は成長して他人の家にゆき、夫につかうるものなれば、色道の心がけ第一なり。父母もその道を好みたるゆえに、子孫も尽きざるなり」とか、「婦人はひとたび嫁入りして、男の一物《へのこ》あしきとて、その家をいで、ふたたび善きまらにあたりしとも、女の道に違《たが》い、おおいなる恥なるべし。婦人のために、茎《まら》の恩は

春画の極み

父母よりたかし」（福田和彦『江戸の性愛学』より）と、『女大学宝箱』の向こうを張っている。

あくまでもパロディである。夫への服従を説き、男尊女卑だと目くじらを立てることはない。これを多くの女性が読んだかどうかはわからないが、女の色情をおとしめず、色道・好色を勧めて、それを「女夫」関係のひとつの要《かなめ》としたことは、すぐれているはずだ。こうした陽気さが春画を支えた民衆のエートスであろう。

貝原益軒が『養生訓』を著したのは正徳三年（一七一三）であるが、その二年後に増《ます》穂《ほ》残口《ざんこう》の『艶《えん》道《どう》通《つ》鑑《がん》』が出ている。益軒の思想は男中心の儒教的倫理に満ちている。残口はもと日蓮宗不受不施派の僧侶だったが、不受不施派の弾圧を契機に還俗し、一転して民間の神道講釈師になっている。市井の人として巷間での講釈を通じて、民衆教化を行なった残口は、益軒とは正反対ともいえる主張をしている。両者は身分的な相違に求めきれないほど、大きく隔たっている。

増穂残口――「陰陽交合《みようとまじわり》」の民衆思想

残口の思想は、家永三郎（「増穂残口の思想」『日本近代思想史研究』）によると、「恋愛至上主義」である。とはいえ、先に述べた、男女間、それも「女夫」中心の「まことの心」や「情」に至高の価値を見出していたと言ったほうがよい。『艶道通鑑』では、「凡《およそ》人の道の起りは、夫婦《みようと》よりぞ始まる」「夫婦ぞ世の根源と知れたるか。その夫婦和せずして、一日も道あるべからず。道なければ誠なし。誠なければ世界は立《たた》ず」と端的に示されている。残口は「互いの愛《いと》し可愛《かわゆ》きが、心からの真なり」と言い、それが「夫婦の誠《まこと》」「陰陽《みようと》の誠《まこと》」だと言うように、貝原益軒に欠けていた、「色」の関係論を展開したのだ。

この「夫婦の誠」の根拠は、イザナミ・イザナギの「陰陽交合《みようとまじわり》」という、神話的パラダイムに求められている。陰陽和合・夫婦和合が世界の根本を成り立たせるのである。とはいえ、それは、陰陽神を介して、五穀豊穣・安産・下《しも》の病の平癒などを祈願する民俗儀礼・信仰から結晶された

ものである。ここには、民俗の知恵に依拠して、庶民的倫理・実践を昇華させた、民衆思想としての、夫婦和合の理論化というべきものの成長がみられる。

残口は、こうした「夫婦の誠」「夫婦和合」に立脚して、社会批判を展開する。金銭的な利害や打算に基づいた結婚は、衣食住の欲や形式的・権威主義的な「礼」によるものであり、そこには「陰陽の誠」がない、と批判するのである。

ラディカルな残口の思想

この「陰陽の誠」のコアとなるのが「恋慕の情」だ。「真《しん》から可愛実《かわゆくじつ》から最惜《いとおし》く」思う「恋慕《れんぼ》の情《じょう》」、それに基づいた夫婦こそ、「神人合体《しんにんがってい》の夫婦」である。「恋慕の情」の前には、いっさいの束縛は断ち切られる。「互に融《とろけ》し下紐《したひぼ》の契《ちぎ》り、いかでか真実《まめやか》ならざらん」と艶っぽい。こうした倫理意識が、秩序イデオロギーの批判へと赴くのは必然だ。「恐《おそれ》ながら錦《にしき》の褥《しとね》の上玉簾《たますだれ》の内に住ませ給う御方より、陋《あや》

大江戸めもらんだむ
綱吉の生類をめぐる政治

綱吉の政治ほど専制と呼ばれた将軍はいない。周知の「生類憐みの令」と綱吉の無軌道な人事が挙げられるが、個人的な嗜好を公的な政治にもちこんだ将軍と従来思われていた。

しかし、塚本学氏の研究によって明らかにされたとおり、「生類憐みの令」は綱吉のたんなる嗜好から出たものではなく、それを必然化する社会的な要請があったからだったのだ。この政策は綱吉だけではなく、家綱時代から継続して行なわれていたこと。また、犬を愛護するとは当時社会に広がっていた「かぶき者」の風俗、「食犬」を禁止することだった。つまり儒教的な徳治主義をすすめることを目的とした一種の文明化政策だったのであり、いわば食犬はシンボリックな意味合いをもっていた。現に犬だけではなく、捨て子、病人、老人といった社会的弱者に対する養育・救護もうたっていた。

人事の面においても、綱吉は頻繁に役

しの賤山夫《しづやまがつ》の身の上まで、分《ぶん》に従い程につけても、思いの誠に替《かわ》る事なし。……此《この》道ばかりぞ、氏《うじ》にも種姓《すじよう》にも因《よ》らず、思い逢《あい》たる誠を本《もと》として、其《その》上に仲人《なかうど》ありて互《たがい》の父母にも知らせ、世《よ》晴《はれ》て迎《むかえ》たらんは和も立《たち》礼も整《ととの》いて、何に憚《はばかる》事あらん」と封建的身分制にまで批判の矛先を向けている。

残口はさらにラディカルになる。「今世《きんせい》に他《ひと》の妻を犯して掟に触《あ》い、または首の代《かわり》に金銀を立《たて》所帯を失う者数多《あまた》有り。……初めより道なら事と思慮《しりよ》を改《あらた》めば、何に迷うべきぞ。又改められぬ心決定《けつじよう》せば、縦《よ》しは骨を刻《きざ》れ肉を削《そ》がるるとも、何を悲しまん。善悪共《とも》に極めなき者は、総て人に似たる猿ぞかし」と密通による厳罰をものともせずに、「恋慕の情」を貫けと過激に説く。残口においては、「夫婦」関係は「家」の永続のためにあるのではなく、あくまでも「恋慕の情」のゆえにある。「夫婦」とは、婚姻関係によってのみ成立するものでは決してない。「恋慕の情」をもつただの男女のことなのだ。

さらに、「今の世も売女《ばいた》の中に、金詰まり義理合いとは

人を解任・処罰したのは事実だが、老中の罷免はいちどもなかった。すべて無軌道であったということではなく、きわめて老中制度を尊重していたのである。

いえど、二人心を乱さで刃《やいば》に臥有《ふすあり》。脇目《わきめ》よりは狂乱の様《よう》に笑い罵《ののしれ》ども、死を軽《かろ》んずる所　潔《いさぎよ》く哀《あはれ》也」と、「夫婦の誠」を貫くための心中までも礼賛するのである。「売女」も「夫婦」関係から除外されはしない。「恋慕の情」「夫婦の誠」を根拠として、不義密通・心中を是認するなら、これはもはや儒教イデオロギーを否認し、体制を揺るがすに足る思想だった。

色情、あるいは千年王国への妄想力

残口の思想のキーワードして、「恋慕の情」「夫婦の誠」などに加えて、さらに「色」「色の道」がある。「色に愛《め》で道を損《そん》じ義を破《やぶ》るは、人の常なり。……縦《よ》しは色に染《そみ》て礼に背《そむ》くとも、世に浅ましき欲に泥《なづみ》て道を喪《うしな》う者よりは遙《はるか》に勝《すぐ》れたらんか」と言い、「善悪は人にありて酒にはあらず。色の道も又件《かく》こそ、娯楽の随《ずい》一大和《わ》の源《みなもと》なれば、道に叶《かな》い誠に至らば何の科《とが》あらん。溢《あぶれ》て身を損《そん》じ溺《おぼれ》て家を失うは、人にありて色にはあらず。絶《たえ》て酒なく絶て色無くば、仏の

大江戸めもらんだむ　吉宗の稟議型政治

吉宗政権の性格を考えるうえで、次のような政策決定の分析がなされている（大石慎三郎『大岡越前守忠相』）。

「相対済し令」を例に説明していくと、評定所一座（寺社・町・勘定三奉行によって構成される合議機関）において原案をつくり、それに御用取次をとおして将軍吉宗も加わり非公式のうちに何度も意見を調整して練り上げる。成案ができると、評定所一座は表立ってその政策案を老中に伺いを立て、老中から正式に将軍に上程、将軍の裁可を経て老中から発令される。このように政策立案段階で、吉宗は実質的決定に積極的に関与していた。

しかし、これははたして専制と呼ぶべきものだろうか。むしろ、「政治的イニシアティブ」ではないか。なぜなら将軍の専制的権力行使が可能ならば、なにもこのように手のこんだ初発審議の回路をとることはないからだ。したがって逆に強固な老中制度を示し、いったん老中の

教えも神の誡《いましめ》もあるべからず」とまで言い切っている。「恋は誠に叶う事の最第一なり、疎《おろそ》かに思う事なかれ」というように、恋も色道も、もはや遊里の恋愛ゲームではない。「娯楽の随一」「大和の源」となる、民衆の倫理・生活信条として提唱されている。色情は男と女の関係性のなかで全面的に肯定されるのだ。残口の思想が、当時の民衆の生活意識・倫理意識に依拠していたことは疑いない。そうでなければ、辻々で講釈しても、誰も聞く耳をもたなかったであろう。

　確かに、当時の民衆のみならず、残口も、宿命論的に身分制にとらわれ、「家職《かしょく》大事」としなかったわけではなかったが、それすら「色」や「色の道」や「恋慕の情」によって凌駕されることがあったことも承知していたと言うべきであろう。残口は、たんなる夢想を説いたのではなく、江戸民衆の現実的な生活意識を踏まえて、色情・好色を思想的な課題としてはっきり形象化し、「恋慕の情」「夫婦の誠」「陰陽和合」に貫かれた、千年王国への妄想力を煽ったと言えようか。

段階で決まったことはそう将軍でも覆せないということの証明ではないか。
　吉宗の政治は、老中政治と譜代門閥勢力の身分的立場を尊重し、あまりにも彼らの保守性がために打開しえない面においてのみ、実務役人の提案を実質的に受け入れていく、そういう政治運営を特徴としていたのである。

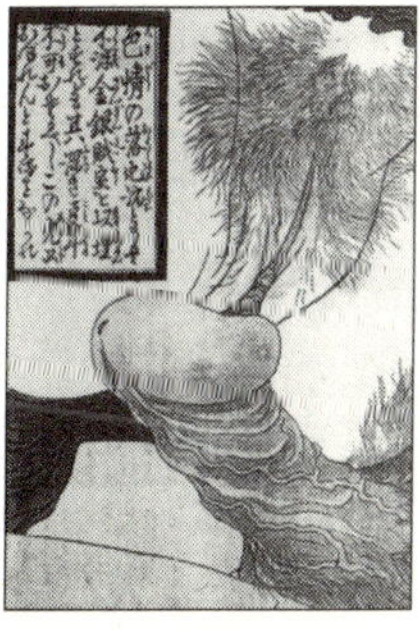

艶本美女競（渓斎英泉画）

「猥褻」なるものに会う!

　こうした庶民の妄想力を、われわれは春画に見出せるはずだ。目もあやに睦まじい男女の姿態を描く錦絵が、陰気な権力に抗しておびただしく蓄積されていった、歴史的な背景に思いをめぐらすなら、そこに民衆の倫理的・美的感性、はては政治意識の発露・発展まで探ることができよう。デフォルメされた誇らしい、陰陽神のような男女の性器、豊かに繁茂する陰毛、さらに若水《わかみず》のように股間にしたたる淫水は、「恋慕の情」の究極たる「神人合体の夫婦」を図像化し、さらには幸いと豊穣を予祝し、病も争いも貧しさもない、遊女も含めた庶民の至福の境地をシンボル化した、妄想力の所産ではなかったか。

　われわれは一般に、現在の出版物のなかで、江戸期の春画を修正されたかたちでしかみることができず、海外の出版物のなかに無修正のものをみるという、奇妙にねじれた不幸な情況にいる。とするなら、江戸の類い稀な文化の一端に、まったく触れてこなかったのではなかったか。「猥

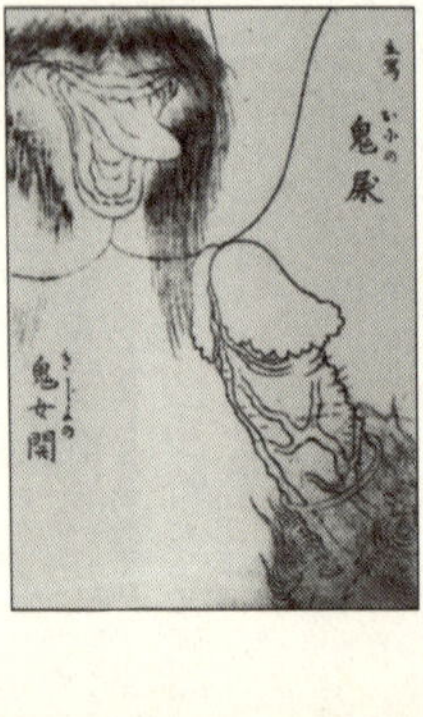

浮世糸具知（勝川春章画）

褻」を国家が規定し管理する情況、「猥褻」を自主規制する出版社の事情、それは途轍もなくくだらないと誰しもが思うだろう。だが、「猥褻」とは何かなどと慎み深く問う前に、「猥褻」なるものに出合う必要があろう。江戸の奥深い「情」や「色の道」は、いまだに閉ざされたままだと言えようか。

振り向く女・江戸の恋愛権力

師宣・春信・歌麿から読みとれる〝女の権力〟

緒形康（近世思想）

ここに三つのタブローがある。まず、画面のむこうがわに去ろうとする女が、つと立ちどまって、右後方へと視線を投げかける様が描かれている。菱川師宣の「みかえり美人」である。次の絵は、少年の耳元に誘惑の言葉を囁く少女と、このふたりの挙動をじっと背後から見守る、第三の女が織りなす、「愛の三角形」を表象している。鈴木春信の最高傑作とも言われる「縁先」である。最後に、ひとつの手鏡を、上下からそれぞれ、斜めの姿勢のまま頬を寄せあうように覗きこむ二人の女がいる。喜多川歌麿の「娘日時計」である。

それにしても、なぜ、かの女たちは、画面を正面から見据えることがないのだろうか？振りかえる女、流し目をやる女、心もち首を横にかしげる女たちは描かれても、いわゆる「肖像画」に類するアングルを、これら江戸のモデルたちが取ることのなかったのは、なぜなのか？　この問いに応えるための、ひとつの試みとして、以上のような斜線あるいはＳ字曲線を描く女の輪郭を、「振りむく女」という記号論的構図に集約したうえで、その性格規定を行なってみては、どうだろうか？

振りむく女の誘惑する視線

「振りむく女」の視線がとらえようとするのは、女のもとから、いまや立ち去ろうとする男（女）だろう。「振りむく女」は、逃げ去る男の背中もろとも、愛の想い出を捨て去る。このとき、「振りむく女」のアングルとは、別離の象徴である。しかしひょっとすれば、この女

見返り美人（菱川師宣）

縁先（鈴木春信）

のほうこそ、男の束縛から身を振りほどき、逃れ去る最後の瞬間に、男へと別れの一瞥を投げかけたのかもしれないのだ。女の瞳は想い出にうるんでいる。だが、あるときはまた、女が、自分に密かに向けられた熱い眼差しを、その背中に痛いほど感じながら、愛の予感に後ろをそっと振りかえることもある。そこでかの女を待ち受けているのは、アヴァンチュールの期待にみちた、男（女）の誘惑する視線である。「振りむく女」はこのとき、新しい出会いとともにある。

だが、いずれにせよ、こうした別離と出会いには、ひとつの共通項がある。男の求愛を振りきって逃れ去る女であれ、逆に逃れようとする男に、せめて視線だけでも追いすがる女であれ、あるいはまた、振りかえったその先に、新しい視線との出会いを予感する女であれ、かの女たちは、男と女の織りなす愛の過程のなかにありながら、その過程そのものを超越する「出来事《エヴェヌマン》」を経験している。これら、束の間の出会いと別離によって捉えられているのは、「出来事」のきらめく瞬間＝衝撃とともに果敢《はか》なく消え去ってゆく、時間である。いわば、「振りむく女」のアングルは、愛の出現と消滅のはざまにおけるカタストロフを、一枚の絵のなかに凍結させ、そうしたカタストロフそのものを、時間のなかから救済する試行である、とは言えまいか。愛の予感、葛藤、それにまつわる無数の感情、こうした愛がつむぎ出す、すべての物語を捨象したあとに、つまり、愛の過程をすべて犠牲に供したあとに、出会いが別離であり、別離が出会いであるしかないような、凝固された時間の破片と断片が残される。愛の現在進行は、そのまま過去となってきらめく。だから、それは〝想い出〟ですらない。愛とは、物質化された現在である。

死のうとする清十郎のもとに、去っていったとばかり思っていた恋人の皆川が、白装束で駆けこみ、清十郎の胸にしがみつく（井原西鶴『好色五人女』）。《死なずにどこへいらっしゃるおつもり。さあ今すぐに》（吉行淳之介訳）。そう言って剃刀を差し出すかの女は、清十郎と死ぬ覚悟である。この皆川のとっさの翻意が、なんであるかを理解するのはむずかしい。しかし、これこそ「振りむく女」のロジックである。かの女が振り捨てようとしたのは、たんに自らの命だけではない。清十郎との愛の過程そのものを、かの女はいま飛びこそうとしている。

「振りむく女」とは、時間の極点から時間性を消去するエートスの象徴だった。愛とはこの

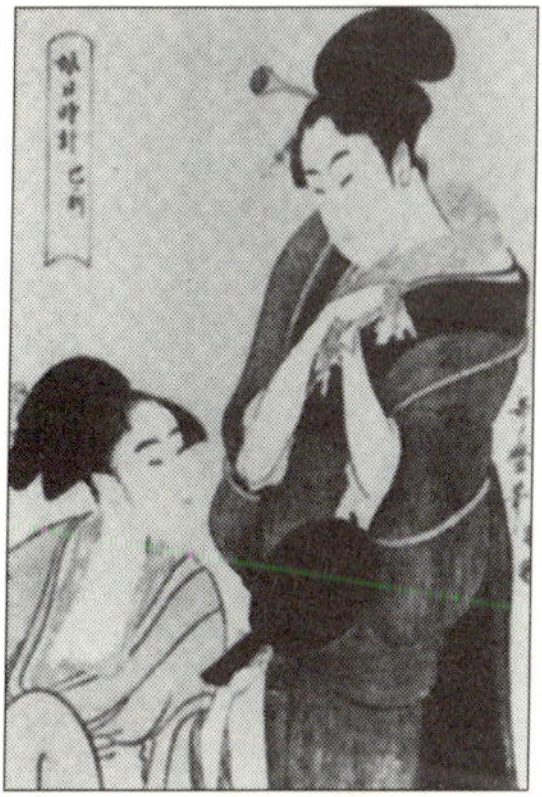

娘日時計（喜多川歌麿）

西洋婦人図（平賀源内）

とき、すぐれて倫理的な行為となる。「振りむく女」が体現するのは、いまの過去化、もしくはまったく新しい古びたものである。それは、夢みる現在、あるいは現在という夢である。

「拒否する女」のエクリチュール

こうして、「振りむく女」のすがたを明らかにしたわれわれが、次になすべきことは、「振りむく女」というこの理念型《イデアル・ティプス》にたいして、その対極に位置するものを設定することによって、「振りむく女」の記号論的位相を際だたせることである。「振りむく女」の肉体は、斜線を描いていた。かの女たちは、絵画に見入る者たちを背後に残したまま、画面のむこうに立ち去るのではなく、その手前で立ちどまる。あるいは、見る者たちを正面から見据えて、彼らに挑みかかるのではなく、伏し目がちになにごとかを囁くのである。繰り返せば、かの女は、別離と出会いのたゆたいのなかを、ゆらいでいる。つまり、こうは言えぬか。「振りむく女」の対極にある二つの位相には、背中を見せて立ち去る女と、正面からわれわれに歩みよる女、という二つの構図が存在するのだ、と。前者を「拒否する女」、後者を「見つめる女」と名づけたうえで、両者の比喩形象《フィギュール》のありかを探ってみたい。

「拒否する女」は、見る者と見られる者という関係自体を否定しようとする。関係性の発想を拒絶した先とは、関係性そのものをも包みこむようなユートピアである。他者を見、他者に見られる世界が、その関係性ゆえに、他者を傷つけ、他者から傷つけられるという代償

（トラウマ）をともなわざるをえないドラマであるとすれば、「拒否する女」のめざすユートピアは、そうした破局が、システム的に回避されうる世界だろう。江戸の精神史のなかに、この「拒否する女」というユートピアの系譜をたどることは、さして困難ではない。それは〝桃源郷〟のユートピアである。与謝蕪村の俳句や文人画を想起していただきたい。そこに登場する女たちはいずれも、なにか自らの痛みにじっと耐えているかのごとき風情ではないか。他者を拒絶した小さな世界を、どこまでも守りぬこうとするかのように。さらに、桃源のユートピアが、典型的な子宮願望の産物であることをも合わせ考えれば、当時隆盛した〝紀行文〟というジャンルについても、それを、「拒否する女」のエクリチュールとして、解読することが可能だろう。たとえば、鈴木牧之の『秋山紀行』。それは、平家の落人村である秋山郷という〝子宮〟探索の旅だった。

「異国の女」＝「見つめる女」

次に、「見つめる女」のアングルが示唆するものを考えてみよう。この構図が江戸に登場するのは、おそらく、平賀源内の「西洋婦人図」をもって嚆矢とする。この新しい女は、われわれにその全身を向けているわけではない。その意味で、源内はそれまでの描写のアプローチを踏襲してはいる。しかし、この「異国の女」をかぎりなく蠱惑的にしているのは、画面の外をまっすぐに見つめる、ふたつの眼だろう。ふたつの眼は、かつての女たちがそうしたように、視線を横へと流すことによって、なにかを暗示するのではない。かの女は、われわれに直截に、なにごとかを訴えようとしている。だから、この「異国の女」＝「見つめる女」の絵に横溢している色彩と立体感覚、その野心的でポレミークな新機軸のすべてが暗示しているものは、おそらく、たんにリアリズムの誕生であるとか、遠近法の確立といったことではないのである。

「拒否する女」とは相違して、そこには、見つめ見つめられる関係性が生々しいかたちで露呈されているのである。「果てしなき主体性」とヘーゲルが呼んだ、自己意識の運動が、ここに生起している。源内の描く女は、われわれになにごとかを囁き、熱い吐息を吹きかける。その肌は、浮世絵師たちが描いたような、優雅で人工的な色彩によって型どられているわけではない。〝眼高手低〟と評された源内らしい、むしろ稚拙な配色がかえって、「異国の女」の肉体を、より強く自覚させているように見える。男と女は、以後決して、視線の出会いと別離における、一瞬の花火のなかで、夢みることを許されないだろう。またそれは、男と女以前のユートピア的な愛となることもないだろう。愛とは、ここでは闘争である。「見つめる女」とともに、愛のモダニズムは始まる。

江戸の「恋愛権力」とは何か？

以上われわれは、「振りむく女」「拒否する女」「見つめる女」という、三者の記号論的配置を一瞥した。これから考えたいことは、「拒否する女」が体現するユートピアの原理でもなく、また「見つめる女」が象徴するモダンの原理とも異質な、「振りむく女」の精神機制こそが、江戸の権力を表象していたのではないか、ということである。われわれは、この権力をとくに「恋愛権力」と名づけたいのだが、それを語る前に、やるべきことが二つある。

（I）江戸文化の記号論分析には、周知のとおり、優れた先蹤がある。九鬼周造の『いきの構造』（一九三〇年刊）である。九鬼はそこで、《運命によって「諦め」を得た「媚態」が「意気地」の自由に生きるのが「いき」である》（傍点、九鬼）という著名な定義を与えている。「媚態」は、「いき」の基調を構成し、「意気地」と「諦め」は、民族的・歴史的な徴表である。そして、「媚態」という基調はさらに、「二元的可能性」（異性間の二元的・動的可能性が可能性のままに絶対化されたもの）と規定される。

では、われわれの言う「振りむく女」と、九鬼の「いき」——とりわけ、その基調を構成する「媚態」——のあいだには、いかなる関係があるのか。たしかに、「二元的可能性」と九鬼が呼んだ徴表を、われわれは、「振りむく女」のアングルにも認めることができる。しかし、この〝可能性〟は、「振りむく女」にあっては、眼差しの衝撃とともに石化されたものだったことを、失念してはならない。出会いと別離という、生々しい事件は、一挙に年老いたのだった。つまり男と女の関係は、〝可能性〟として絶対化されるのではなく、むしろその可能性、あるいはエロスの完全さを、絶え間なく挫折させているのである。「振りむく女」は、見つめつつ見つめないこと、愛しつつ愛さないことをめざす。それは愛の可能性ではなく、不可能性ではないのか？　愛は断片となって砕け散るのではないか？　これが、九鬼にたいするわれわれの最大の異論である。

はじめに愛があった！

さらにわれわれは、「振りむく女」のなかに、「意気地」や「諦め」といった、民族的・歴史的徴表（丸山真男流に言えば、〝歴史意識の古層〟である）を見ることも、避けたいと思う。「振りむく女」は、以下に述べるとおり、ある種の権力を象徴しているのである。権力とは、現実の力関係の操作と編成であり、イデオロギー的粉飾をともなう。それは、表層的ではあっても、決して古層を構成するものではない。

（II）「江戸の恋愛権力」と、われわれは言った。しかし〝恋愛〟とは何か？　真の〝恋愛〟はモダンにはじまる、という説が有力である。けれどもすでに述べたように、モダンの愛は闘争だった。「見つめる女」の誕生とともに、自己意識は「果てしなき主体性」を反復するが、こうした〝主体性〟とは、もはや自己と他者、あるいは男と女の関係を構成しない。他者は自己の投影であり、女は男の反射である。それは、自己と自己の自同的反復であるにすぎない。女は他者どころか、〈鏡〉なのだ。「見つめる女」の時代は、〝恋愛〟の時代と言うよりも、〝恋愛〟が自己へと閉ざされる時代なのである。

では、「拒否する女」に〝恋愛〟は可能だろうか？　見つめ、見つめられることよりも、抱きしめること、抱きしめられることに憧れるこの段階にあって、闘争の愛は、抱擁の愛というかたちを取る。〝はじめに愛があった〟（J・クリステヴァ）。あるいは、愛以外のものは存在しない。と言うより、そこでは、「春風馬堤曲」が讃歌した少女こそが、主役である。抱擁する愛とは、愛の幼児性だろう。

だから、「振りむく女」こそが、〝恋愛〟を実現しうるのだ。なぜか？　出会いと別れが交差する眼差しのなかで、はじめて、果てしない闘争としての愛でもなく、主客を溶解した愛でもなく、女性性《フェミニン》そのものが現出するからではないのか？　カタストローフの凝固とは、時間の全体性にたいする、断片の優位であり、不在のくぼみの現前であり、偶発的なものの宿命化である。「振りむく女」の描く斜線は、なにかを所有するのではないし、あらゆる差異と異質性が廃棄される、結節＝無である。この不在の言葉、くぼみとしての無、断絶と差異にみちた、カタストローフとしての〝女〟は、斜線とS字にゆれる肉体のなかに、その女性性を顕出するだろう。

なるほど、江戸の〝女〟は、被差別階層に属していた。しかし、モダンの女たちがそうするように、かの女たちは、男の〈鏡〉となることはなかった。男の眼のなかで、男の欲望を反復することはなかった。追う男たちから、弧を描いて逃れる〝女〟は、恋する男たちを、流し目で挑発する〝女〟でもある。現実社会において差別されているはずの女たちは、法のもとでの自由を享受しているはずの現代の女たちより、斜線の特権によって自由なのである。そして、かの女たちは同時に、愛だけがすべてだった少女の恋のように、現実と融和することをも肯んじえないのだった。

とは言っても、繰り返すが、かの女たちは、現実においてたしかに差別・制約されていた。つまり逃げ去る女とは、たんに男から逃れたのではない。それは同時に、家格制と官僚制の二重構造という、支配の網の目からの逃走をも意味していた。自らの肉体以外に、権力を防御すべきいかなる手段をも持ちえなかった「振りむく女」たちは、〝恋愛〟によって武装するのである。〝恋愛〟はこのとき、反権力となり、そして権力そのものとなる。M・フーコーの言うとおり、下からの権力と上からの権力を、範疇として分離することができないとすれば。

「振りむく女」のエートスは、「拒否する女」が、旅する人びとや辺境において愛された〈桃源郷とは、元来が中国遊民の生み出した理想郷であり、そのエートスは外来のものだった〉以上に、空間的な普遍性を持続したし、また「見つめる女」が、鎖国体制に軋みが生じはじめた、その間隙から登場したのとは相違して、時間的には、江戸のそもそもの初期から流布した観念だったと言える。要するに、それは圧倒的な優位を、江戸時代をつうじて維持していたのである。この記号論的な優位は、なにを示唆しているだろうか？　江戸権力が、過去化し断片化する〈現在〉という「恋愛権力」の機制に、強く規定されていたということ。

契約のカタストロフィー

われわれはだから、江戸の政治力学を、この「恋愛権力」の視点から、とらえ直す必要があろう。とりうる多様な論点のうち、ここでは、次の三つの特性を中心に、議論をすすめたいと思う。

①江戸における社会権力の発動の場にあっては、契約観念は、抽象的な取引概念ではなく、具体的な人的連合関係として表象されていたこと。

②江戸の法体系の、近代法ともっとも相違する点は、行政訴訟の具体的手続きを欠いていたということ。

③江戸権力はつねに、御公儀＝天皇の権威を、その価値の源泉にすえていたこと。

この三点を、「恋愛権力」から派生する必然的帰結として理解すれば、どうなるか？

江戸人が〝契約〟モデルとして想定していたのは、武士道における主従原理であり、また、これを、男女の愛の葛藤の極限状況に適用したところの、〝心中〟のモラルだった。契約の履行が、法という抽象的な原理に基づいて、具体的人間関係を超えた規制力をもつのではなく、個々の人間の限定的な連合関係とともに発生し、これら人間関係が破局にいたったとき、それに付随するかたちで終了するというあり方は、主従関係が切腹において終わり、恋愛が心中において終焉することと同型である。この点に、江戸の社会契約が、「恋愛権力」として発動されることの意味がある。注目すべきなのは、契約履行が、個別の人間関係において規定されているということではない。より実態に即してみるかぎり、契約は、個別の人間的連合関係のなかでさえ成立してはいない。契約が自覚化されるのは、その非常事態においてのみであり、契約が実際に有効性をもつものとして機能しているあいだは、むしろ、その関係を契約であると意識化すること自体、忌むべきこととされる。契約関係を想起することが、あたかも、その関係の終焉であるかのように、である。契約の実効性がつねに、その破局《カタス》＝非常事態《トローフ》において証明されること。女が振りむく。そこに契約＝出会いと別れは成立し、そして崩れ去る。出会いと別れのあいだの過程は、飛びこえられるのだ。

契約の断片化という徴表

すでに論じたとおり、別離と出会いのカタストローフは、過去化と断片化という両義性において現出するものだった。江戸の社会契約論はこの点にかんしても、「恋愛権力」を反復している。

まず、契約は徹頭徹尾、〈現在〉の過去化であり、過程の凝固だった。②の論点とも密接に連関することだが（後述）、契約の履行は、あらゆる場合に妥当しうる抽象的な法手続き〈訴訟〉としてではなく、個々の人的関係において、事あるごとに、つまり絶えざる〈現在〉において、再履行の確認がなされる。〈現在〉は無限に分断され、微分化をとげた〈現在〉は、あっという間に過去化されたうえで、規範としての凝固力＝拘束性を身にまとう。人は、契約法を公理とみなし、あらゆる紛争を、この公理から帰納するのではない。公理は、不断の〈現在〉において、無限に創出される。ゼロからの出発が、あきもせず繰り返される。江戸の契約とは、原理の帰納ではなく、その反復である、と言えよう。

つづいて、契約の断片化という徴表はどこに見出しうるか？　それは、この社会契約のあり方を、イエ制度と結びつけてみるとき、はっきりと了解できるものになる。鎌倉時代以来、日本のイエは、中国や朝鮮におけるような、血縁・地縁主義に基づくイエとしてではなく、家計と家事が合体した「経営体《ベトリーブ》」として機能してきた。この「経営体」が、現代の日本企業に見るごとき管理経営の母胎であることは、言うまでもない。いかなる企業買収にも動ずることのない、その経営組織の盤石ぶりに、世界は驚嘆するのだが、そうした組織の強固さの原因は、いま、われわれが話題としている、契約観念における断片化の原理という事態にまで、遡行しうるのである。法人としてのイエが、自らの傘下にある同族集団に、資本を無限に断片化して分割すること。しかし、この断片化は「振りむく女」がそうしたように、時間から切り取られた〈現在〉＝イエを、カタストローフとして絶対化することと結びついている。無限の断片化にもかかわらず、〝契約〟がおなじものの反復であるかぎり、契約法は、こうした断片化によって、いささかもその効力を減ずるものではない。断片化された資本の配当にあずかりうる家族構成員は、イエの資本そのものを、比類なく強化すべく機能しているのである。生半可な〝買収〟によって、このイエ＝法人＝企業を崩壊させることが、困難なゆえんである。

訴訟手続きの欠落

以上が、社会契約を支える過去化ならびに断片化（これは〈現在〉の強化となって機能する）、という「恋愛権力」の二つの原理である。

次に、江戸の法体系は行政訴訟の手続きを欠いている、という二番目の特性の検討に移りたい。これは一般に、③の天皇制の論点とからめて、次のように説明されてきた。戦国法の体系には、鎌倉法以来の「道理」観が、権力の法権限を制限する、メタ原理として含まれていた。江戸法は、この「理」という法のメタレベルを、天皇＝御公儀の権威によって代替したものである。しかし、そのことの代償として、江戸法は、実定的レベルの権力法にたいするコントロール機制を、喪失することになり、そうしたコントロール機構の失調の空隙を、天皇の〝権威〟が埋めてゆくことになったのだ、と。江戸における超越的な原理（「天道」）の果たした役割にたいする、論者たちの低い評価は、「天道」もしくは「理」の観念が、天皇制の権威主義的機制によって、骨ぬきにされている、という判断から生じたものだろう。新儒教の「理」は、中世法における「道理」のごとき、超越的規範たりえない、と言うのである。

「恋愛権力」に、訴訟手続きという〝過程〟自体が欠落していること、そのことは、①の論点を検討するさい示唆したとおり、過去化と断片化を内包した〈現在〉、という「恋愛権力」の性格規定から説明できる。しかし、こうした〝過程〟の空洞化が、「理」しくは「天」といった超越的価値を失墜させ、天皇の有する〝権威〟を浮上させるにいたるメカニズムについては、それを、どうやって跡づければよいのか？

ここで、われわれはしばらく、理論的迂回をこころみる。

Ｊ・ハバーマスは、Ｍ・フーコーの『近代の哲学的ディスコース』（一九八五年刊）において、フーコーの権力理論、なかでも、パノプティコン（一望監視システム）による国家の監獄化という理論を、痛烈に批判したが、それは、近代法における刑事訴訟法の、整備ならびに発展という史実を、フーコーがあまりにも軽視している、との理由からだった。西洋における近代法の整備は、パノプティコンという強制イデオロギー装置を、強化したのか否か？

ここは、その点にかんして、フーコーとハバーマスの理論の正当性いかんを検証する場ではない。だが、いずれが正しいにせよ、はっきりしているのは、パノプティコンの権力機制が、刑事訴訟法といった法手続きを欠落させている、という論点についてまで、ハバーマスが異議を唱えているのではない、ということである。

パノプティコンとしての「恋愛権力」

ここで、本題に戻ろう。江戸の「恋愛権力」は、パノプティコンではなかったか？　パノプティコン――国家権力という万能の視点は、囚人の一挙手一投足をすべて透視しうるのだが、囚人たちにとって、この権力のヒエラルキーの頂点が、何であるかは不可視のままである――の構造は、かつての万能の〝神〟を代補する〝無＝権力〟を表象している。つまり、訴訟手続きの欠落と、パノプティコンという不可視のシステムとは、メダルの表と裏である。おそらく、江戸の「恋愛権力」は、過去化され断片化された〈現在〉の反復、というメカニズムの帰結として、このような不可視のパノプティコン＝天皇にまでたどりついたのだと思われる。②および③の各論点を、①の契約観念の発展形態としてのみならず、たがいに不可分の政治現象と見てよいのならば、パノプティコンと酷似した権力機制として、われわれが、江戸における〝女の権力〟を措定したとしても、大過はあるまい。

「恋愛権力」の実態が、こうして明るみに出る。安保闘争の立て役者のひとりである論客(清水幾太郎)が、その保守主義への転向の果てに、「日本よ、国家たれ！」と叫んだことがあったが、振りかえってみれば、江戸とは、そのタブローにおいて、またそのエクリチュールにおいて、次のフレーズを反芻しつづけた時代だったとは言えないか？

「女よ、国家たれ！」と。

元禄文化の深層によこたわるサブリミナルな性の世界

「浮世狂ひ」、この好色な魂

守屋毅（近世芸能史）

「浮世草子」と「仮名草子」

それまで俳諧師として活躍してきた井原西鶴が、その小説第一作『好色一代男』をもって文壇に登場したのは、天和二年（一六八二）のことだった。この『好色一代男』の出現を画期的なものとして、それ以前の小説を「仮名草子」と称し、これに対して、西鶴作品をふくむ以後の小説を「浮世草子」とよんで区別するのが、今日、日本文学史の常識になっている。もっとも、これはあくまでも明治以降に成立した学問上の分類概念であって、西鶴の生存中、あるいはその直後に、その作品が「浮世草子」とよばれたという事実を意味しない。

では、彼の作品は、当時、どのようによばれていたのか。

西鶴の遺稿として出版された『西鶴織留』（元禄七年〈一六九四〉刊）の序文（北条団水の執筆）に、

西鶴生涯のうち述作する所の仮名草子、棟に充、牛に汗して世にはびこる中にも、日本永代蔵・本朝町人鑑・世の人心、これを三部の書と名づく。


とある。

ここで「三部の書」と言われているもののうち『本朝町人鑑』と『世の人心』は、未刊のままに終わった作品であって、とりもなおさず『西鶴織留』はその未完成の遺稿を編成してできた出版物なのであり、これらは西鶴の町人物の三部作をなすもののごとくである。それらをさして「仮名草子」と言うのであるから、少なくとも西鶴の作品のなかで、いわゆる町人物については、これが、依然として、中世末期このかたの呼称「仮名草子」の名をもってよばれていたことがわかる。

したがって、当時の用語によるならば、西鶴の作品群の一部は、「仮名草子」という呼称をもってするのが、もっともふさわしいということになる。しかし、これでは西鶴文学の意義を言葉のうえで分明にしがたい結果におちいるだろう。歴史的にみて、そもそも「仮名草子」という名称は、かなりひろいジャンルをさしていたからである。

それは、つとに『実隆公記』明応六年（一四九七）八月二十二日条に、

仮名草子〈とはずかたり〉、校合する事、之を仰せらる

とある。ここでは鎌倉時代に後深草院二条（久我雅忠の女）の『問はず語り』、すなわち女性の筆になる仮名がきの日記文学をさして、「仮名草子」と言っているのである。

また、くだっては元禄三年（一六九〇）の俳諧『特牛（こというし）』に、

文章と申事、博士にかぎらず、しほやぶんしやうと申かな草子も御座候。

とあるとおりであって、「しほやぶんしやう」が『塩焼文正』のことを言っているとすれば、これは今日で言う御伽草子（室町時代小説）の類いをさすことになる。

つまり、「仮名草子」と言えば、女手の日記から御伽草子までをふくむ、はばひろい概念であり、要は、漢文体の雅なる文学――江戸時代の言いかたでは「物の本」――に対して俗とみなされた仮名がきの「草子」全体を包含していたとみてよいのである。また、今日の文学史上の用語で「仮名草子」と言えば、近世初期の小説・随筆・実用書などにもちいられるのが慣例になっている。われわれは、そのなかに西鶴の作品群を埋没させてしまうわけにはいかないであろう。

「好色本」もしくは「色草紙」

これとは別に、西鶴の作品をさして、「好色本」もしくは「色草紙」という言いかたのあったことがしられる。

元禄十年（一六九九）刊の『西鶴冥土物語』には、いまはなき西鶴の亡霊を登場させて、それに、

> われら、なにはにありし比《ころ》、さまざまの好色本をつくり、その外あまたの罪深かりしにより（後略）

と言わせているのが、「好色本」の例である。

あるいは、元禄十三年（一七〇〇）刊『御前義経記』の序に、

> 好色本、世々にひろく、難波津にては西鶴、一代男より書き初染め、去年清月の比、新色五巻書迄の色草紙、指をるにいとまなし。

とあるのは、「好色本」が同時に「色草紙」とよばれていたことをものがたるとともに、それらの名称によってさししめされるものが、具体的に指摘されている。すなわち、先の「仮

名草子」が西鶴の町人物をさしていたのに対して、「好色本」もしくは「色草紙」は、いわゆる好色物を言ったのである。

元禄十五年（一七〇二）刊の『元禄太平記』巻一の二にも、

時うつり事さり、古板尽、新板おこる中にも、永ふ流行は好色本なり。此道の作者西鶴といふ男（後略）

とある。西鶴は、「此道（好色本）の作者」だったというわけなのである。

これはまた、「好色文」ともよばれた。すなわち、先の『元禄太平記』巻一の三に、

いでや都に好色文の達人、西村市郎右衛門、筆を振るうて西鶴を消すといへど、これまた学問に疎ければ、その誤りなきにしもあらず。

とみえている。

――というわけで、いかにも、『好色一代男』をもって文壇に登場した西鶴の文学は、「好色本」とよぶのがふさわしいようにおもえるが、それでは彼の世界をおおうことができない。言うまでもなく、「好色」は西鶴のテーマのひとつであって、すべてではなかったからである。

「浮世草子」と「浮世本」

むろん、元禄期に、「浮世草子」という名称がうまれていなかったわけではない。ただし、手元の用例は、西鶴の生存時期より、すこしおくれたものばかりである。以下にそれらをみる。

年代のたしかな文献に「浮世草子」という語がみえるのは、現在のところ宝永四年（一七〇七）刊行の『男色比翼塚』で、

末はよし原細見図、一つとやの数へうた、さてはどうしやのうき世ぞうしなどうりあるき（後略）

とあるのが初見とされている。

年代の不確定のものでは、歌謡集『色里迦陵頻』所収の「小町まつよひの段」に、

よしざねがひとりひめ、おのとて人のめにたてるよめいりざかり、おやのかはゆさあまりにむこえらみ、ひとりねをするとこのうち、うき世ぞうしよみならい、我とおぼゆる恋のみち（後略）

とある。『色里迦陵頻』全体の刊行は正徳（一七一一～一六）にはいってからのことだったらしいが、この部分については、おそくとも元禄十六年（一七〇三）には成立していたものと推測されている。だとすれば、『男色比翼塚』よりすこしはやい時期の用例とすることができるだろう。

あるいは、「浮世本」という言いかたもあったようである。こちらは、ややふるく、元禄六年（一六九三）刊の『古今四場居百人一首』にまでさかのぼるとすると言うが、これはまだ本文を確認しえていない。

これまで指摘されてきた用例では『茶契福原雀』中巻には、

今色さとのうわさおほく噺につづりて、浮世本の品々有といへ共、大かた二万翁の作せられし内をひろいあつめたれば（後略）

とあるものが比較的ふるい。ここで「二万翁」というのは、西鶴その人の異名だったから、これは西鶴の作品が「浮世本」とよばれた最初の例なのである。もっとも、『茶契福原雀』の刊年は、宝永元年（一七〇四）ころかと推測されるものの、さだかでない。

いずれにせよ、これらの所見によれば、「浮世本」「浮世草子」の語がしきりに人びとの口にのぼりはじめたのは、ようやく元禄末期ないしそれ以降だったとみてよいだろう。言うまでもなく、それは西鶴没後のことなのであって、西鶴の作品がしだいに「浮世本」とよばれるようになる経過がうかがえる程度なのである。

しかも、ここで注意しておかなければならないのは、これらの用例によるかぎり、ここで「浮世草子」とよばれているものは、現代の文学史上の用語としての「浮世草子」とは、かなりへだたった意味をもっていたことである。端的にいって、「浮世草子」「浮世本」は、ポルノグラフィーを示唆するのだった。したがってそれは、先に挙げた「好色の草子」(元禄二年『好色床談義』)「好色本」「色草紙」(元禄十三年『御前義経記』)などと言うのと、実は、かわるところがなかったのである。

「浮世絵」について

元禄文化についてかたられるとき、あたかも「浮世草子」と一対のごとくに、絵画における「浮世絵」が話題になる。潁原退蔵氏の「『うきよ』名義考」は、次のようにかきおこされている。

> 浮世草子と浮世絵、それは江戸時代に生まれた民衆芸術の特質を、最もよく代表すべき二大存在であった。(中略)しかしこの江戸民衆の文化を代表すべき二つの芸術が、だうして浮世の二字を関《ママ》して呼ばれるやうになったのか。

ここで、「浮世絵」という言葉についても、再点検しておくことにしよう。「浮世絵」の語の用例・用法を探索することで、当面の課題である「浮世」への接近の道がひらかれるという期待があるからにほかならない。――というのも、文学史上の「浮世草子」という用語が元禄のそれと異なっているのとおなじく、元禄語としての「浮世絵」もまた、現在とは異なった語感をもっていたのである。

「浮世絵」という言葉は、「浮世草子」の用例よりかなりふるくさかのぼって検出できる。管見の用例から、多少とも、その意味をうかがわせるものを年次をおって列挙してみることにする。

①浮世絵の下に生えたる思ひ草　夏入（延宝九年〈一六八一〉俳書『それそれ草』）。

②大和うきよ絵として、世のよしなしごとを其品にまかせて筆を走らしむ（天和二年〈一六八二〉絵本『浮世続』序）。

③河原の野郎若衆、聞きしばかりにて見ぬ事ぞかし。せめてはその姿有ままに写せよと、浮世絵の名人花田内匠といへるもの美筆を尽しける（貞享四年〈一六八七〉刊『男色大鑑』）。

④菱川が筆にて浮世絵の草紙を見るに、肉置ゆたかに腰付にまるみ有て、大かたは横目づかひ、男珍らしさうなる顔の色（元禄元年〈一六八八〉刊『色里三所帯』）。

⑤一方は違棚三通、あらゆる好色本・うき世絵・まくら草紙のこらず（元禄八年〈一六九五〉刊『好色産毛』巻三―五）。

⑥一生、本の男といふ事をしらず、浮世絵のやさしきをほほに入て、せめては心を動すばかり（元禄六年〈一六九三〉刊『浮世栄花一代男』）。

⑦浮世絵や　あちらむけたる土用干　　百六
　こちらむけよと灯かき立　　（元禄十四年〈一七〇一〉刊『乙矢集』）

⑧浮世絵も　まず巻頭は帯とかず　　（元禄十五年〈一七〇二〉刊『俳諧楊梅』）

⑨手に取て見ればみるほど美しき
　笑ひを含む浮世絵のつや　　（元禄十六年〈一七〇三〉刊『俳諧村雀』）

これ以上、用例を挙げるまでもない。「浮世草子」が「好色本」の異称であったとおなじく、「浮世絵」も秘戯画・春本の類いを意味したのは、もはや、うたがいをいれないところである。

われわれは、これまでの考察から、次の事実をひきだすことができるのである。すなわち、「浮世」という言葉には、「好色」のイメージを惹起する、もうひとつのはたらきがあった――と。

「浮世狂ひ」

元禄に生きた人びとの「浮世」観をもとめつつ、「浮世」の語義にあれこれおもいをめぐらせているうちに、われわれは、おもいがけずそれが元禄期において「好色」を意味する場合のあったことに気づくことになったのである。

山東京伝の『骨董集』（文化十年〈一八一三〉成立）が、「浮世袋」というものを考証するなかで、「浮世狂ひ」という言葉に注目して、

> 又、遊女にたはぶるるを浮世ぐるひといひしは、慶安・明暦・元禄の比までもしかありし歟（上編）。

と言っているのは、江戸時代も後期になれば、「浮世」における「好色」の意が古義になっており、市井の好事家たちの考証の対象になっていたことをしめしていると言えよう。「好色」の意をふくんだ「浮世」は、やはり元禄語なのである。

その意味では、柳亭種彦が「浮世絵」を「今様絵」としか理解できなかったのも了解できる。もっとも、種彦の場合には、やはり「浮世狂ひ」という言葉をめぐって、この点への若干の言及があった。

> 浮世狂といふは、遊女・芸子にもかぎらず、すべて女に戯れあそびありく事をいふ。故に俳諧にては恋とするなり。寛永十三年印本親重撰はなび草「うき世狂ひなどは述懐にあら

ず、恋の世になるべし。」俳諧には是より古きは見えず。

なるほど、「浮世狂ひ」は近世初期の俳書において、はやくも「好色」の意をふくむ言葉としてあらわれていたのである。種彦の言うように寛永十三年（一六三六）の成立とされる俳書『はなひ草』にあって「浮世狂ひ」は恋の詞に挙げられ、さらに慶安三年（一六五〇）刊行の俳書『久流留』にも「浮世狂ひ、一、恋也」とある。これら付合の例をもってしても、「浮世」が男女の仲をあらわし、ひいては「好色」の意へ傾斜していく方向が、たしかに看取されるのだった。

これが、延宝四年（一六七六）刊行の俳書『類船集』になると、今度は「浮世」の条に「傾城くるひ」を挙げる。こうなると、もはや「浮世」は「恋」一般を言うのではなく、男女の仲、それも、とりわけ遊里における遊女と客の関係に特定したものになってくるのだった。「浮世草子」の「浮世」、そして「浮世絵」の「浮世」も、また、遊里における営為を意識させずにはおかなかったもののごとくである。

やがて江戸後期の文人たちの関心をひくことになる「浮世狂ひ」をはじめとして、「浮世」を接頭語とする合成語は、元禄期の文芸や歌謡のなかに氾濫する。

それらの用例については、つとに「『うき世』名義考」が網羅しているので、ここで反復することはさけるが、そのおおくが、「恋知り」の艶っぽさから「好色」の風情を連想させ、ひいてはより直接に色道・遊女・野郎・遊里をさししめす合成語だったことだけは、あらためて確認しておいてもよいだろう。

色道に首だけ沈み、そそりかけてのうき世ぶし、かさふかく扇かざせる曲輪がよひ（貞享四年〈一六八七〉刊『好色貝合』上）。

浮世言葉によそへて問うて　とかく浮世ぢや恋の道（延宝七年〈一七一〇〉刊『松の落葉』）。

「浮世」と「好色」

では、なにゆえに「浮世」が『好色』、なかんずく遊里を想起させる謂をもってもちいられるにいたったのだろうか。また、それは、「浮世」に対する観念と、どのように対応していたのだろうか。

従来の説によれば、それは例によって享楽的な「浮世」観の出現との関連において説明されることになる。しかして、「好色」とまでは言わずとも、「うき世」という言葉が男と女の仲、すなわち「恋」を意味したのは、はるか平安期このかたの用法の一つだったのであり、そのかぎりでは、あえて近世初期の俳書の指摘をまつまでもなかったと言えるだろう。

『夜の寝覚』巻四におさめる和歌に、

えぞしらぬ憂き世しらせし君ならで

または心のかよふらんゆえ

とある。ここで「憂き世しらせし君」とは、「はじめて男女の関係をおしえてくれたあなた」という意味にほかならなかったのである。そのつもりでよむと、この歌、かなりきわどいひびきがある。

憂き世をば、かばかり水のはまべにて、なみだになごりありやとぞみし（『かげろう日記』元禄元年）。

夜がれのひさしい夫婦仲をなげいた、道綱の母の歌である。ここでも、やはり「憂き世」は、男と女のあいだがらの意でよまねばならなかった。

これらの用例のしめすところから、平安時代にあって、憂き世の中でも、とりわけ心をわずらわさずにはおかないものとして、男女のあいだがらが意識されていた趣が理解されるだろう。しかも、この場合の「世」には人間関係といった語感まではらまれていたのである。

むしろここで注意しておきたいのは、男女の仲といった意味を派生させた「うき世」が、中世をへて近世にいたったとき、「好色」の意の添加・拡張もさりながら、「浮世」本来の語義の変化がそうであったごとくに、その「せつなさ」「はかなさ」が強調されつつあったことであり、ここにも、この時代の「浮世」観の如実な投影をうかがうことができるのだった。

慶長期の仮名草子『恨の介』〈上〉に、

東福寺の橋にて踊らばや、五条にて慰まんと、我に等しき友人を引き連れ引き連れ、いずれかよからましかはと、心の慰みはうき世ばかりとうちしげる。

という描写があるのは、その「うき世ばかり」という切迫感が、ひときわ印象にのこる一節となっている。

ややくだって、元禄十三年（一七〇〇）刊の浮世草子『御前義経記』〈巻二の一〉には、

申、法善様、今宵はわしに此牛若様を、かりの浮世になしたいといへば、

とみえる。ここでは、「今宵」ばかりの「かりの浮世」、つまり一夜かぎりのちぎりを女性の側からもとめていくのだが、その感覚は、まさしく遊女を対象とした廓のいとなみの「はかなさ」の裏がえしであったとみるべきだろう。

「悪所」という言葉

それはともかく、元禄期に遊里を連想さす言葉としては、「浮世」をまつまでもなく、「悪

所」という言葉があった。そもそも、「悪所」という語は、元禄期をさかいとして、それこそ、いわゆる「浮世草子」を中心とする文芸に大量に見出される。そして、「悪所」とその合成語は、とりわけ西鶴作品とその周辺の「浮世草子」のなかに、にわかに充満することになったのである。ここではもはやその用例をかかげる紙数がないが、「悪所」という言葉は、まるで元禄の到来をまちかまえていたかのように出現するのだった。

しかも、その「悪所」の語の用法は、「浮世」のそれと見事に対応するのだった。その様子は、左掲の表のごとくになる。好色あるいは色を軸にして、「悪所」と「浮世」が相対していること、一目して瞭然である。該当する語がみあたらないところは空欄のままにしてあるが、いずれも元禄語として、あってよさそうな言葉におもえるのである。

		浮世騒	色騒
		浮世盛	色盛
		浮世知	色知
	悪性気	浮世気	色気
		浮世絵(本)	色絵
		浮世遊	色遊
	悪性男	浮世男(女)	色男(女)
悪所かご		浮世かご	色かご
悪所金(銀)			色代(遣)
悪所通	悪性通		色通
悪所狂	悪性狂	浮世狂	色狂
悪所事	悪性事	浮世事	色事
悪所言葉		浮世言葉	色言葉
悪所仲間	悪性友達		色友達
悪所話	悪性話	浮世話(説)	色話
悪所宿	悪性宿		色宿
悪所場	悪性所		色所
	悪性人(者)	浮世人(者)	色人(衆)
	悪性本	浮世本	色草子
	悪性町	浮世町	色町
		浮世茶屋	色茶屋

元禄町人の意識世界

——というわけで、西鶴の文学を総称する元禄語はついに見出せなかったが、少なくとも、次のことがらだけはみとめてよいにちがいない。

すなわち、元禄期においては、「悪」と「色」と「浮世」という、それぞれに異なった表現をもつ、しかし、その内容において相互にふかくかさなりあった三つの言葉を表象とする世界がかたちづくられていた、と。

それは具体的な空間で言えば遊里というところでかさなりあうことになるが、われわれは、かならずしも具体的にみえる場所にとらわれることはない。むしろ、もうすこし抽象化された観念の領域を想定してみてもよいのではないか。そして、実は、その観念の領域こそが、元禄町人文化の深層によこたわる意識世界の一面のようにおもわれるのである。

三下り半の真相

江戸の女は泣く泣く離縁されたのか？

高木侃（法制史）

江戸時代といえば、封建社会で身分や男女の差別がかなり徹底していたと考えられている。男女でいえば、「男尊女卑」「夫権優位」ということになるが、はたしてそのことが当時の実態をほんとうに伝えているのだろうか。その時代の男女関係、とくに女性の地位は、離婚のとき法的に社会的にどのように処遇されたかということに、顕著に現われると私は考えるので、ここでは離婚から見た江戸時代について述べてみよう。

追い出し離婚と熟談離婚

「好いた女房に三くだり半を投げて長脇差《ながどす》永《なが》の旅」は、歌謡曲「妻恋道中」冒頭の一節である。この歌は昭和十二年に流行《はや》ったそうだから、これを口ずさめる方は相当のお年の方だろうが、「三くだり半を投げて」という文句がじつにきいている。この離縁状の俗称である「三くだり半」からすぐに想像されるのは、夫が自分の意のままに、妻を一方的に離縁できたのに対して、妻はそのたたきつけられた離縁状を持って、泣く泣く実家へ帰ったというイメージである。つまり、夫による「追い出し離婚」であって、妻のほうからは離婚することができなかったというものである。

たしかに、江戸時代の離婚には、法律上、夫から妻へ離縁状（三くだり半）を渡すことが必要で、離縁状を貰わないで再婚した妻は、髪を剃られて実家に返されたから、形式（タテマエ）・実質（ホンネ）ともに、夫に離婚権があり、夫が自由に妻を離婚できたと、これまで考えられていた。しかし、このことは法律上の離縁状の効果についての一面しか見ていない。夫もまた妻に離縁状を渡さないで再婚したときには、所払いの刑罰を科すと規定されていたからである。この夫に対する刑罰がこれまでややもすると看過されていた。たとえば「女房に三くだり半を投げて」出て行けと追い出して再婚した夫がいたとする。このとき別れた女房が前夫の再婚にイチャモンをつけようと思えば、貰った離縁状を隠したうえで、「わたしは亭主から離縁状を貰っていない」と訴え出ればよかったのである。離婚の証拠である離縁状は妻のほうにあって、夫にはないのだから困ったことになる。もちろん、仲人や親類などの証人があれば解決するが、このように夫の再婚に異議がとなえられたとき、夫のほうで離縁状を渡した証拠を示さなければならなかったのだから、夫には離縁状を交付する権利があったというより、義務をおっていたと言わなければならない。したがって、夫のなかには、離縁状を渡すと同時に、妻のほうからその受取書を貰う場合すらあったのである（これを離縁状返り一札と言う）。

離縁状は必ず夫が書くものだった。婿養子が婿入り先を出てくるときにも、夫である婿が離縁状を書いた。川柳に

去状を書くと入婿おん出され

というのがある。この例が典型的だが、タテマエとしては（形式上）たしかに夫に離婚権があったといえるが、ホンネとしては（実質上）妻のほうに追い出されたのである。婿の例は特殊なものとしても、当時の庶民離婚の実態はさまざまであって、妻の「飛び出し離婚」もかなりあり、多くは夫婦（両家）間の協議をともなう「熟談離婚」だったというのが私の考えで、今日の協議離婚とほぼ同じだったと思われる。

離縁状の本当の理由

そこで、これまで私の収集した六百通の三くだり半に基づいて具体的な例を紹介しながら検討してみよう。実のところ三くだり半は離婚した事実の証明だったから（同時に再婚許可の側面をもっていたが）、まったくのタテマエでしかない。タテマエだから離婚にいたった

原因などは書かなくてもよかったのである。実際にも離婚原因（理由）をいっさい書かない三くだり半が四通に一通と、もっとも多い。ところが、これまで理由を書いていない離縁状は、夫が妻を理由もなく離縁できたことを表わしていると言われていた。しかし、理由を書かないのは、書かないほうがよいから書かないのであって、本当の理由を書いたりしたら後《あと》腐《くさ》れなく離婚できなくなる。これが当時の離婚の礼儀で、かりに妻に浮気などの落ち度があるときでも、真実の離婚理由などは離縁状に書かなかったのである。

　たとえば、文久元年（一八六一）十月、武州（埼玉県）大里郡樋之口村の七五郎は「家内不和合」という理由の離縁状を妻みつに渡した。これだけでは、みつと夫の舅姑との折り合いでも悪いことが想像されるが、事実はこの前年の二月にみつが家出して、中山道本庄宿の大工藤吉の家に厄介になっていた、つまり夫以外の男の世話になっていたのである。これがわかって夫方の名主をはじめいろいろな人の仲介の結果、七五郎と離婚し、藤吉との再婚ということになる。藤吉はみつに夫がいたことは知らなかったのかもしれないが、明らかに妻の家出・不義（密通）が原因なのだから、夫が訴え出れば、みつは密通の罪で死刑になるはずである。そうでなくとも離縁状のない女の再婚として刑法上の罪が問えたはずである。ここで夫は妻みつを罵倒するなり、いろいろ文句もあったはずだが、結局藤吉から七五郎に慰謝料が出されて示談で解決する。しかし、離縁状には現実の離婚原因・実態（ホンネ）とかけ離れた、きわめて抽象的に「家内不和合」と書かれたのである。離縁状が離縁したことの確証でありさえすればよく、まったくのタテマエだったことを端的に物語っている。

タテマエとしての離縁状の典型は、離婚理由が「我等勝手に付」という離縁状である。理由を書かない離縁状についで数が多く、私の収集した離縁状六百通の一一%を占める。その内容は次のとおりである。

　　りえん状
一、其方事《そのほうこと》、我等《われら》勝手《かって》に付《つき》、
　　此度《このたび》離縁《りえん》致候《いたしそうろう》、然上《しかるうえ》は
　　向後《こうご》何方《いずかた》え縁付候共《えんづきそうろうとも》、差構《さしかまえ》
　　無之候《これなくそうろう》、仍《よっ》て如件《くだんのごとし》
　　　　　　　　　　　　　　　夫
　　　寛政五癸丑四月　　　　末吉（爪印）
　　　　　　　　たけどの

これは上州（群馬県）利根郡のものである。これについては、夫が「勝手気ままに」妻を離婚することができたと、これまで解釈されていたが、私の説では、「勝手」をするのは悪いことなのだから、ここでは夫は「オレが悪かった」と、詫びたものと解釈できる。少なくとも、離婚は「私（夫方）の都合によるもので、あなたのせいではない」と、つまり妻には責任がないことを夫の側から表明したものと理解できるのである。

夫たちのホンネ

先のみつのように、離婚の原因が主として妻のほうにあった場合など、ホンネの部分では妻に言いたいことがたくさんあったかもしれないが、三くだり半に「オレが悪かった」と、夫が非を認める文句を書いたのはなぜだろうか。当時いわれていた男尊女卑・夫権優位は、タテマエにしかすぎない。しかしタテマエにもせよ、男子たる夫は強くなければいけないとの観念があったので、強者である夫は妻（女子）をいたわらなければならなかった。自分に責任があると積極的に公言するのは、強い人間にしてはじめてできることである。だから、江戸の夫に「オレが悪かった」と言わせたのは、実際のところ、夫の「痩《や》せ我慢」にすぎなかったといえるが、それで男の面目が保たれたといえるのである。

夫のなかには、タテマエとしての離縁状にホンネをのぞかせる者もいる。慶応二年（一八六六）十二月二十四日、夫平兵衛から妻ふさに渡した離縁状の前半には、「我らこの度存外の不始末致し、親類へ迷惑あいかけ申し訳もこれなく、右につき其元離縁致しそうろう」とある。夫が不始末をしでかして、お詫びのために離婚することが書かれている。それでもタテマエとして離縁状を書くのは夫だったが、実質的にも（ホンネでも）妻を追い出したといえるだろうか。むしろ実際には親類などから離縁を迫られたもので、あえて書かずともよい不始末を詫びる文句を書かされたと考えられ、かえって平兵衛の屈辱的地位を象徴しているといえる。

また尾張国（愛知県）海東郡の離縁状には、「只々薄き縁」と思いあきらめてよんどころなく妻を離縁すると書いたものがある。よんどころなく離縁というのは、夫婦そのものの仲はよかったのだが、実際には夫の両親・親類が気にいらない嫁だったのである。夫は周囲に気がねし、それに押し切られて離縁した感じがする。只々薄き縁とあきらめることにしたのである。

このほかにもホンネをのぞかせた離縁状が見られる。妻の密通が原因で離縁する場合には、「不埒」「不行跡」「心得違」といった抽象的表現になる。もっとはっきり密通相手の住所・氏名を明記して、それとの再婚を禁止すると書いたものも稀にはある。

いずれにしても、離縁状に理由をまったく書かないものや「我等勝手」の離婚理由は、相手の妻方を配慮したものである。こういう意識は、今日でも退職願いなどに受け継がれている。本当のことは伏せて「私儀一身上の都合により」と書くわけである。結局のところ、離縁状は離婚したという文句と誰と再婚してもかまわないという文句が、短く抽象的な言葉で書かれたにすぎない。おおむねタテマエの世界だったから、離縁状からだけで、当時の庶民離婚の実態を把握することはできないし、むしろ誤解を招くもとになったともいえる。

妻は泣く泣く縁切寺に駈け込んだ!?

少しずつ誤解を解いていこう。よく「女房と畳は新しいほうがいい」と言われるが、とんでもない話である。幕府の法令では、後妻を迎えるために、現在の妻を離婚することは「不実離縁」であると規定している。このような場合、夫は訴訟によっても現在の妻を離婚することはできなかったのである。当然、後妻にするつもりの女との再婚は認めなかった。すなわち、法令上（タテマエとしては）畳は新しくできても妻はできなかったということになる。もっとも実際には（ホンネでは）、離婚のときすでに再婚相手を決めていたりすることはよくあることで、幕末にも次のような例がある。後妻を決めたうえで、妻を離婚しようとした夫は、慰謝料二両二分を払い、そのうえ離縁状の標題に「詫入れ申す」と書き加えている。こうでもしないと周囲に離婚を納得してもらえなかったからである。江戸の俚諺集には女房と畳云々はなく、「女房と鍋釜は古いほどよい」「女房に惚れてお家繁盛」などが載せられていることに留意してもらいたい。

　江戸の離婚といえば、三くだり半のほかに、縁切寺が有名である。そこに駆《か》け込めば離婚できた尼寺で、鎌倉の東慶寺と上州（群馬県）の満徳寺の二つの寺だけが幕府から黙許されていた。縁切寺についても、次のようなイメージが定着している。たとえば、酒乱・乱暴狼藉・放蕩・家業不精で、しかも頑固かつ不法な夫に離婚を求めても、離縁状を書いてくれないとき、女性が唯一救済を求めることができたところが縁切寺で、したがって妻は泣く泣く駆け込んだというものである。たしかに縁切寺に駆け込む女の亭主には、不法なものが多かったに相違ない。

　後出の図は満徳寺への駆け込みの様子を描いているが、不法な夫から逃れて縁切寺を目指し、その門前であやうく追っ掛けてきた夫に捕まりそうになったとき、身に付けていた草履などを門内に投げ入れれば、本人が駈け込んだものとみなされ、寺男に助けられて、窮地を脱することができた。これなど男尊女卑といったタテマエから見れば、頑固で我がままな夫にやむなく逃げ出す妻といった雰囲気が感じられる。しかし、真面目で優しい夫にもかかわらず、そのことがいやで、勝手気ままに飛び出した、奔放な妻に戻ってもらおうと追っかけている夫の姿を見ることもできるのではないか。

奔放な妻たち

一つの駈け入り事件を紹介しよう。幕末の弘化四年(一八四七)七月に野州足利郡名草村(現在の足利市)のきくが満徳寺へ駈け込んできた。きくは夫国次郎と離別したいと言う。ところが、寺で事情をただしたところ、実はこの二十年前に、きくは村内の百姓庄蔵と結婚し、長年月を睦まじく暮らしていたが、駈け込みの前年、ふと村内の国次郎と浮気してしまう。それから家内の折り合いが悪くなったのは、当然のことで、あげくのはて庄蔵と離婚して、国次郎と再婚したのである。

しかし、一年ほどしてきくは長年連れ添った庄蔵への想い一途に、現夫国次郎との離婚と前の夫との復縁を願って満徳寺へ駈け込んだのである。きくは復縁を希望して駈け込んだのだから、離婚したあと前夫の庄蔵は後妻を迎えていなかったことになる。結局は示談によって離縁になり、夫からきくに、次の離縁状が渡され、弟に引き取られて決着する。

離別一札之事

一、深厚《しんこう》之《の》宿縁《しゅくえん》浅薄《せんぱく》之事《のこと》

不有私《わたくしにあらず》、後日《ごじつ》雖他え嫁《たへかすといえども》、

一言《いちごん》違乱《いらん》無之《これなし》、

仍如件《よってくだんのごとし》

弘化四年　　　国次郎㊞

八月日　　　常五郎殿姉

　　　　　　きくどの

無法な夫から逃れて駈け込む女

前半は、尼寺にふさわしい仏教語で、深く厚かるべき前世の因縁がたまたま浅く薄かったのが、離婚の原因であり、その責任は夫婦いずれにもなく、とりわけ妻に責任がないことを表明している。

浮気相手と再婚したものの、やはり前夫のほうがよかったから戻りたいとは身勝手な話ではないか。ときには縁切寺を利用して密通の相手と再婚しようとしたり、きくのような勝手気ままで破廉恥と言える妻も少なくなかったと思われる。

妻の言い分、夫の言い分

縁切寺の近所に住み、離婚の取り扱いの様子を見聞きしている妻のなかには、夫の乱暴や農業不精で生活に困ったときなど、「満徳寺に駆け込むわよ」と夫を脅して離縁状を出させている。決して我慢していたわけではないのである。

縁切寺に駆け入るまでの状況を文書にして提出した嘉永三年（一八五〇）十月付のかねの「口上おぼへ」が、鎌倉の東慶寺にある。それによると、四年前に江戸連雀町の勘次郎の妻になったが、夫は遊女通いで、家（長屋）におらず、おいおい暮らしにも困り、かねの衣類を質入れして遣いすて、かねの父親から金や米の援助を受けてきた。さらに親元に金を借りて来いと言うので、迷惑であると言えば、手当たりしだいに下駄などで頭をたたかれて、傷つけられ、それでも、かねて短気の者と我慢していれば、かねに遊女奉公せよというありさまである、と申し立てている。かね、つまり駆け込んだ妻側の言い分はこのとおりで、まさに縁切寺へ駆け込む女の夫はひどいもんだということになる。

しかし、夫側の言い分ではかねは仲人の甥と懇意で、品々持ち出して、両人でともに逃げ去ったが、いったんは連れ戻し、詫びを入れたので許したという。今度は五貫文の銭と夫の結城袷一枚を持ち出して家出したと書かれていて、夫婦それぞれの言い分にだいぶ開きがある。事件は夫から町奉行遠山左衛門尉に訴えが出されており、その幕府側の記録によれば、かねは似せ手紙をしたためて、夫方をだましたりした事実があったようで、町奉行所に引き渡されて、五十日手鎖程度の罰を受けたようである。縁切寺に出された女の言い分は、縁切寺へ駈け込む女は夫に泣かされ続けたという、まったくのタテマエを述べていること、つまりは自分を悲劇の主人公にして、哀れをさそって入寺（離縁）をかなえたいとのしたたかさがうかがえる。決して夫に忍従していたわけではなく、これでうまく離婚になればと、舌を出している女性のホンネを読み取らなければならないように思う。

三　くだり半をめぐるホンネとタテマエ

これまで、江戸の離婚についていくつかの例にふれたが、離婚にいたるまでの葛藤やイザコザはどうであれ、いったん離婚ということになれば、それまでのホンネはさらりと水に流し、円満に夫婦双方の情誼に傷をつけずに、主に抽象的な文言で離婚理由をしたためた、タテマエとしての離縁状で決着をつけたのである。また、縁切寺へは夫の不法に泣かされた女性が駈け込んだと思われるが、かねの例のようにホンネ（実態）を文書にして提出することは稀で、しかもそれもタテマエとしての駈入り女を演じている。一般的には離婚原因などは口頭では述べるものの、寺への提出文書にはやはり「家内不和合」などの抽象的な表現しか用いられていない。したがって、江戸を理解するには、たくさんの資料を収集して、関連するものは突き合わせ、その相違に注目するとともに、行間にあるホンネを読み取ることが要求される。

先のみつの例では、本来ならば幕府法（公事方御定書）の規定「密通いたし候妻　死罪」によって、死刑という厳罰が科せられるはずである（今日では刑法の姦通罪がなくなったので、たんに民法の離婚原因となるだけだが）。たった一回の浮気で死刑とは、まさに厳罰にすぎるが、これは江戸時代の刑罰が、見懲《みご》らし（みせしめ）のために科せられたからである。このタテマエとしての法規を現実に施行することは、やはりためらわれたのであって、一回の浮気で死刑とはあまりに酷ではないかとのホンネがある。この隔たりを埋めるのが奉行所役人の腕の見せどころでもあったのである。はじめは怒りにまかせて妻の密通を訴えてきても、たとえば川柳に

据えられて七両二分の膳を食い
女房の損料亭主五両とり

とあるように、慰謝料の支払いや周囲の異見によってたいがいは願い下げになる。したがって、役人も最初から密通の事件として口書（調書）などをとっては、示談の妨げになるから、そのつもりでたとえ本当のところ密通であっても内済《ないさい》（示談）の証文を上手に書くことを示唆したのである。すなわち、「夫疑い相晴れ、申し分なく」という内容になっていれば、奉行所ではこれで事件を終了させることができた。タテマエとしての法規はさておき、ホンネの部分を、タテマエに合わせるために、密通それ自体がなかったものとして、示談証文に夫が密通の疑いはなかったとしたためればすんだのである。

法規に抵触しない証文

また同様な例を挙げれば、当時男女が心中し（相対死《あいたいじに》と言う）、双方とも生き残ったときは「三日晒　非人手下」の刑罰だった。心中しなければならなかったほど思い詰めた男女がたまたま生き残った、罰するのは哀れだというのがホンネだろう。そこで、またもタテマエとしての法規に抵触しないように、心中ではなかったことにするのである。「酒狂の上」とか、相手へ傷つけ申し訳なかったので自害（自殺）しようとしたが死に切れなかったとかと、口書をとったのである。

江戸時代には、厳罰に処さなければならない刑法上の問題であっても、タテマエとしての法規に触れないように、証文が作成された。この作られた証文もまた一種のタテマエであって、ホンネ（実態）とはほど遠く、ときに正反対のことを書いたのである。三くだり半もまたホンネ（実態）にはいっさいふれず、タテマエとして作られたことはすでに述べてきた。ここに日本における紛争の解決の一端を見ることができるのである。

なお、詳しくは私の著書『三くだり半』（平凡社選書）および『縁切寺満徳寺の研究』（成文堂）を参照していただきたい。

第四部

江戸の大衆社会

子供遊び

——京の布袋屋徳右衛門は無類の子供好きで、子供を遊ばせるのが道楽という変わり者

　京の都に無類の子供好きが住んでいた。その名を布袋屋《ほていや》徳右衛門という。金持ちの造り酒屋で、息子もりっぱに育ち嫁ももらったところで一安心。隠居の身となった今は、若い頃より好きだった子供を集めては遊ぶ毎日である。三つ四つから七つ八つまでの子供が十人ばかり連れ立ってやってくると、菓子をふるまい、子供らに好きなように遊ばせる、隠居の道楽である。子供が思いもよらないことをするのが、面白くてたまらないらしい。たとえば、四つになる坊主は印籠を耳元で振って「御火消しの持って行かしゃる梯子じゃ」とはしゃぎ、三つになる子は焙烙頭巾《ほうろくずきん》を徳右衛門にかぶせると、拙い口調で「大こ（だいこく）さんじゃ」と手をたたいて悦ぶ。かと思うと、からくりの口上を言う子がいて、それに合わせてとんぼ返りを打つ子がいる。徳右衛門はそれらを眺めて「芝居とも花見とも思うて老いの慰み」としている。

　この風変わりな御仁、永井堂《えいせいどう》亀友《きゆう》が記した浮世草子『小児養育気質《しょうにそだてかたぎ》』に登場する。変わり者と子供は相通じるものがあるのか、このなかには他にも、変わったことが大好きな親を喜ばせる、へちた（ちぐはぐの）子供が描き出されている。その子にかかると、竹馬の頭には橙でできた猿の首がつき、宝引（福引）の先にはたどんがくっついてくる。小豆餅に塩をかけて食

べるかと見るや、「酒を嚙む」だの「ぼた餅飲む」だのという始末。もちろん、これはフィクションではあるけれど、浮世のありさまを大袈裟にふくらまして茶化してみせた「気質」であってみれば、実際に通じるところは多々あるだろう。

興味深いのは、子供が裕福な隠居の恰好の道楽になっていること、と同時にその道楽に子供が充分に応えていることである。働くだけ働いて跡継ぎもできてもうすることがない、けれど時間もお金もたっぷりある、そんな老人が目を向けたのは子供である。子供らは老人の前で、常日頃見慣れた物を思いもよらないものに見立て、老人を驚かせ喜ばせる。江戸の趣味人が得意とした「見立て」を、子供は志向するまでもなく、なんなくしてみせる。その意味では、子供は天性の遊び人だろう。けれど、それはほんとうに無邪気な仕業だろうか。からくりをまねる子供らにしても、へちたことばかりする子供にしても、隠居や親が喜ぶことを充分意識している節がうかがえる。「かわいい」と愛でられ、「おもしろい」と喜ばれるからこそ、子供らはよりいっそう「子供らしい」戯れを演じているようだ。となると、彼らはまた天性の役者でも

双六のけんか（春信）

子供の闘鶏（政信）

戯童十二月雪打（清長）

あろうか。

同じく『小児養育気質』に現われる隠居宝《ほう》順《じゅん》は、やはり大金持ちで子供好き。退屈なとき下男に近所の子供らを呼びにやれば、出入りの「豆腐屋・八百屋・魚屋のがんぜなし共が来てこれを紛らし」てくれる。こうなると子供は、それでお代はとらないものの、隠居を慰める商品ともとれる。出入りの商いと併せて、各店は子供派遣も引き受けているのである。

草子のなかには、子供好きたちが一堂に会して、「小児大会」なるものを繰り広げる一幕がある。座敷に毛氈を敷き詰め、大きな籠には取ってもいいように草花を入れ、白砂の上には人形やら彩色の土細工を並べて取らせる。四つ五つの子には饅頭、二つ三つには汁飴、子供の親や乳母たちにまでいろいろの御馳走をふるまう。加えて、怪我をしないように役人を付け、食あたりの用心に小児科の医者まで付けるという周到ぶりである。いかがわしいまでに造り上げられた子供の天国。それを支えているのは、余りに余った時間とお金である。完璧に保護され、自由に遊び回るという体裁をとりながら、子供らはそれらを消費して老人の道楽に供しているのである。

子供絵

絵に描いたようなユートピア（?）ということになろうが、まさしく絵になったのが、浮世絵の題材の一ジャンル「子供絵」である。別名「子供遊び」という。その名のとおり子供らが元気いっぱい遊んでいる絵がほとんどなのだが、この名称には「子供が遊ぶ」という意味と同時に「子供で遊ぶ」という意味が込められているようだ。というのも、これはあくまでおとなが鑑賞するものだからである。

絵を見てみよう。雪を投げ合ったり、魚を取ったり、影絵を楽しんでいる図もあれば、双六からけんかになっている図もある。どれもこれも子供らしい、あまりにも……。だからなおさらよく見てもらいたいのだが、これらの動きは「いかにも子供らしい」と思わせるようなかたちを取っているのである。そのため、絵師やテーマが異なっても子供らはきわめて似通った図柄で描き出されている。たとえば、両手をあげる、組み合う、手を振って走るなど。言葉で言い換えがきくほどに型にはまっている。動きだけでなく、けし坊や前髪奴など子供特有の髪形、肩揚げや広袖、ささげ（袖を合わせて結ぶ紐）など子供の体に合わせた着物も含めて、すべてが子供のしるしとして機能するべく描き出されている。

これらを通して感じるのは、さまざまな動きや形の記号を付与されて、子供がいかにも「子供らしい」像に人工的に造り上げられている、ということである。絵の多くは男の子供を描き、しかも何人かで元気よく遊んでいる図である。見方を変えると、大勢で元気に遊んでいる、それが「子供」であるとでも言いたげな絵柄である。意識してとらえた「子供」のエキスを、人工的に抽出したかのようでもある。往時の人びとがこれらの絵を「子供絵」と名付けて鑑賞したとすると、それは何を意味するだろうか。

慰めの対象

浮世草子に現われた子供好きにしても、子供絵の流行にしても、子供を、しかも大勢楽しく遊んでいるところを見ることによって、ささやかではあるが、一つのユートピアを目のあたりにしたのだと思う。大金持ちの隠居がその主管者だったことからもわかるように、それはゆとりを持て余した人たちにとって慰みとなるような、小さく閉じた「福」の世界だったろう。家を継がなくてはならない自分の子供ではなく近隣の子供たち、あるいは絵のなかで跳びはねる子供たち、彼らは将来という時間とは無縁の子供たちである。だからこそ、彼らは無時間的に遊ぶ姿をとどめられる。同時に、余裕を持て余した人びとの消費の対象ともなり、慰めの商品ともなるのである。

子供が国家にとって有用なものとして将来を期待されるようになると、慰みものとして描かれた子供たちは、影を潜めるようである。成長して出世するという路線に乗ることが、子供にのぞまれはじめるからだろうか。遊ぶ子供であるよりは学ぶ子供、遊ぶにしても成長に結び付くような有意味な遊びが子供に求められるようになるのである。

このように見てきてふと気づかされるのは、今また新しいかたちの「子供絵」が溢れて来ているということである。典型的な一例は「ちびまる子ちゃん」だろうか。子供たちの人気もさることながら、彼女のファンはＯＬをはじめ中高年層にも広がっているという。とすれば、江戸の造られた子供たち同様、彼女もまた鑑賞するおとなたちの慰めとなっていると言えるだろう。ただし、彼女は女の子であり、しかも元気いっぱいというわけではない。手拭を頭に温泉につかっている図が奇妙に似合っていたりする。それに「モテてる小学三年生は、こちらの方です」という西武のポスターがいみじくも伝えるように、彼女には真っ白なだだっぴろい画面にひとりポツリといる感じがある。「元気」を旗印に戯れ遊んでいた江戸の男の子たちの図柄と、彼女のそれは対照的でもあるのだ。そこにおとなが慰められたいと思っているものの違いを読むこともできるだろうか。そしてまた、これまで働き盛りと言われてきたような人びとも鑑賞者に含むとなると、その慰み方も違ってきているると言えるだろう。もしかしたら、子供の元気を抱え込む布袋のような太っ腹は消え失せて、頼りなげな「子供絵」に隠居のような休息を求めているのかもしれない。

（資料：『原色浮世絵大百科事典』大修館）

（森下みさ子）

諸色値段

——金本位制と銀本位制、米価と物価のジレンマ……。いつの時代も最大の悩みはマネー

江戸時代は貨幣経済の社会である。江戸幕府は全国統一にあたり貨幣制度の確立をめざしたが、これがじつに複雑だった。貨幣には金貨、銀貨、銭貨の三種があり、金と銭は、両、分、朱、銭という単位に応じて鋳造された定量貨幣、銀はいちいち秤《はかり》にかけて重さをはかって取り引きする秤量貨幣だった。その単位は次のとおり。

（金）一両＝四歩《ぶ》（分）＝十六朱《しゅ》

（銀）一匁《もんめ》＝十分《ふん》、一貫目＝千匁、
　一枚＝四十三匁

（銭）［四千文《もん》（四貫文）＝金一両］

全国が大きく二つの経済圏に分かれており、江戸を中心とした関東や東国の地域では金が、京阪を中心とする上方や西国の地域では銀が主として通用した。裏日本の沿岸や蝦夷も銀が主だった。これは上方と海運で商業的に繋がりの深かったことによる。呉服や薬などは江戸でも銀立てで商売した。高級品、輸入品はおおむね上方から江戸に入ってくるためである。小額貨幣である銭は全国共通であり、百文を紐で繋いで一単位として使うことが多かったが、「九六の法」と言って四文少ない九十六文だけ繋ぎ、百文として通用させた。これを「省百《しょうひゃく》」と言う。なぜそうしたかについては、九十六という

数が二、三、四、六、八等で割りやすい数だから、などと言われている。きちんと百文を繋いだものは「調百《ちょうひゃく》」と言い区別した。

金本位制と銀本位制の二本立て——なぜこんな複雑な仕組みになったかについては諸説がある。もともと銀が上方を中心に早くから流通し、しかも国際通貨であるところに、幕府が上方の経済力をそぐことを狙って金貨を鋳造し、金を銀の上位に置いたものらしい。金と銀とのあいだの交換を「両替」と言うが、その比率は金一両＝銀六十匁が元禄十三年（一七〇〇）に定められた法定相場。実際には、両替を業とする両替商により相場が設けられ、日々交換比率が変わる変動相場であった。両替商は両替以外に預金、貸付、為替なども扱い、今で言えば銀行のようなもの。なお、銭も実は変動相場で金一両につき三千七百〜四千八百文で上下した。当時の貨幣が今のいくらに当たるかというと、現行貨幣の貨幣価値も変化していてなかなか難しい。少し前までは一両が六万円とされた（これだと一匁が千円に当たり計算が楽）。ただし今は、一両が七万〜八万円と考えたほうがよさそうである（八万とすると、金一歩が二万円、金一朱が五千円、銀一匁が千三百三十三円、銭一文が二十円）。

大坂が物価を決めた！

物価のことを当時、「諸色値段《しょしきねだん》」あるいはたんに「諸色」と言った。そして諸色の中心が米価だった。近世封建制は石高制《こくだかせい》に基づいていたからである。諸藩はいっさいの生産力を米の単位である石高で表わし、その石高を基準にして領主が米で年貢を取り立て、それを売った金で諸物資を購入した。よって米価が下がれば、それは即ち武士と農民の収入減だった。町人の場合も、主食である米の家計にしめる割合は大きく、また米価の変動が他の諸物価に大きく影響を与えるところから、「米遣い」と言われる米価を中心とする経済体制のなかにいることにちがいはない。各地の年貢米は大坂の蔵屋敷に集められ売買された。故に、大坂は「天下の台所」とされ、「江戸物価の権を制せんとせば大坂にあり」(『東湖随筆』)と言われた。

米相場は日々動いたが、平均すると、米が八分の出来の場合、一石当たり銀六十匁ほどの値段である。一石当たりの値段が四十匁より安いと安値、九十匁より高いと高値に当たる。当然のことながら豊作時には安くなり、凶作時には高くなった。これ以外にも貨幣改鋳(たいてい新貨は質が落ちる)による貨幣価値の下落や、米商たちによる値上がりを狙った買占め(買《かい》置《おき》)のため米価が急騰することもあった。

超物価安定社会・江戸

総じて近世前半の米価は、じりじりと上昇傾向にあった。これは泰平の世の到来とともに都市を中心とする人口が増大し、供給がそれに追いつかなかったことが最大の理由である。元禄〜享保期を境に、近世後半は物価は下がり気味になる。これは、人口がほぼ安定し、一方生産量は長年の増産運動の結果増大したため供給が需要を上回ったことによる。問題なのは、米価は下がるものの他の諸物価は相変わらず上がり気味だったこと。ここに、幕府の最大のジレンマがある。米価が下がり現金収入が減って支出ばかりが増えるとすれば、ゆゆしき問題である。よって、以後の幕府の経済政策は、いかに諸物価を抑え、米価を上げるかということに費やされた。「米将軍」として有名な吉宗も、まさにこの点において苦労している。苦労したのは諸藩や個々の武士たちも同じこと。下級武士になると生活に窮し、士風はすたれ、なかには困窮のあまり武士の株を金で町人に売り渡す者も出た。貨幣経済の進展によって莫大な財産をたくわえた上流商人にとってみれば、何両あるいは何十両かの金で武士の身分と名誉が買えるとすればじつに安いものだったろう。

先に物価上昇と言ったけれども、現代における物価上昇に比べれば、当時は超物価安定社会と言える。上昇率も緩やかだったし、貨幣改鋳や天災などで一時的に急騰しても再び下がった。また、小額商品のなかには「定値段」と言って、値段の定まっているものも多かった。三文花、四文菓子、二八そば（十六文）、四文の串団子の類である。串団子はかつては団子を五個刺して五文だったのが、明和五年（一七六八）四文銭の新鋳後、四個を刺して四文に変わったもの。四文銭流通後は四文が小銭の勘定の基本のようになり、物の値段も四文、八文、十二文などと四の倍数になることが多かった。四文の定値段となったものには、暦、瓦版、氷水、大福餅、おもちゃの面、艾《もぐさ》などがあったという。貨幣価値が変わっても定値段というのでは困る気がするが、そこはちゃんと商品の質や量を変えることで対応していた。定値段と言えば、「間男《まおとこ》の相場は七両二分」というのまである。妻が密通した場合、夫は妻と密夫をその場で成敗してもかまわなかったが、間男の側から謝罪金を出して事を穏便にすましてもらう、その謝罪金の額が七両二分（実際には、上方ではもっと安く、四、五両）とされた。命の値段としてはかなり安いようにも思われるが、いかがなものだろう。

なお、詳しくは『シンポジウム歴史のなかの物価』（原田敏丸・宮本又郎氏編、同文館、物価史研究文献一覧が便利）、『江戸生業物価事典』（三好一光氏、青蛙房）、『三田村鳶魚全集第六巻』（中央公論社）等に当たられたい。　（佐伯孝弘）

隠れ

——忍びではない、宗教が隠れていた！

江戸時代で「隠れ」というと、忍びの世界を連想される方もいるだろうが、実は宗教も隠れたのである。

　徳川幕府は封建体制を正当化するために形式的に天皇の聖性を認め、徳川家康を「東照大権現」として神格化し、宗教的権威によっても体制の統一化をはかった。そしてその枠組みのなかで仏教諸宗、神道を独裁的封建制の重要な部分として再組織・再統合したのである。

　これにより仏教は本末寺制度、宗門改制、檀家制度などで官僚制の一部に組み込まれ、神道も「諸社禰宜神主法度」により統制され、また同時に国家の保護を受けたのである。このように体制化された宗教は、もはや民衆の日常生活のニーズに応えることはできず、民衆はいわゆる反体制的な民俗宗教に生きた信仰を求めるようになっていった。

　しかし理論的な教義や世界観をもった民俗宗教運動はすべて「邪宗門」または「新義異宗」の名のもとに禁止され、地下活動をよぎなくされた。つまり「隠れ」ねばならなかったのである。ここでは、その代表例として、「隠れキリシタン」と「隠れ念仏」をとりあげる。

「隠れキリシタン」とは、江戸時代のキリシタン全面禁制下で、仏教徒をよそおいつつキリスト教信仰を守り続けた人びとをいう。幕府の弾圧は峻烈をきわめ、おびただしい殉教の血が流されたが、信者たちの信仰は強く、とくに北九州地方では明治のキリスト教解禁まで存続していた。キリシタンは、先祖伝来の信仰を習俗化させ、マリヤ観音や納戸神を中心にささやかな団結をはかり、ただ同じ信仰の仲間であるという身内意識によって、その貧しい生活と信仰を支えていたのである。

開国後、カトリック教会は再布教をはじめるが、このときキリシタンは、教会に復活した「復活キリシタン」と、それまでの信仰を保持しようとする「旧キリシタン」とに分裂する。つまり後者は、「隠れ」から「はなれ」になることを自ら選んだのである。旧キリシタンつまり「はなれキリシタン」たちは、特異なキリシタン信仰を守り、教会および外の世界から孤立することで、先祖以来のパライソを夢みて生き続けようとしたのである。

「隠れ念仏」とは、幕藩と手を結んで、御用宗教化した本願寺教団の信仰形態を痛烈に批判したため、地下信仰を強いられた秘密結社的集団である。御蔵法門、土蔵法門、庫裡法門などがその例だが、彼らは自分たちこそ真宗の正統であり、本願寺教団こそが異端であると主張し続けた。それゆえ本願寺教団と幕藩権力は「隠れ念仏」を生かすことを許さず、徹底的に圧殺し去ろうとした。そのため彼らには、より深い地下こそ信仰の場であるというような体質が生まれたようである。それは近代社会になって、隠れる必要がなくなってもその姿勢を守り続け、「隠れる」という受け身から「隠す」という能動へ、つまり「隠れ念仏」から「隠し念仏」へと移行したことからもうかがえる。しかし、彼らはついに宗教の表舞台に登場することなく、その宗教的生命すら枯渇させてしまうのである。

（加藤晃）

蓑笠——なぜ蓑笠が百姓一揆のシンボルになったのか？

よく知られているように、江戸幕府はあらゆる一揆を厳しく禁止した。さらに一揆という言葉すら抹消するかのように、この当時の幕府、諸大名が出す公的文書から「一揆」という言葉が姿を見せなくなる。これは逆に、中世以来の一揆の思想が、江戸時代の幕藩体制下においても、広く農民のあいだにうけつがれ、全国各地でさまざまな一揆が起こったことを意味している。

江戸時代の百姓一揆は、初期の村役人層を代表とする越訴型、やがて広汎な一般農民層が参加する強訴・打ちこわし型へ展開し、さらに十八世紀後半になると、それぞれの支配領域をこえた広域の一揆、つまり世直し一揆も起こるようになる。ここで注目したいのは、これらの一揆の装束として、非人姿や乞食姿と並んで蓑笠姿が多く見られたということである。まず百姓がその姿を変え、非人姿や乞食姿になるというのは、中世の一揆にも見られ、決して江戸時代固有の現象ではない。しかしそこに、幕藩体制下における農民の身分状況とそれに対する抵抗の意識がかかわっていたことも事実だろう。

蓑笠はというと、一揆に関する史料に頻繁に登場する。宝永年間の水戸藩の一揆では「百姓共出立は、破衣類に蓑笠を着し、棒を突たり」（『宝永水府太平記』）とあり、大聖寺藩の正徳一揆では「身には胴蓑をば皆一体に着し、手には熊手、鳶口、棹、鎌……」(『那谷寺通夜物語』)とある。さらに慶応二年に福島で起こった世直し一揆では「又蓑笠にて鎌を差たる者も多分に相見え……」(『御百姓衆一揆の次第』)とある。これらの史料から、江戸時代の百姓一揆では、その形や性格の違いにかかわらず、その主体者である百姓と蓑笠とは不可分の関係にあったことが推測できる。

それでは、なぜ、蓑笠が百姓一揆のシンボルになったのだろうか。まず蓑笠が、日常的用具として百姓がもっており、一揆の際に全員がそろって身につけることが可能だということと、お触れなどで定められている日常的姿・形・標識を不明にしてしまう、つまり「隠れ蓑」としての効果が考えられるだろう。さらに面白いのは、蓑笠が雨乞いの儀礼の装束としても使用されていたことである。

一揆が権力の側からの圧力、日照りは自然災害という差があるにしろ、両者はいずれも村落社会全体の危機、破壊につながっている点で共通している。つまり村落共同体の危機を克服するための儀礼の一種である雨乞い儀礼の延長上に百姓一揆が存在したと考えることも、充分に可能ではないだろうか。また蓑笠が、死者のイメージつまり死出の旅に立った死者の旅装束となっているようにも思える。一揆に参加した百姓たちは、そのときすでに死を覚悟し、それゆえ死装束としての蓑笠を身につけたのかもしれない。

百姓一揆というと、百姓の悲惨な面ばかりとりあげられるが、実際の一揆での百姓たちはきっとしたたかだったろうし、その行動が深く民俗的な心性に根ざしていたと思うと、感慨深いものがある。

(加藤晃)

狼女

——見世物という光と闇が交錯する世界！

小学生の頃、お祭りで「狼女」という見世物を見たことがある。今になっても、見世物小屋の中の暗さと、生臭さ、そして言いしれぬうしろめたさとが、かすかな記憶として残っている。このような見世物が、都市空間の機能と深くかかわりながら、その多様な世界を繰り広げたのは江戸時代である。

児童に見せて銭をとる覗きからくり

　江戸では、宝暦・明和頃から天台・真言・禅宗系統の祈禱寺が境内の持仏の縁日や開帳を盛んに行なうようになる。やがて、それは民間の神仏の増加にも影響され、巡拝の風習へと定着していく。江戸の庶民にとっては、阿弥陀、観音、地蔵、閻魔、薬師、大日如来をはじめ、秋葉、金毘羅、稲荷、不動、大黒、弁天などが流行の神仏として出現すると、それらの霊験をよく見定めて参拝することが楽しみになったのである。そこには現代人にも共通する流行感覚がうかがわれる。

　このような縁日や開帳に欠かせないものが見世物だった。江戸では、両国回向院、浅草奥山、上野山下の三カ所が奇抜な見世物がたつことで庶民の人気を集めた。見世物の内容は、奇術、軽業、曲芸といったありきたりのものから、「畸人」あり、性的なものあり、イカサマありと多様で、人びとの好奇心をあおったのである。

江戸時代にもっともグロテスクでいかがわしい見世物がかかった両国、浅草、上野は、聖地であるとともに盛り場であり、境界という境目の空間でもあった。両国は、下総国と武蔵国の国境を意味し、隅田川の両国橋は文字どおりの国境だった。浅草は、奥州街道の最初の宿である千住のほぼ真南に位置し、蝦夷地・東北との境界にあたる。それゆえ徳川家康は江戸に入府するや、すぐに浅草寺を徳川家の祈願寺と定めたのである。三代家光の代に上野に寛永寺ができてから、祈願寺としての役目は寛永寺に移り、上野にも境界的性格が生まれる。

浅草寺、寛永寺は初代・三代将軍の遺体の眠る日光東照宮に通じる境の地であり、さらに寛永寺にはその後、六人の将軍の遺体が埋葬される。一方、芝の増上寺にも六人の将軍の遺体が埋葬されるが、実は回向院がその末寺にあたるのである。つまり両国、浅草、上野は、権力者・徳川家とも地下でつながっていたのである。

都市を光の空間と闇の空間とに分類すれば、江戸における両国、浅草、上野は、言うまでもなく闇の空間に属するだろう。闇の空間は、その境界的性格により聖俗、善悪といった相反するものを内包している。つまり江戸の人びとは、都市の裂け目のような場所へ行き、観音浄土といった聖なる世界を垣間見ると同時に、知らず知らずのうちに闇の世界をものぞくことになるのである。そして見世物こそ、人間の精神世界の闇をのぞくための巧妙な「からくり」だったと言えるだろう。

（加藤晃）

鬼門に居座る遣り手
——川柳のアバンギャルドな斜め詠み！

江戸時代の文芸のなかでもっとも大衆的だったものは、おそらく川柳だろう。他のジャンルにおいては、庶民はもっぱら享受者だったのに対し、川柳では、庶民は享受者であると同時に、投句というかたちで参加することが可能だった。

川柳の特質としては、作者がわからないという無名性とともに、浜田義一郎氏の言うように「人の気づかない矛盾、不合理、弱点、ごまかしなどを嘲ったりして、おのれの観察のするどさを誇る」という点がある。また、季語を入れるなどという約束事からも自由だった。

川柳子による歴史の奇想天外な解釈や、人の弱点をことさらに拡大してみせる手法などは多方面ですでに紹介済みであるので、ここでは、川柳の知的な面——鋭い観察——について触れてみたい。まず、次の二句を見ていただきたい。

細見の鬼門《きもん》になおる遣手《やりて》の名　（『柳多留』初編）

札箱にばあをして居《い》ル角大《つのだい》し　（川柳評万句合・明和一年）

まず、「細見の」の句だが、これは江戸時代の吉原の妓楼および遊女の案内書である吉原細見における遊女と遣手の記載について詠んだものである。遣手は、各妓楼に一名ずついて遊女

『百籤鈔』（八木敬一氏蔵）

の世話および監督をする役目の女性。川柳では冷酷非情な鬼のような女としてとり上げられることが多い（現実には、それほどではなかったが）。その遣手が細見の隅のほうで遊女ににらみをきかせているというのである。

鬼門とは、文字どおり鬼が出入りすると考えられていた方角で、東北、西南の方角のことである（ちなみに江戸という町について言えば、鬼門には寛永寺と増上寺がそれぞれおかれ鬼の侵入を防いでいる）。この句は、鬼のように見なされている遣手を方角と結びつけて詠んだところに作者の手柄があった。

「札箱に」の句は、江戸時代を通じて盛んに刊行された「御籤《みくじ》」（おみくじ）の本の記載について詠んだもの。

図は『百籤鈔《ひゃくくじしょう》』によるが、右上の愛嬌のある姿をしたのが、「角太子《つのだいし》」と呼ばれる鬼で、今でも家の軒下などに魔除けとして貼られているのを見かけることがある。その角太子が札箱に向かって、赤ん坊をあやす時のようにバアーをしているというのである。

この二句に共通するのは、当時の人になじみの書物の記載について、対角線方向にある関連を見出し、事の本質または、おかしみを取り出したところである。無名な川柳子の得意満面な顔が思い浮かばないであろうか。（丹羽謙治）

一二三五、壱五弐四

――曽良が日記に記した暗号が物語るもの

芭蕉が門人・曽良を伴って『おくのほそ道』の旅に出たのは、元禄二年のことである。曽良は、信濃の生まれ。通称は河合惣五郎。伊勢、さらに江戸に出、宝永七年に幕府の巡見使に従って赴いた壱岐島で没した。六十二歳の高齢で九州に渡った目的は明らかでない。俳人としての評価はあまり高くなく、『おくのほそ道』のなかの彼の句も芭蕉の手が入っていると見られているが、この旅で彼が記した日記は、資料として貴重なものになっている。

無責任な説にすぎないが、伊賀の出身であったことから芭蕉＝忍者説というのがある。たとえば庄司薫の小説の少女はこう言う。「奥の細道なんて、だから実は幕府転《てん》ぷくのための隠密旅行だったのよ。それでね、忍者ってのは結婚できないから、みんなホモになるわけ。芭蕉の相手は誰だったと思う？　曽良だったって説もあるけど、でも曽良はくノ一だったって説もあるの。それで、ほんとはね、上田秋成だっていうのよ」（『白鳥の歌なんかきこえない』）。さて、そうではなく曽良が隠密だったのではないかという説がある。れっきとした国文学者の村松友次による説である。

『おくのほそ道』の旅をめぐっては、いくつか不審点がある。まず同行者が出発直前に、予定されていた路通から曽良にかわったこと。そして、芭蕉と曽良が日光に参詣していること。江戸時代の日光東照宮は今日と違い、旅人がたやすく参ることができたわけではない。徳川幕府の始祖・家康を祀る神社であるからだ。ほかに仙台でも、二人は大橋から仙台城を通過しており、これもまた一般の人びとには許されないことである。

実はこの年の日光東照宮は改修工事の最中だった。その工事を実質的に負担していたのは、仙台藩である。徳川幕府はしばしば外様大名に大規模な土木工事を命じており、多大な出費を強いられていた仙台藩が、日光に関して緊張感を抱いていたことは想像に難くない。あえてそのような時期に日光と仙台を通り、しかもそれぞれの土地で特別な優遇を受けているのは偶然だろうか。曽良の日記にはほかにも不思議なことがある。たとえば□の印が頻出するが、芭蕉との同行をやめた山中（石川県）以降にはまったくこれが現われなくなる。ちなみに日記には、日光のところで「壱五弐四」、仙台の白石で「一二三五」と二カ所、意味不明の数字が記されている。

このように曽良は、何か幕府の日光工事と関係があったのでは、と疑われてくる点がある。若き日の曽良は、のちに幕府神道方になる吉川《よしかわ》惟足《これたる》に神道を学んだ。古神道ゆかりの島・壱岐が終焉の地となったのも、奇妙な暗合と言わねばなるまい。もし曽良が幕府当局と関わりがあったとすれば、それはこの吉川神道のラインを通してだったとも想像されるのである。

（杉下元明）

千住の酒合戦

——ゲッ！　なんという飲みっぷり！

文化十二年（一八一五）十月二十一日、江戸千住の飛脚宿の主人中屋六右衛門の還暦を祝って、江戸周辺に住む酒豪たちを招いた大酒宴が催された。俗に言う千住の酒合戦である。酒井《さかい》抱一《ほういっ》、谷文晁《たにぶんちょう》、亀田鵬斎《かめだほうさい》など当代一流の文人、画家たちが審査員として招かれており、また酒合戦の観戦記（『後水鳥記』）は大田南畝《おおたなんぽ》が執筆し、さらに鵬斎の序文、文晁の酒戦図などを加えて絵巻も作られた。この酒合戦は江戸中の評判となり、絵巻も多数書写され、のちのちまでの語り草となった。

千住は隅田川河畔にある奥州街道第一番目の宿駅で人の往来も盛んな場所だった。余談だが、『おくのほそ道』の旅に出ようとした芭蕉は船に乗って千住までやってきて、ここから歩きはじめるのである。千住の近くには名勝が多く、江戸の文人たちがそこを訪れることもしばしばあり、文芸活動も盛んな土地柄だった。そのようなことに加えて飛脚宿という職業柄もあって、中六こと中屋六右衛門は江戸の文人たちと交流があったのだろう。

小山田与清《おやまだともきよ》の随筆『擁書漫筆《ようしょまんぴつ》』には参加者それぞれの飲みっぷりが記されていて興味深いので、ここにそのいくつかを紹介しよう。

松勘という人物は、五合盛のいつくしま杯（杯の名称）、七合盛の鎌倉杯、九合盛の江島杯、一升五合盛の万寿無量杯、二升五合の緑毛亀、三升の丹頂鶴などを、ことごとく飲んだという。合計九升一合、一升は約一・八リットルだから約一六リットルにもなる。あきれるばかりの酒量である。下野（現在の栃木県）小山の住人の佐兵衛も七升五合を飲んだという。また大坂屋長兵衛なる者も一升五合盛の万寿無量杯を三杯飲んだ。いずれ劣らぬ酒豪といえよう。

面白いところでは、大門長次という新吉原の住人が、水一升、醤油一升、酢一升、酒一升を、三味線で拍子を取らせながら舌つづみを打って飲んだとある。

女性も何人か参加したらしく、天満屋五郎左衛門の妻天満屋みよ女は、万寿無量杯を飲みほしてまったく酔った様子がなかった。また酌取女のおいくも、七合盛の鎌倉杯、九合盛の江島杯などを一日中飲み続けている。

文化十二年というと明治維新まで約五十年、日本の近海に外国船が来航しはじめている時期だが、庶民のあいだには依然として太平気分がみなぎっており、いろいろな趣向を楽しむ風潮があった。千住の酒合戦もそうした風潮のひとつの現われといえよう。

（なお興味のある向きには、足立区立郷土博物館から詳細なパンフレットが刊行されているので、そちらを参照されたい）

（鈴木健一）

喧嘩両成敗の法は天下の法なり

——忠臣蔵という物語にこめられた別のメッセージ！

赤穂浪士四十七士の討入りの根拠となったのは、喧嘩両成敗の法にある。主君浅野長矩《ながのり》が切腹を受けながら吉良義央《よしなか》はお咎めなしというのは不公平ではないか。義憤によって浪士たちは行動を起こしたと言われている。

もともと喧嘩両成敗の法は戦国時代、私闘を抑制し、紛争（一揆）を平和裡に解決するために自発的に発生したものだった。それが、江戸になって「天下の法」として広く認識されたのだが、この法は幕府の法律として正式に制定されたものではない。いわば明文化されない社会的通念としての法なのだ。正式に法として認められてないものがなぜ社会的規制力をもちうるのか。近代法の常識では考えられないことだが、これは当時の人がただ信じていたとしか言いようがない。ただ、この法が発生する戦国時代において紛争が起きないよう共同体の構成員が自ら統制する「自治の精神」は明らかに、それを認めながらも領土を支配しようとする戦国大名と対立する。いわば、この法をめぐって領主と領民は危うい拮抗関係にそもそもあったといえるのだ。しかし、その書かれざる「天下の法」によってはじめて、江戸幕府という封律社会もその主従関係の微妙なバランスを存続できたのである。

幕府が、喧嘩両成敗の法を主張することは、予め罪科（死罪）の明瞭な事件だから是非を審理する必要はなく刑罰執行者である公権力の存在は無化されるはずである。公権力がすべての刑罰権をもつという幕府の公刑主義は崩れさるうえに、幕府は制限付きにしろ敵討という私的刑罰権を許容していたのである。そもそも私的刑罰権を行使しないようにするため生まれた法を執行する幕府がそれを容認しているという、おかしな事態が生じてくる。

しかしこの相矛盾する事態は当然なのだ。つまり、「天下の法」である喧嘩両成敗の法は幕府にいる組織側の武士にも、四十七士も含めすべての武士に〝公〟という共通意識をもたらし、この法の由来からして武士たちはまた〝私〟という意識も持っていたからである。しかし、この二つの意識の葛藤によって生まれた強烈な自我の噴出が討入りだったとは考えられないだろうか。西洋の近代にあらわれる教養小説の主人公が経験主義的に、他律的に自我のありかたを規定＝訓練していくのとはちがって、このアンビバレンツな法に拘束された江戸時代の武士は状況に応じて逆に自律的な自我を突出したかたちに示さざるをえなかった。そして、その行動の規範が彼らが考えた義（公的な原則を貫くということ）であり、一分《いちぶん》（武士の職分にふさわしい自己）だった。彼ら四十七士が名誉を回復するためにとった行動は、この喧嘩両成敗という公正の原則を自力で実現することで、失われていた、そういった道義を再建することを背負わされていた。ここに、淘汰された近代的自我とは違った強烈な自我の原型を江戸時代の武士に見ることができる。

人生宇宙ノ間

——文人大田南畝の旅と戯作者曲亭馬琴の旅

享和元年（一八〇一）二月二十七日、幕臣大田直次郎（南畝）は上方へ向けて江戸をあとにした。大坂銅座詰を拝命したからである。天明狂歌壇の重鎮として、その狂歌名四方赤良《よものあから》は知らぬ者がいないほどだったが、寛政の改革で狂歌壇から退き、漢詩、和歌という「雅」の世界のなかに遊ぶのを事としていた。また、寛政六年（一七九四）には「学問吟味」と呼ばれる官吏登用試験を受け、将軍拝謁を許されない者のうちで首席になった。その後、大坂へ長期出張を命ぜられたわけである（当時五十三歳）。現在でいう単身赴任と考えればよい。出発当日は、親族および北川嘉兵衛（狂歌名鹿津部真顔《しかつべのまがお》）らが品川まで見送り、和歌や漢詩を応酬して別れを惜しんだ。大坂の宿舎に着いたのが、三月十一日。この十四日の東海道道中の記録は『改元紀行』として残されている。そもそも、この旅は公用の旅であって、南畝自身駕籠に乗り供の者を数名従えるという旗本格のものものしい旅だった。三嶋宿の手前で紀州藩に仕える菊池衡岳と偶然すれちがったが、

輿の簾をあけて「こしたてよ」といふ声す。あはやと見るにそれ（＝菊池衡岳）なり。あまりにうれしく輿さしよせて物語るに、かれもこれもおなじく官遊の人なれば、しばらくも止る事あたわず。（中略）西と東に行わかれね。

という具合である。また、駿府（静岡市）を通った際には、

駿府の御城は、慶長のとし、かけまくもかしこき神（＝家康のこと）のましまし所ときくにも空恐しく、輿のうちに蹲りてすぐ。

とあるように、幕臣としての自覚を胸に旅をする南畝の姿が目に浮かぶようである。以上のようなものものしい旅であるため、道から外れて気ままに古跡などを探訪するゆとりはさほどなかったが、それでも可能なかぎり名所旧跡に足を運ぶように努め、和漢、古今の文学に思いを馳せながら旅の感興を綴っている。たとえば、菊川の宿では、

> 名におふ菊川なり。『東鑑』に佐々木盛綱が鮭の楚割に小刀そへて鎌倉殿に奉りし事、承久の年、中御門中納言宗行卿吾妻に下るとて、硯乞て宿の柱に書つけ給ふ事、『東関紀行』にその家を尋るに、火のためにやけて、かのことのはものこらぬよし源光行がかける事まで思ひつづけて、いとむねふたがりぬ。

というように故事を思い出しつつ詠嘆にひたる。右のような文人的な書きぶりとは別に、この紀行のなかで興味を覚えるのは、街道筋にある法華宗の寺院を丹念に書きとめていることである。「右に西本徳寺法華宗あり」とか「左に妙恩寺あり法華宗」などという書き方でである。大田家の宗旨は法華宗であり、貫名山妙日寺にある日蓮上人の父母の石塔に詣でたときにも「わが父母世にいませし時、ほくゐきやう(法華経)の御名を唱ふる事のみ枕ごととし給ひし」と記すように、南畝の父母が法華経への信心が深かったという事情が原因かとも考えられる。また、本好きの南畝ゆえ、本屋についての記述も目につく。掛川では「『三体詩』の古き本あるを見る。これまで小田原・駿府の城下をもへしかど、書物ひさぐ家をみず。海道はじめての奇観なるべし」をはじめ、袋井では「書林もみゆ。今まででかかる書林をみず。義太夫切本・江戸絵本ありなど書て出せり」等々。書痴にとっては、旅先の土地土地で本屋をのぞいてみることは、こたえられぬ楽しみなのである。昔も今もかわりはない。

　ともあれ、南畝は無事大坂に到着し、一年間銅座の勘定方を勤める。任期を終え、翌年三月江戸へ下る(帰りは中山道経由)。同年五月、南畝と入れ替わるようにして江戸を発った男がいた――。曲亭馬琴こと滝沢解《とく》(当時三十六歳)である。馬琴は、南畝や山東京伝の認めた紹介状をもって各地の知識人たちを訪ねながら、見聞を広めていった。戯作者となって日も浅く、知名度も低かった馬琴だが、この旅をきっかけとして、読本作者としての基礎が固められていったのだった。

馬琴の旅は、南畝の旅に比べて、従僕を一人連れるだけの気ままな旅だった。馬琴は後に『蓑笠雨談《きりつうだん》』、『羇旅漫録《きりよまんろく》』という紀行を綴るが、内容も、名所旧跡から、街道筋や上方の風俗、噂話、文人たちの動向など多岐にわたる。いくつか例を挙げよう。

> 四条の芝居二軒。（中略）看板は江戸の人形芝居のごとく尤奇麗《きれい》なり。芝居のうちに厠《かはや》あり。花道は直すぐにつけてつきあたりに切幕《きりまく》あり。（中略）切落《きりおとし》のうへに簀《す》の子《こ》天井なし。

劇場の構造の相違に目を配ったり（江戸の大劇場には便所がなかった）、

> 京にて今の人物は皆川文蔵（＝淇園）と上田余斎（＝秋成）のみ。（中略）しかれども文蔵は徳行ならざるよし聞ゆ。秋成は世をいとうて人とまじはらず。

京都在住の知識人の噂を書きとめたりしている。京、大坂を経て、土地の知識人や本屋と親しく交わり、伊勢神宮を参拝して八月二十四日江戸に着く。馬琴は『羇旅漫録』の最後に、古人の詩を引用して次のように言う。

> 人生宇宙ノ間。志願当何如《マサニイカン》。
> 不ンバレ行二万里ノ路一ヲ。即チ読メ二万巻ノ書一ヲ。

この後、馬琴は、家事と著述にあけくれ、絶えて江戸を離れることをしなかった。

南畝の文人的な旅。馬琴の戯作者的な旅。両者の対照的な旅のあり方は、その後の二人の生き方をも象徴する旅なのであった。（丹羽謙治）

笠森お仙

——アイドルの寿命はやはり短かった!

〝笠森稲荷の水茶屋娘・お仙ちゃん（十八歳）は評判の美少女。お店もおかげで大繁盛だ。錦絵《ブロマイド》や絵草紙《パンフ》はもちろん、お仙双六《ゲーム》、お仙手拭《タオル》といったグッズも出現し、神社にはお仙人形までが奉納されて話題に。過熱ぶりはとどまるところを知らず、昨年秋にはお仙ちゃんをモデルにした狂言《ドラマ》も公開され、これがまた大当たりをとった。

「お仙ちゃんに負けないわよ」とばかり気勢をあげるのは、浅草観音の裏、銀杏《いちょう》の木の下の楊枝店・お藤ちゃん。「銀杏ムスメ」のニックネームもある人気者で、こちらも錦絵・手拭が登場、「なんぼ笠森お仙でも、銀杏娘にかなやしまい」と、応援歌も飛び出した。二人の美少女、筆者の好みでは、お仙ちゃんに軍配が上がるのだが……〟

当時の記録によれば、谷中笠森稲荷門前の水茶屋にいたお仙をめぐり右のようなフィーバーが起こったのは、明和五年から翌六年のことだった。水茶屋とは湯茶をもって客を接待する風俗営業である。十三歳のころから店の看板娘だったお仙は、その美少女ぶりが当時の浮世絵師の目にとまり、次々に錦絵に描かれたことによってスターへの道を歩むことになった。すでに江戸時代には、吉野太夫・高尾太夫といった遊廓のスターがいた。しかしお仙は、そういう廓のスターではない。また芝居をするわけでも歌を歌うわけでもなく、たんに美少女というだけで大スターとなったのは、おそらく彼女をもって嚆矢とする。こうして明和六年に出版された『新板風流娘百人一首見立三十六歌仙』の冒頭にお仙は描かれて「大極上上吉」にランク付けされ、お仙人気は頂点に達したといってよい。

ところが明和七年二月、お仙を一目見ようと谷中につめかけた男たちが見たのは、お仙の代わりに店番をする父親五兵衛のハゲ頭だった。お仙は突如として姿を消してしまったのである。お仙は殺されたという説もあり、失踪をめぐってさまざまな憶測が飛び交った。しかし彼女の行方は杳《よう》として知れなかった。

実は、お仙は笠森稲荷の祭主だった倉地政之助と結婚していたのである。倉地家はお庭番の家柄でもあり、行方が明らかにならなかったのはそれも関係があるのだろう。お仙はその後七十七歳の長寿を保って、文政十年に没した。彼女の墓があるのは地下鉄落合駅に近い正見寺。倉地家の子孫の方は鎌倉市に在住されている。

（杉下元明）

山王祭さはらばひやせ

——江戸の祭りは年にいちどのウサ晴らし

江戸の祭礼といえば、千代田城にも参入御免の山王祭が筆頭だろう。この祭り、繰り返しその贅沢ぶりを咎められながらも、京の祇園や大坂の天満祭に負けじとばかり、御輿に山車・練物の趣向をこらし、見物人も華美を競った。祭日は六月十五日、典型的な都市型夏の祭礼である。

東叡山は比叡山の江戸版、江戸山王は比叡山鎮守の坂本日吉社の江戸版である。かの白河院をも悩ませた、比叡山の荒法師が担いで暴れまわったのは、この社の神輿だった。信長に焼かれ、山門にはすでに往時の勢いはなく、勅祭の誉れも高い日吉祭はいったいどうなったのやら……。なんて心配は無用だった。

寛文二年刊『案内者』（中川喜雲）の四月中申日の神事のルポルタージュをもとにして再現してみよう。さすがに大津の魚商人が日頃のうっぷんを晴らし、大津の町中を悩ませたという大榊神事は奉行所管理下に移されていたが、申の日に、山王七社の一基につき数トンはある神輿が、揃って坂本から琵琶湖水上へ出て、御供を受け還御する大筋は昔のとおりである。なお、神輿は、往時の山門嗷訴《ごうそ》さながらにいったん八王子山山頂へ担ぎ上げられており、午の日夜に山の急斜面を駆け降りる。未の日には京町衆より御供を捧げられるなど、じつにさまざまな神事がある。

申の日、神輿七基を前にして叡山大衆のおこない。続いて黄袍に烏帽子姿の者が神馬を牽き回す。あばれ馬を群集のなかに牽き入れて、見物人は踏まれ蹴られて大騒ぎに逃げ惑う。神輿に付き従う坂本の小法師は、具足を着して抜き身の槍長刀を振り回し、比叡辻の者たち数百人も、古具足に小手さし烏帽子を着して野太刀・陣太刀を持って付く。皆々日頃着なれぬリッパな装い。ただでさえ似合わないうえに、酒に酔い乱れ、青くなったり赤くなったり、目もすっかり座っている。これを見て笑ったりしようものなら、「山王祭さはらばひやせひやせ」。手に持ったる物騒な物にて、一刀両断にひやされかねない。よろめきかかって当たり散らす彼らに恐れをなしつつの見物の群。実際、正気では、とてもじゃないが、超重量の大神輿七基を湖畔まで担げまい。

いよいよ神輿をかき出せば、酔った勢いで飛ぶが如し。湖畔には舟が待ち受ける。これを追って人びとも走り、なだれ込み、神輿を舟に載せるまでがまた大騒動。それでも無事に、おびただしい見物舟も見守るなか、浄衣姿の社人は「粟津の御供」を無事執行した。小法師も比叡辻の扇をひらめかせて、やんやのめでたさである。

しかし混乱はまだ続く。見物の舟どうしで漕ぎあてては喧嘩。やっと岸へは漕ぎ戻したものの、これからまた神輿を山の麓まで返すことなど、もうすっかり忘れて帰ってしまう。夜になって、社人が置き去りにされた神輿を迎えに行ったという。思えば山門嗷訴の荒法師たちも、山から都へ神輿を担いで駆け降りて、さんざ暴れた挙げ句に、神輿を置き去りにして引き揚げたものだった。なにはともあれ、普段の生活からは思いもよらない威儀格式に身を包み、さまざまな意味あいの神事や仏事で構成された本家本元の底力には、新興都市江戸の財力を以てしても及ばないようだ。ほとんど中世世界のこの祭りは平成の今も健在である。現今の江戸山王祭を見れば、両者勝負あったといわざるをえまい。

（森瑞枝）

四斗樽——雷電源八は今で言うなら貴乃花タイプ

江戸時代の相撲は、寺社の修理費などを募る「勧進相撲」の名目で行なわれた。浮世草子

『世間娘気質《かたぎ》』（享保二年）に登場する一人の女性は「今日は真葛原《まくずがはら》の相撲の初日、七五郎雷電が勝負是《これ》は見ずにはおかれまい」と見物に出かけ、「女の相撲見るという事、昔は沙汰にもきかざりし事ぞかし」と人を驚かせるが、このときの相撲も京都の寺院修理の名目で興行されたものと思われる。雷電源八は当時の人気力士。大型の美男力士で婦女子の人気を集めたという。今なら貴乃花タイプだろうか。江戸時代の勧進相撲はその後いったん衰えるが、約七十年後の寛政年間に谷風梶之助、小野川喜三郎が横綱土俵入りを許され、雷電為右衛門が登場するに至って黄金時代を迎える。この頃には寺社の勧進という名目は形骸化し、相撲年寄が勧進元となって興行を行なった。人気と晴天にめぐまれ大入りが続けば、一生困らないほどの収入になったと言われる。

当時の相撲は、青天井のもとで年二場所行なわれた。一場所は、従来八日だったものが、安永七年（一説に天明年間）以来十日行なわれるようになり、昭和に入るまで百五十年近く十日制が続く。ただし雨天つづきなどで実際には一場所四十日以上かかったという例も見られる。この頃の取組で今日と大きく違うのは、東西制だったという点である。東対東、西対西という取組は行なわれなかったため、大関対十両（幕下上位）という取組も珍しいものではなかった。制度だけでなく土俵の大きさも異なり、今日（昭和六年以降）の土俵が直径十五尺であるのに対し、この時代の土俵は十三尺しかない。この土俵では押し相撲が有利であり、かつての貴ノ花のような土俵際で粘りをみせる力士が不利であるということは、想像に難くない。

以上のような違いがあるため簡単に結論を出すことはできないが、江戸時代の力士と今日の力士はどちらがより強いかは、しばしば議論されるところである。たとえば水泳や陸上競技の記録が年を追って更新されているのと同様に、相撲も時代がくだるほど力士は強いはずだという考えがある一方、昔のほうが強かったという説も根強い。今日は文明の恩恵を受けている分、筋肉を使う機会が減り、筋力は衰えている、というのがその理由である。日本相撲協会診療所医師の林盈六氏は「昔の記録に出ている、重い何々を持ったとかいう話を見て、力士諸君が自分たちで四斗樽を持ち上げようと挑戦するのですが、とてもだめだって人が多い」と証言している。

（杉丁元明）

Q、写楽ト八誰ナンダ？

——A、写楽ハホントハ梅毒患者デアル…

浮世絵界に東洲斎写楽が突如として登場するのは寛政六年五月。百数十種におよぶ浮世絵を残しているにもかかわらず、活躍した時期はわずか九カ月にすぎない。そして翌七年正月を最後に写楽は姿を消してしまい、その後の消息はいっさいわかっていない。

写楽はいったいどういう経歴をもつ人物だったのか、多くの説が出ている。もっとも有力だったのは能役者・斎藤十郎兵衛説。しかし残された過去帳（徳島市本行寺）が後世のものであることが判明するなど、今日では否定的な見方が強い。以下主なものを挙げると、同時代の画家の変名説（円山応挙、葛飾北斎、歌川豊国、酒井抱一らがその候補）、写楽の浮世絵の版元だった蔦屋重三郎自身が描いていたという説、あるいは十返舎一九、山東京伝といった作家がての正体という説など、じつにバラエティに富んでいる。

　別の画家の変名説は、筆使いの異なる画家が多く、また、版元・蔦屋と関わりがあったのかという点でも疑問符がつく。そこで蔦屋自身が描いたという説が浮上するのだが、しかしそもそも彼が絵を描くことができたのかどうかがまず問題だろう。蔦屋と関わりのあった一九や京伝、とくに京伝は絵にも才能を見せたのだが、彼の場合はなぜ変名を使ったのかが不審点になる。このように各説一長一短があり、まだ定説はない。数年前に、他の浮世絵師の画の版木の裏に写楽の浮世絵の彫られたものが見つかり話題になったが、もとよりこれ自体は正体探索の証拠になるものではない。この他、小説ではさらに怪説もあり、清水義範『金鯱の夢』には、外国人画家シャイロック=写楽《しゃらく》説も登場する。

　みずから「珍説・奇説の類い」と言うのは松本清張。彼の推理では、写楽は梅毒患者だったのではないか、という。つまり梅毒によって視神経がおかされ、その結果写楽独特のゆがんだ描線、デフォルメされた人物像が生まれた、というのである。写楽が十カ月で姿を消したのも、梅毒で人知れず没したためという。遊里が発達し性病も蔓延していた江戸時代だけにあり得る話ではあるが、視神経を患うと人物があのように見えるのか確認しようのないところだが……。

　結局のところ決定的な手がかりが残っていない今日、清張も述べているように「写楽は『写楽』でよいのです。具体的にはその画を見ているだけでよろしい。そこに『写楽』が存在しているからです。その不明な経歴を無理に詮議することもない。『科学的』と称して僅かな資料を拡大してみせ、その上に解釈を歪めることもありません」というのが我々にとって正しい態度なのかもしれない。


（杉下元明）

屁臭――狂詩になるとロクサイはヘクサイになる！

狂歌というのはけっこう知られた存在だが、狂詩となるとどうだろうか。ここに一作を挙げ、狂詩の世界の一端をのぞいてみよう。紹介するのは有名な『唐詩選』のパロディで『通詩選笑知』のなかの一作。題名は『唐詩選掌故』という注釈書名のもじりで、作者は大田南畝《おおたなんぽ》である。

源内「放屁論」（『風来山人集』）

南畝は、狂歌師としては四《よ》方赤良《ものあから》というペンネームを持ち有名だが、狂詩作者としても狂歌同様の才能を発揮している。

まずパロディのもとになった『唐詩選』の本文を書き下しておく。

鹿柴《ろくさい》　裴廸《はいてき》
日夕《じつせき》　寒山を見る
便ち《すなは》　独往の客と為《な》る
松林の事を知らず
但《ただ》　麏麚《きんか》の跡有り

だいたいの意味は、「夕方さむざむとした山を眺めながら、唯一人山中へと分け入った、松林の中に何があるのだろうか、私の前には鹿の通った跡があるだけだ」というところ。

それに対してパロディ化した南畝の狂詩はこうだ。

屁臭《へくさい》

一夕　燗曝《かんざまし》を飲む
便《すなは》ち　腹張《はらはり》の客と為《な》る
透屁《すかしべ》の音を知らず
但《ただ》　遺矢《うんこ》の跡有り

「一夕」は、ある晩。「燗曝《かんざまし》」は、燗をした酒の冷たくなったもの。「腹張の客」とは腹がふくれた状態で、腹が下り気味なのだろう。「透《すかし》屁《べ》の音を知らず」は、透屁だから音はしないことをいう。一首の意は、燗曝を飲んだために腹具合がおかしくなり、透屁をしたところ不覚にも中身が出てしまった、となろう。

「便ち〜の客と為る」「〜を知らず」「但〜の跡有り」など原詩の語句を用いながらパロディ化していく手法はなかなかなものだ。下ネタが漢詩調で格調高く述べられているところが、またおかしい。

そのうえ、「鹿柴」という原詩の題を「屁臭」と変えたところも傑作だ。ロクサイ・ヘクサイと一字しか変えていないのに、高雅な趣から卑俗な趣へとがらりとイメージを変化させている。

とまあこんな調子で、南畝は『唐詩選』のパロディを百以上も作った。その創作意欲もさることながら、コトバを操る能力のすごさは、日本文学史上屈指の人物であろう。

（『通詩選笑知』は、岩波書店の『大田南畝全集』第一巻に収められているが、より元の雰囲気を味わいたい場合には、太平書屋から江戸期の版本の写真版が刊行されているので、そちらを購入されたい）

（鈴木健一）

団十郎煎餅

――芸を売るのもかんざしを売るのもいっしょ！

テレビも情報誌もファッション雑誌もない江戸時代、芝居と遊里は二大情報源、いわば流行の発信基地だった。江戸時代の人びとにとって、役者はアイドルであり、その風俗は大きな影響力を持っていた。

まず、人びとの関心の的になったのは、役者の風俗、すなわちファッションである。「吉弥結び」「宗十郎頭巾」「路考髷」など、役者のファッションはそのまま当時の流行になった。さらに、佐野川市松の好んだ「市松模様」をはじめ、「芝翫茶」「三升格子」などの意匠は広く迎えられ、伝統的な色・文様として現代にも用いられている。「斧琴菊」（「よきことを聞く」の意味になる。横溝正史の推理小説で知っている人も多いのでは）や「かまわぬ」（「鎌の絵・○・ぬの字」を組み合わせた模様）といった語呂合わせの文様も、もとは役者の風俗から出たものである。

役者を描いた浮世絵は、ブロマイドの一種のようなものだった。人気役者の浮世絵は、舞台の役に合わせて次々と描かれ、ファンの求めに応じて売りさばかれた。そうしたなかには、「死絵」といって、役者が死んだ際に追悼のために出版される種類のものもあり、女性に熱狂的な人気のあった八代目市川団十郎が三十二歳の若さで死んだ時には、三百種類以上もの死絵が描かれたという。

女性たちは、かんざしなどの小間物に役者の紋をつけたりしていた。もちろん、つけるのは贔屓の役者の紋である。憧れの人に関わるものを常に身につけておきたいという女心は、今も昔も変わらないのだろう。もっとも、こうしたことは女性にかぎらず行なわれていたようで、五代目市川団十郎の贔屓だった烏亭焉馬の家は、いたるところ市川家の三升紋で飾られていたという。

このような役者の人気を商売に使わない手はない。「団十郎煎餅」などといって、役者の名前や紋をつけた化粧品や菓子もあった。今ならさしずめ、キャラクター商品というところである。代々の団十郎は、舞台で艾売りの役を勤めて、「団十郎艾」の宣伝に一役買っている。役者と直接の関わりはないが、歌舞伎十八番の『助六』の舞台などは、当時実在の商店名、商品名を数多く折り込んであり、全編CMの感さえある。

また、役者が副業として油や白粉などの店を開くこともあった。現在盛況のタレントショップは、江戸時代以来の伝統的商法なのである。

(加藤敦子)

仲蔵振り――初代中村仲蔵は「定九郎」役で大スター

初代中村仲蔵は、安永・天明期の名人である。地の芸にも所作事にもすぐれ、彼が工夫してつくりだした型は、「仲蔵の型」「仲蔵振り」と呼ばれて現代に伝わっている。それほどの名人ゆえ、素人の出自で代々続く名門の家柄でなかったにもかかわらず、役者の最高位にまで昇りつめた。これは、当時としてはまことに稀有な例である。その分、周囲の反発も強かったようで、ある時、仲蔵は『仮名手本忠臣蔵』の芝居で「定九郎」一役を振り当てられた。

元来、定九郎が登場する五段目は、四段目の判官切腹、六段目の勘平切腹という二つのクライマックスにはさまれた幕で、観客にとっては息抜きの場だった。しかも、定九郎は、与市兵衛という老人を切り殺して五十両の金を奪ったところが、猪撃ちの流れ玉に当たって死んでしまう、というチョイ役である（ストーリーとしては、与市兵衛は婿早野勘平のために娘を遊女屋に売って金をつくったのであり、鉄砲を撃ったのが勘平だった、というのがミソ。六段目で、勘平は舅を撃ち殺したと誤解して切腹、その後、与市兵衛の傷が刀によるものと判明して誤解がとけ、勘平は死の直前四十七士の仲間入りをする。定九郎の存在が、六段目の展開の伏線になっている）。定九郎の存在が、六段目の展開の伏線になっている）。チョイ役だから、扮装もたいしたことはない。縞のどてらに丸ぐけの帯、股引に草鞋を履いて、頭巾をかぶる。いわば、野暮ったい山賊といったなりだった。仲蔵にこんな役を一役だけ振り当てたのは、家柄が低いにもかかわらず実力で地位と人気を獲得しつつあった仲蔵に対する周囲の意地悪によるものだったらしい。

しかし、ここで振り当てられた役をそのまま演じたりしないところが、名人の名人たるゆえんである。仲蔵は、これまでとはまったく異なった「仲蔵の定九郎」をつくりあげてみせた。まず、顔は白塗り。腕や足も同じように真っ白に塗る。衣装は黒羽二重に白献上の帯。朱鞘の刀を差して、手には黒の蛇の目傘。家老の息子が浪人となって身を持ち崩したという風で、陰惨な雰囲気にそこはかとない色気すら感じさせるこしらえで、色彩的にも美しい。これが、蛇の目傘と鬢から水を滴らせながら、たったたっと花道を駆け出で、与市兵衛をぽんと突き倒して、ぱっと傘を広げてぐっと見得を切る。まさに錦絵そのままである。そのうえ、勘平の鉄砲で撃たれたところでは、口から紅の血を流して見せたというのであるから、当時の人びとの驚きは並大抵のものではなかっただろう。落語の『中村仲蔵』はこの時のエピソードをもとに作られた話で、当時の舞台を彷彿させる。

この舞台以後、他の役者も仲蔵の型を真似して定九郎役を務めるようになり、「定九郎」はいちやく『仮名手本忠臣蔵』の見どころの一つとなった。現在演じられる定九郎も、もちろんこの仲蔵の型に基づいている。(加藤敦子)

お半長右衛門

——江戸の翔んだカップルと沈んだカップル

江戸時代には、浮世草子、人形浄瑠璃や歌舞伎、歌謡などを通じて、数多くの恋愛譚が人びとに広く伝えられていた。多くの場合、それは何らかの事実に基づきながら、その一方で種々の脚色が加えられて人びとのあいだに喧伝されていった。「お七吉三」「お万源五兵衛」「お染久松」「お初徳兵衛」など、今に名を残すカップルも枚挙にいとまがない。

そうしたカップルの一つ「お夏清十郎」を紹介しよう。寛文二年(一六六二)、播州姫路の商家但馬屋の娘お夏と手代の清十郎が密通し、清十郎は家を追放され、お夏はその後を追って家出をした。このスキャンダルは、清十郎節・清十郎踊りとして広く人びとの知るところとなった。このような恰好の材料を当時の作者たちが見逃すはずはない。井原西鶴は『好色五人女』の第一話に、この二人の物語を記した。駆け落ちした二人はいったん家に連れ戻されるが、七百両という大金を盗んだ疑いをかけられた清十郎は処刑され、それを知ったお夏は狂乱し、のちに家出をする、というのがその大筋である。また、近松門左衛門も、二人の追善興行と銘打って『五十年忌歌念仏』という浄瑠璃を書いている。七十両の盗みを理由に但馬屋を追い出された清十郎は、これが相手代勘十郎の策略だったことを知り、但馬屋に忍び込んで誤って別の手代を殺してしまう。清十郎は処刑されることになったが、刑場で自害する。お夏は尼となって、清十郎の菩提を弔う。西鶴の作品と比べると、人間関係が複雑であり、登場人物たちの心理的葛藤も深くなっている。そこに、浄瑠璃作者近松門左衛門の手腕を見ることができる。

「お夏清十郎」は若い二人の一途で悲劇的な恋だが、奇異なカップルとして有名なのは「お半長右衛門」である。強盗に殺された二人の男女の死骸が桂川で発見された。これが浄瑠璃作者の手にかかると、次のような物語となる。お半は京都信濃屋の娘で十四歳。長右衛門は隣家の帯屋の主人で三十八歳。二人は、偶然同じ宿に泊り合わせて関係を持ってしまう。京都へ帰った後、長右衛門は、種々の事情からせっぱつまったうえ、お半が懐妊したと聞いて覚悟をきめ、自殺するため家を出たお半の後を追って桂川へ向かう（菅専助作『桂川連理柵』）。十四歳の娘と三十八歳の男の心中というショッキングなテーマは、時代を超えて人びとの心に残り、今なお語り継がれているのである。

（加藤敦子）

付き馬の悲劇

——遊興費取り立てのプロを当時こう呼んでいた！

南原幹雄の時代小説に『付き馬屋おえん暗闇始末』と題するものがある。女主人公おえんが吉原の客の不払い（二、三両から三百両という大金まである）をその客の弱味につけ入りながら取り立てる。大店の旦那が何十両もの遊興費の不払いをきめ込んで平然としているのを、時にはかどわかしや恐喝まがいの戦法で取り立てるところがこの小説の醍醐味である。

しかし、遊興費取り立てのプロは、当時、〝始末屋〟と呼ばれていたようで、不足分取り立てのため客に付き添っていく妓楼の若い者を〝付き馬〟または〝付け馬〟と呼んだ。若い者（牛太郎《ぎゅうたろう》、またはたんに牛《ぎゅう》〈妓夫〉と呼ぶ）は、客の目利きをするのが大切な任務であり、客の不払いは、若い者に落度があったとみなされたのである。また、金額も二、三両程度の比較的少額なものが多かった。川柳では、付き馬に付き添われながら帰る客の姿を、

引馬で大門を出るとんだ客

かへる所を知らんとて馬をつけ

などと詠んでいるが、客はともすると付き馬の目を盗んで逃げたがるもので、

附馬ゆだんはなれ客〳〵

という具合に、放れ馬ならぬ放れ客になったり、時には、

　付馬がてんかん病《やみ》で運のよさ

と、てんかん発作に見舞われているすきにまんまと逃げおおせてしまう客もいた。

落語『付き馬』も題名のとおり、客と付き馬の悲喜劇を扱ったものである。

無一文だが、吉原の仲の町の茶屋に叔父が大金を貸し付けてあるという客を、明日支払うという約束で若い者が登楼を許す。客は存分に遊ぶ。翌朝、若い者を伴って吉原を後にするが、銭湯へ行くわ、湯豆腐屋へ入るわ、で道草を食う。代金は、付き馬のたて替え。浅草を過ぎ、田原町まで来た時、ここに棺桶屋の叔父さんがいるからと、客は若い者を残し棺桶屋に入っていく。客は、付き馬を指さし、小声で、あの男の兄は太っているうえに腫《は》れ物の病で急死したのだが、並の桶じゃ入らないから困っているというでまかせを言う。そして大声で「できますか」。主人は「すぐにこしらえてあげます」。付き馬は金の工面がついたと安心。客はとんずらする。付き馬は巨大な棺桶を見てびっくり。棺桶屋は代金を請求するが、付き馬が「ない」と答えると、棺桶屋「なに銭がねえ？　じゃあしかたがねえ、小僧や、吉原まで付き馬に行け」。

（丹羽謙治）

浅ましく下れる姿

——東京人の大阪嫌いは今に始まったことではない！

元禄三大文豪といえば、芭蕉・西鶴・近松のことである。江戸時代を象徴する元禄文化のうち、文学はこの三人に代表されるだろう。そのうち芭蕉と西鶴はほとんど同じ時期を生きている。西鶴は寛永十九年（一六四二）に生まれ、元禄六年（一六九三）没。芭蕉は西鶴の二年後の正保元年（一六四四）生まれ、元禄七年（西鶴没年の翌年）没している。

西鶴と芭蕉が文壇で活躍しはじめた共通の土壌は談林《だんりん》俳諧と言われる滑稽を中心とした俳諧であった。二人は同一俳書に入集したこともある談林派の俳人だった。

〈軽口〉と言われる言語遊戯を本質とする談林俳諧は、一大商都大坂を中心に展開された。大坂人である西鶴は、ここから矢数《やかず》俳諧を創始し、空前の大記録、一晩に二万三千五百句を一人で吟ずるという驚くべき速吟をやってみせた。その後談林俳諧は下火になり、西鶴は散文へと移行し、浮世草子という新しい文芸を築きあげる。そして時代を活写した浮世草子作者として西鶴は、大坂を中心に君臨するのである。

一方芭蕉は、談林俳諧からいわゆる〈軽み〉をめざす蕉風俳諧を確立させていく。

ところで芭蕉は、西鶴の大矢数《おおやかず》以後の活動を快く思っていなかったらしい。『去来抄』のなかで、「或は人情をいふとても、今日のさかしきくまぐままで探り求め、西鶴が浅ましく下れる姿あり」と言っている。一語一語ゆるがせにしない芭蕉の作句態度と西鶴の創作態度とは本質的に相容れないものだったのだろう。

また芭蕉は一所不住の覚悟で旅に生きた人だが、西鶴の本拠地である大坂へは、西鶴存命中はいちどしか訪れていないようである。『笈の小文』にその記述があるが「大坂にて、ある人のもとにて」とあるだけで、じつに素っ気ないものである。大坂に対するこの素っ気なさは、「浅ましく下れる姿」の西鶴と、その文学を生み、育ててきた土地柄を疎ましく思ったことが影響していないだろうか。西鶴没後、招請に応え芭蕉は再び大坂を訪ねる。西鶴という頭領を失った〈浮世〉を好む大坂に〈高悟帰俗〉（卑俗なものを詩精神を通して高雅なものとする）たる蕉風を今こそ広めようとしたのかもしれない。しかし、皮肉にも芭蕉は大坂の地で病に倒れ、とうとう大坂でその生涯を終えることになる。運命とは何と奇なるものだろうか。

旅に病んで夢は枯野をかけめぐる

芭蕉の辞世である。

（菊地明範）

手練手管——心中立てというものすごい愛の誓い

遊里における手練手管とは、遊女が客を己に引き付け再来を促すための巧みな手段のこと。

化粧や立居振る舞いに苦心し、馴染客には口説《くぜつ》（途絶えがちの来訪への恨み言や悋気の文句）を仕掛け、手紙を出した。じらしたり喜ばせたりの駆け引きや、床《とこ》での秘事秘伝も駆使した。

遊女が客に（あるいは相方が）自らの真情を形にして示すことを「心中《しんじゆう》」（心中立て）と言い、色道大事典とも言える藤本箕山の『色道大鏡』（元禄元年〈一六八八〉成立）は次の六つの方法を載せている。「放爪《ほうそう》」（爪剝《つめはぎ》）は遊女が自ら爪を剝いで男に贈るもの。「誓紙《せいし》」（起請文《きしようもん》）は男女が変わらぬ愛情を誓約文の形で神に誓い取りかわすもの。男の要請による場合が多い。紀州の熊野神社の出す牛王宝印《ごおうほういん》という護符（勧進比丘尼が売り歩き、烏《からす》の絵が印刷されている）の裏に誓約文を書き、末尾に署名（その上に血判をすることも）。誓紙を相手に渡す代わりに黒焼きにして呑むと、さらに効果があるとされた。「断髪」は髪を切り男に与えるもの。切り役は原則として当の男。「入墨《いれずみ》」（入黒子《いれぼくろ》）は男の替《かえ》名《な》（遊里での通称）を、「〇〇サマ命」と二の腕辺りに彫り入れるもの。「命」の字は「相手を命に代えても想う」意とも「終生変わらぬ」意ともされ、真ん中の縦棒を下に長く伸ばすのが常。股《もも》に彫ったり男女相方が彫ったりもした。「切指《せつし》」は遊女が指を切り男に報ずるもの。一生元に戻らないので、『色道大鏡』も「指切《ゆびきる》のみ、真実におもひ入たる者ならでは、先《まづ》なりがたし」とする。それを男が強請する場合もある。指をもらった男は他人に秘し、大事に守り袋に入れておく。感激のあまり呑んだ例もある。「貫肉」は誠《まこと》の証《あかし》として自ら腕や股《もも》を刀で突くもの。主として衆道（男色）のほうで行なわれ、遊女はほとんどしない。

遊女は客に本心を知られぬよう訓練を受けており、当然うそが多い。「女郎の誠と玉子の四角、あれば晦日《みそか》に月が出る」という俗謡もある。心中立ても真情のみからするわけではない。よって一枚しか書けぬはずの誓紙が、遊女勤めのうちに七十五枚まではよしとされたり、入墨の名を灸で焼き消し（「火葬」と言う）他の男に乗り替えたり、断髪や切指の際に女の死人のそれを買い込んでいちどに数人の客に渡したりした。今言う「心中」（相対死《あいたいじに》）は心中立ての極端なもので、宝永〜享保期に流行したが、多くは素人女で、遊女の場合下級の者に限られた。遊女たる者が客相手に本気になるのは野暮だったのである。

しかし、遊女とて人間。時には本気でほれて男に尽くす場合もある。浮世草子などの小説には、しばしば誠ある遊女が描かれている。客のほうにも、多くの遊女から想われ、心中立てに贈られた起請文・指・爪・髪などを「心中箱」と呼ばれる箱にしこたため込むような猛者《もさ》もいた。よしんば遊女が誠少なきものにせよ、自ら五体満足な身体を傷つけてまで客の気をひかねばならなかったその境遇は、何とも哀れというほかない。

（佐伯孝弘）

奢りにいく——食倒れの江戸の外食事情

「諸国の人の掃溜」と言われたように、江戸は全国各地から集まった人びとによって、十八世紀には人口百万を超える世界最大の都市になった。

人びとはそれぞれ故郷の食文化をもちこみ、それらの交流のなかから、日本の食の集大成として江戸の食文化が形成された。その特徴は大都市社会を背景とする、きわめて大衆消費的性格の強いものだった。とくに早くから外食文化が発展した。

その一つは欧米に先駆けた料理店の発生である。いわゆるレストランがパリに出現したのは一七六五年、ロンドンでは一八二七年と言われるが、江戸では百年以上も早い明暦三年（一六五七）に茶飯、豆腐汁、煮染豆などを食べさせる料理屋が生まれている。

それ以後、屋台や振り売りの発達もあわせて、文化文政期には「五歩に一楼十歩に一閣、皆飲食の店ならずということなし」というほどの隆盛を迎え、「食は江戸」「江戸の食倒れ」と言われる状況を呈した。

そうしたなかで、町家では「奢りに往く」と称し、家族を連れて毎月何度か料理屋へ行くことも流行った。また飲食店のランクづけをした料理屋番付や評判記なども盛んに刊行され、市中の話題を賑わした。料理店ガイドといえば、フランスのミシュランが古くから世界的に有名であるが、その初版が出されたのは江戸の料理屋案内より百年以上も遅い一九〇〇年だった。

食の遊戯化もはじまり、初鰹をはじめとする「初物食い」や、食通、大飲、大食会、あるいは「味合せ」という味覚競べなど、生活の糧としての食より、遊びとしての飲食が盛んになった。そうした食の遊戯化は、室町時代にも見られたが、それはあくまで、ごく少数の貴族階級の遊びだった。だが江戸の場合には、その主役はもはや一部の上層階級なぞではなく、むしろ中流以下の庶民だった。

味といい、食べ方といい、ソバほど江戸っ子に似合うものはないだろう。江戸っ子はソバが好きで、万延元年（一八六〇）の町奉行所の調査によると、市中に三千七百六十三店のソバ屋があった。しかもこれには夜鷹ソバのような行商は含まれていない。江戸人口百万と言われた当時、今日の山手線内よりはるかに狭い市中に、これだけのソバ屋があったということは驚くべきことだ。人口千二百万という今日、東京都内のソバ屋数は五千軒にすぎない。

ソバばかりでなく、うなぎの蒲焼、天ぷら、にぎりずしなど、江戸前料理といわれるものはすべて外食料理として発展してきた。

江戸の庶民たちはこれら多種多様な外食を利用することによって、自分でいちいちつくらなくてもやっていけた。需要が多ければ売り手も増える。彼らはたがいに独自の味を競いあい、料理の腕をみがき、サービスを向上させた。そうしたなかから今に残るさまざまな江戸前料理が生み出されてきたのである。

江戸でとくに外食が盛んだった理由は、江戸が極端な独身男子社会だったことにある。ひどいときには女は男の半数もいなかった。単身赴任の各藩の武士たち、男の奉公人ばかりの江戸店、一旗あげようと集まってきた男たち、出稼人など、江戸庶民の大半は独身男だった。

こうした男社会が、とりわけ江戸で遊里や外食を発展させ、「食倒れ」の都市をつくりあげたのである。


（渡辺善次郎）

やぶ入り――むかしむかししきりにおもふ慈母の恩

江戸時代には、十歳くらいになった子どもを奉公に出すということがあった。その子を商人にしようという場合には商家へ、職人にしようという場合には親方のもとへ年季奉公させ、貧しい家庭の女の子の場合には子守奉公に出したのである。

商家の場合、子どもが親許へ帰れるのは年二回、盆と正月の一日もしくは数日だけだった（武家方では三月に三、四日）。そのことをやぶ入りという。まだまだ親に甘えたい年頃の子らが年に二度だけ親の顔を見に帰宅できる喜びは、さぞ大きいものだったろう。それは親のほうでも同じことである。そこにドラマの作られる余地が生じるのである。

やぶ入りに関する文学作品というと、落語の「やぶ入り」と与謝蕪村の俳詩「春風《しゅんぷう》馬堤《ばてい》曲《のきょく》」がすぐに思い出されるだろう。前者はちくま文庫『古典落語　金馬・小円朝集』で読めるし、NHKビデオ『落語名人選』(二)にも収められている。後者は、一般向きに出版されている蕪村集の類いにはたいてい入っている。どちらもぜひ味わってほしい名作だ。

俳詩「春風馬堤曲」は、奉公先から我が家へと帰る少女の道中を描いている。「春風や堤長うして家遠し」などに表現される望郷の念や「むかしむかししきりにおもふ慈母の恩」などに表現される親への愛情が、ここでは主題となっている。最後には太祇《たいぎ》という俳人の句「藪《やぶ》入りの寝るやひとりの親の側」が掲げられている。やぶ入りになって久しぶりに故郷の親の家へ帰ってきた、父はすでに亡く母ひとりになっていた、その母の側で昔の幼い頃に戻ったかのように安心してスヤスヤと眠っている、そんな情景が思い起こされるではないか。

現代人にはちょっと実感しにくいやぶ入りによって起こるさまざまな親子のドラマに接するとき、受験やら習い事やらで奔走する我が子べったりの母親たちが跋扈する現在に思いを馳せずにはいられない。たしかに、子どもの成長にとって親子が一緒に暮らすことは必要であろう。しかし、ある段階が来たとき、互いに人格を認め合ってひとりの人間として親子が対峙するのも、また必要なことだ。やぶ入りは否応なしにその機会となりえたろう。まだ年若い子らが親との仲を引き裂かれる辛さは大変なものだろうが、いつまでたっても互いから一人立ちできない親子とどちらが不幸だろうか、そんなことを考えてみた。（鈴木健一）

敵討《かたきうち》
——敵討の成功率は一％以下だった？

敵討（仇討・意趣打）が制度化されたのは、江戸時代に入ってからのことである。それ以前は室町幕府の制度でも禁じられ、親の敵《かたき》を討っても殺人犯として処刑された。近世においては、やむにやまれぬ至情に基づく行為として許容され罪にならなかった。のみならず、民衆のあいだからは泰平の世に武士の一分を示す立派な行為としてもてはやされ、支配者層からも儒教道徳の忠孝の道を実践する士風昂揚の手本として支持された。

敵討を行なう側を「討手《うって》」、討たれる側を「仇人《あだびと》」と言う。主人、父母、兄姉、伯叔父など目上の者の敵を討つことだけが許され、逆に目上の者が目下の者の敵を討つことは禁じられていた。正々堂々と勝負する果《は》し合いや主人が家来を成敗する手討・御意討の場合も、敵討とはならない。討手が返り討ちにあって別の遺族が敵討をする「又候《またぞろ》敵討」、討たれた仇人の遺族が討手を討つ「重敵《じゅうがたき》」も、敵討の堂々巡りを防ぐため禁止。そして、討手は予《あらかじ》め敵討をしたい旨届け出て許可を受ける手続が必要だった。届け出先は江戸なら町奉行、京都なら所司代、地方ならそれぞれの領主。領主からさらに幕府に届け出された。この手続を踏まないと、せっかく敵を討ちながら殺人犯扱いをされることになる。敵討をするのは武士とはかぎらない。百姓町人の場合、事前に届け出ることはなく、事後の取調べで敵討とわかってはじめて無罪放免になった。討手はあらゆる手段を講じて仇人を討つわけだが、仇人の家来として忍び入り隙《すき》を狙って討つことは許されない。たとえ一日でも主人として仕えたら、主殺しに当たるからである。また、いざ仇人を探し出した場合、たいてい逃げられぬよう不意打ちにした。名乗る場合は、一太刀浴びせてから名乗ることが多かった。一方、仇人の側は用心して逃げに逃げ、とにかく討たれないようにすること、あわよくば返り討ちにすることが名誉とされた。

近世初期には敵討が奨励され、領主に保護された。討手の留守のあいだ家族の生活は保証され、敵討を果たした後は褒美の加増にあずかった。ところが、元禄～享保期を境として様変わりする。敵討の届け出が受理されたとたん俸給は止められ、討手とその家族はたちまち生活苦に陥った。見事敵討を果たした後も主家への帰参が叶うとはかぎらなかった。法理念が発達し、私事のために公務を離れることが問題視されるようになったためである。敵討の件数自体、しだいに減少してゆく。

曽我兄弟の敵討、赤穂浪士の討入り、伊賀越の敵討――この日本の三大敵討をはじめとして、敵討は、浮世草子・読本・実録などの小説、歌舞伎・浄瑠璃の演劇や講談などに、幅広く文芸化された。公刊されたものだけでもいわゆる仇討本は約百三十種にのぼるという（樋口清之『史実・江戸』第一巻、芳賀書店）。たとえば、元禄十四年（一七〇一）に伊勢亀山城下で石井兄弟が父および兄の敵を討った「亀山の敵討」の場合、事件直後に浮世草子『元禄曽我物語』（都の錦作）となり、さらに実録『石井明道士《いしいめいどうし》』（赤穂浪士に附会）、浄瑠璃『道中亀山噺《どうちゅうかめやまばなし》』（近松半二作、事件に恋愛の確執を絡ませる）、歌舞伎狂言『霊験曽我籬《れいげんそがのかみがき》』（鶴屋南北作、幡随院長兵衛に附会）など、数多くの作品の題材になっている。

これらの文芸作品では、敵討の行為そのものよりもそこに至るまでの討手の苦労を描くことに重点を置いている。実際、敵討に出ても出奔した仇人を探し出すのはきわめて困難で、大海《たいかい》の一粟《いちぞく》を求めるが如きもの。討手は敵を討ち果たすまで帰参は許されず、結局仇人に出会えぬまま朽ち果てることや、やっとのことで探し当てても時すでに遅く仇人が死去しているようなことが多かった。敵討の成功率は、一％以下であったのではないかと言われている。そして法の下《もと》の敵討は許可されていただけで、べつに義務づけられていたわけではない。にもかかわらず、あえて敵討に出るのはなぜか。武士の一分、言い換えれば世間の思惑ゆえである。身内を討たれたまま臆して敵討をせぬと褊《さふ》されては、武士の面目が立たず、家督を継いで傍輩に交わることもままならない。「諸国敵討」の副題を持つ西鶴の『武道伝来記』には、当人どうしまったく遺恨なきにもかかわらず世間の思惑がこれを許さず敵討に至る話や、討手の妻が手引きのため仇人の妻となって子までなし義理と情のはざまで苦悩する話などが載る。敵討という行為の矛盾や、そのもたらす悲劇が、そこからおのずと浮かび上がってこよう（西鶴自身にどの程度、敵討に対する批判的な意識があったかは別問題だけれども……）。

敵討が法により禁じられたのは、明治六年十二月、太政官布告によってであった。

（参考文献：平出鏗二郎『敵討』中公文庫　長谷川伸『日本敵討ち異相』同、大隈三好『敵討の歴史』雄山閣）

（佐伯孝弘）

たいこもち——『幇間腹《たいこばら》』一八の涙ぐましい献身ぶり

今はもう無くなってしまった職業に、「たいこもち」がある。遊廓で客の機嫌をとり、酒宴を盛り上げるのが仕事で、幇間《ほうかん》、末社《まっしゃ》、男芸者などとも呼ばれる。

落語のほうにも、たいこもちはしばしば登場するのだが、お金をもらうためには何でもするので、ある種のペーソスを含んだ笑いを提供している。

「つるつる」という落語では、お金をやるから眉毛や髪の毛を切らないかと若旦那がたいこもちに持ちかけるシーンがある。たいこもちが嫌だと言うと、

「げんこでぶっってえのはどうだ？　ひとつ一円ずつで……」

（略）

「旦那、あなた、いったいどこをぶとうってんでござんす？」

「そりゃあ、どこを殴るか分からないが、まあ、たいてい目と鼻のあいだだろうよ」

「えっ、目と鼻のあいだを！……こいつあ、ごめんこうむりやしょう」

（略）

「じゃあどうだい。一円でどんぶり酒を一杯飲むか？」

「ありがたい、ありがたいね……、そんなら、

あたしゃ百杯でもいただきます」

次々と乱暴な提案をする若旦那と、それに抵抗しつつも若旦那にへつらったり面白おかしく振舞おうとするたいこもちの関係が、右の会話では巧みに描かれている。それは金銭によってのみつなぎとめられている関係なのである。

落語のなかでもっとも悲惨なたいこもちは、「幇間腹《たいこばら》」の一八《いっぱち》だろう。鍼《はり》を打つことに凝った若旦那が、稽古台になれと一八に言う。若旦那は、壁や枕に打ったり、猫を実験台にしたぐらいで、まだ人間に打ったことはないのである。稽古台になる人間はたまったものではない。

「ねえ、それだけは勘弁してくださいよ」

「そうか？　じゃあいいよ、うん。いいよ、打たなくてもいいんだよ。おめえが俺のために命もいらねえなんていうのは嘘だな、え？だから俺は芸人は嫌いだってえんだよ……帰れ帰れ。まだ他にいくらでもいるんだから。他のやつを頼んで『おいちょいと、洒落にやるんだから、やらせなよ』てえなことを言ってな、うん、まず、金でもやって着物の対《つい》なんかこしらいて……」

「おおう、ちょいとちょいと……お前さん……なんですなんです、なんですよ、え？誰があたしが嫌だって言いましたよ」

目の前に金をちらつかされると、ついつい何でも引き受けてしまうたいこもちの一八。結局このあと下手な若旦那の打った鍼が一八の腹の中で折れ、一八はおなかが血だらけになってしまうのだから、ひどい。

以上からもわかるように、たいこもちを扱ったハナシには、横暴な若旦那とその道楽の犠牲となるたいこもちという図式があるため、落語家がどんなに面白おかしく演じても、笑いのなかに一抹の哀れさがつきまとうのは避けられない。

ところで先日、落語「幇間腹《たいこばら》」のビデオを学生に観せたところ、ある女子学生が「今の若い男の子にもたいこもちみたいなのがいる」という感想を言ってきた。この本の読者の男性諸君は大丈夫かね？

（鈴木健一）

そこつ者——哲学的アポリアをオチとする自我問題…

「そこつ者」ということばは、現在の日常会話ではあまり用いられない。とくに若い世代では、誰かがミスしたときにふざけて「ええい、そこつ者めが」などと武士の口調を真似て叱り、周りの笑いを取ろうとしたりするくらいだろう。「そこつ者」と言うかわりに「おっちょこちょい」だとか「そそっかしい人」などと言うほうが普通になってきているのである。

落語の世界では、極端なそこつ者が登場する。「そこつ長屋」がそれで、以下あらすじをざっと紹介しよう。

ある長屋に、まめでそこつな八五郎と無精でそこつな熊五郎が隣りどうし、兄弟同様に仲良く暮らしていた。八五郎が浅草の観音様の前を通りかかると、熊五郎そっくりな男が行き倒れになって死んでいる。てっきり熊五郎が死んだものと思った八五郎は「行き倒れの当人をここへつれてきましょう」などと訳がわからないことをその場にいた人びとに向かって言い、長屋へ戻ってくる。八五郎から「おめえは浅草で行き倒れになって死んでるよ」と言われた熊五郎は「おれはちっとも死んだような気がしねえぜ」と言いながらも、行き倒れの現場へ二人で向かう。死体を見た熊五郎が「あっ、やっぱりおれだ」などと言って泣き出すのを、その場にいた人が「おまえさんじゃない」とたしなめようとすると、

「うるせえ、つべこべ言うない。当人が見て、おれだと言ってるんだから、まちげえねえじゃねえか。おい熊、いいから抱け抱け。自分の死骸を持ってくのに、誰に遠慮がいるもんか」

「でも、兄貴、なんだか分からなくなっちゃった」

「なにが？」

「抱かれてるのはたしかにおれだけど、抱いているおれは、いったいどこの誰なんだろう」

〈行き倒れたそっくりさんと、生きている自分〉という関係を、〈行き倒れた自分と、生きている誰だかわからない自分〉という関係に錯覚してしまうそこつぶりは並大抵ではない。

ところで、この「そこつ長屋」は哲学的な問題にもなりえるようだ。哲学者の藤本隆志氏は「独我論考」（『東京大学教養学部人文科学紀要』93）において、「そこつ長屋」のオチのおかしさを、「見られている死体とそれを見ている自分との事実上の乖離は自覚できても、その関係調停が論理的あるいは語用論的にできない一段と高次の戸惑い」と説明し、「抱かれているおれ（対象としての私）」と「抱いているおれ（主体としての私）」との乖離を指摘する。そして「落語とは言いながら、『そこつ長屋』は哲学的アポリアをオチとする自我問題を的確に提示している」という。また藤本氏は、右の二種の私を措定する「代名詞」の役割を、「客語として

の〈私〉」と「主語としての〈私〉」の峻別を提示した哲学者ウィトゲンシュタインと関連づけても論じている。

（鈴木健一）

知ったかぶり——いや時々冗談言うと人が真に受けるので…

知ったかぶりをする人は今でもあちこちにいるが、落語にもしばしば登場する。わかってもいないくせに強引な解釈をつけて答えようとしたりするところが、笑いを誘うようだ。

もっとも代表的な知ったかぶりは、落語「千早振る」のご隠居だろう。

ある日、八つあんは、「千早振《ちはやぶ》る神代《かみよ》もきかず竜田川《たつたがわ》からくれなゐに水くくるとは」という百人一首の歌の解釈を娘に聞かれ、さあ困った。そこで八つあんはご隠居さんに聞きに行くのである。

——念のため、この歌の解釈をしておくと、「千早振る」は神の枕詞で、〈神代の昔にも聞いたことはないことだ、竜田川が（紅葉によって）流れる水を紅に絞《しぼ》り染《ぞ》めにするとは〉の意。竜田川は奈良県生駒《いこま》郡斑鳩《いかるが》町の西を流れる川。

さて、八つあんに歌の意味を尋ねられたご隠居さんも実は知らないので、ご隠居さんの強引な解釈がはじまる。

むかし、「千早太夫」という名の花魁《おいらん》が吉原にいた。その千早に恋をした相撲取り「竜田川」は千早のもとへ通いつめたが振られてしまう。だから「千早振る」。続いて妹女郎の「神代」に言い寄るが「姉さんがいやなもんなら……わちきもいやでありんす」とまた断られる。そこで「神代もきかず」。がっかりした竜田川は相撲取りをやめて故郷へ帰り親の豆腐屋を継いだ。その後十年たって、今や落ちぶれて乞食になった千早太夫は、竜田川の豆腐屋の前までやって来て「おから」をもらおうとするが、かつて振られた竜田川は悔しいから「おから」をあげない。すなわち「からくれない」。そして千早太夫は井戸へ身を投げる。したがって「水くぐる」である。

　てな具合なのだが、本当は紅葉が川一面に流れている様子を美しい絞り染めに見立てて賞美する歌なのに、相撲取りの恋物語になってしまったわけで、珍解釈ここに極まれりという感じだ。オチはこうなっている。

「水くぐるなら、『水くぐる』でいいでしょ？　『くぐるとは』っていうのはなんです？　『とは』てな？」

「『とは』？……ふん、ま、『とは』ぐらいまけとけ」

「まからないよ、ふざけちゃいけないよ、『とは』の片《かた》をつけてもらいたいな、え？　……いったい『とは』てえのは何だね、『とは』てえのは？」

「『とは』？……『とは』というのは、よく調べてみたら、千早の本名だった」

　ところで、知ったかぶりというと、『吾輩は猫である』の迷亭君のこんな科白《せりふ》を思い出す。

「いや時々冗談を言ふと人が真《ま》に受けるので大《おほい》に滑稽的美感を挑発するのは面白い。先達《せんだつ》てある学生にニコラス、ニックルベーがギボンに忠告して彼の一世の大著述なる仏国革命史を仏語で書くのをやめにして英文で出版させたと言ったら、其《その》学生が又馬鹿に記憶の善《よ》い男で、日本文学会の演説会で真面目《まじめ》に僕の話した通りを繰り返したのは滑稽であった」これは半可通・知ったかぶり――具体的には、当時の知識人の盲目的な西洋崇拝――に対する迷亭君の批判ともとれる（水川隆夫『漱石と落語』彩流社）。

落語と漱石は、おおいに関係があって、右のような研究書まで出ているくらいである。両者を比較しながら味わうのも一興だろう。

（鈴木健一）

お血脈《けちみやく》 ――極楽へ行っちまったまぬけな泥棒

この世の中にまぬけなやつはゴマンといるが、泥棒でまぬけなのは都合が悪い。当たり前だが、ドジを踏めば捕まってしまうからだ。ところが、そういうまぬけが落語には登場してきて、我々を楽しませてくれる。

「花色木綿」という落語では、泥棒が八五郎の家へ空巣に入る。ところが、この家はなにも盗《と》るものがないほど貧乏だった。泥棒はしかたなく、おじやを盗み食いしているところへ八五郎が帰ってきたので、あわてて縁の下へ隠れた。足跡で泥棒が入ったことを知った八五郎は、これでたまっている店賃《たなちん》の言い訳ができると大家のところへ行く。大家は盗難届を出さなくてはいけないから盗まれた物を言えという。本当は何も盗まれていないのだが、八五郎は嘘八百を並べていく。

「上等のふとんで……」

「だから、ものはなんだ？　表はなんだ？」

「大家さんとこでよく干してあるやつとおなじなんで……」

「ありゃあ唐草だ。べつに上等じゃねえ……で、裏はなんだ？」

「大家さんとこのは？」

「うちのは、丈夫であったけえんで、花色木綿だ」

「うちでも、丈夫であったけえようにそれなんで……」

この調子で、羽二重《はぶたえ》、博多帯、蚊帳《かや》、簞笥《たんす》、鉄瓶《てつびん》、お札など、すべて「裏は花色木綿」と言う始末。縁の下でこのやりとりを聞いていた泥棒はついにたまりかねて出てきてしまう。

「あははは、あんまりばかばかしいじゃねえか。さっきから聞いていれば、何でも裏が花色木綿だってやがらあ……あはははは、笑わせるない」

「この野郎、縁の下から這《は》い出したところをみると、てめえは泥棒だな」

「おや、大家さんですか。いえね、あっしは泥棒にはちがいねえけど、この家には、何にも盗《と》るもんなんかありゃしねえ」

「なにも盗らなくったって、人の家へ忍びこめば泥棒じゃねえか……ふざけた野郎だ。警察へつきだしちまうぞ」

「あっいけねえ」

右の泥棒は小物だが、大物の泥棒がまぬけなことをしでかす落語もある。石川五右衛門が登場する「お血脈《けちみゃく》」がそれだ。

信濃の善光寺で、お血脈の御印《いん》を額にいただくと、たちまち現世の罪が滅して極楽へ行かれるというありがたいものがあった。そのため地獄はたいへん不景気になって閻魔《えんま》大王も困ってしまった。挽回策を相談した結果、誰かを善光寺へ遣わし、お血脈の御印を盗み出させれば、地獄へ行く者もまた増えるだろうということになった。地獄には事欠かない。地獄にはあらゆる盗賊が来ているので人選には事欠かない。結局、石川五右衛門が選ばれた。善光寺へ向かい首尾よくお血脈の御印を手に入れたところまではよかったが、さっさと地獄へ帰ればよいのに、「はは、ありがてえ、かたじけねえ。まんまと首尾よく善光寺の奥殿へ忍びこみ、奪《うべ》えとったる血脈の御印、これさえありゃあ大願成就、ちえ――、かたじけねえ」と、額にいただいたから、そのまま極楽へ行っちまった、というのがオチである。なまじ芝居がかった行動をとったために、極楽へ行くというまぬけなことになってしまったわけだ。

（鈴木健一）

Q、∧∧は何の意味？

――A、吉原細見で遊女の格を示す記号です

吉原細見は、江戸の公許の遊里吉原の妓楼・遊女の案内書である。貞享年間（一六八五頃）から大正五年（一九一六）に至るまで刊行された。最初は廓全体を一枚ないし数枚の刷り物にして売り出したと考えられるが、懐中して携行するのに便利なように享保（一七一六〜三六）中頃から冊子形式に改められた。原則として春と秋の二回定期的に発行された。

吉原は周囲をお歯黒溝《はぐろどぶ》と呼ぶ堀で囲われている。唯一の出入口である大門《おおもん》から真っ直ぐに中の町の通りが延び、これと垂直に江戸町一丁目、二丁目、揚屋町、角町、京町一丁目、二丁目などの通りが出ている。

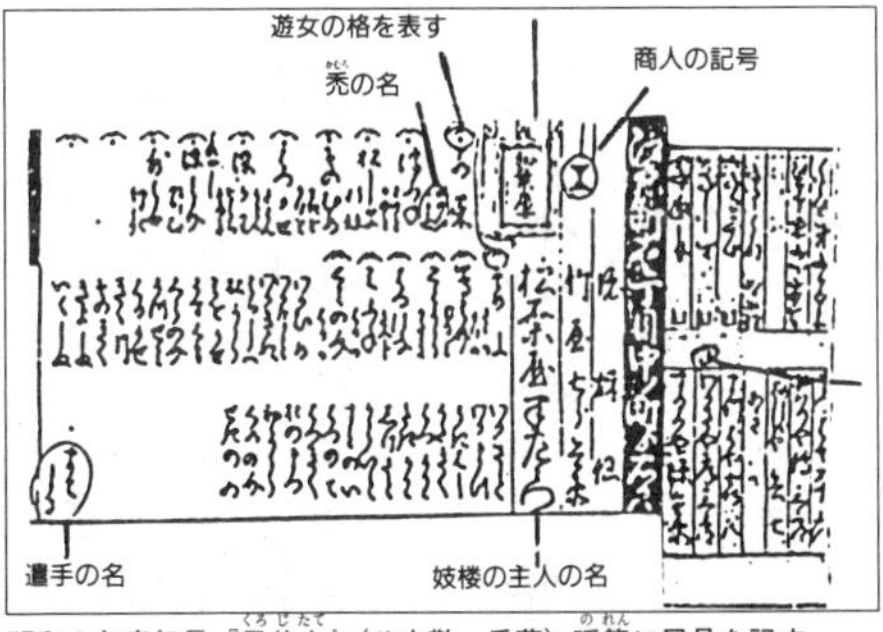

明和８年春細見『黒仕立《くろじたて》』（八木敬一氏蔵）暖簾《のれん》に屋号を記す

享保から安永（一七七二〜八一）の横型小本の細見は、各通りの妓楼を片側ずつ順番に記載する形式をとる。図は明和八年（一七七一）春の細見。

「松葉屋半左衛門」は吉原屈指の大店《おおみせ》。筆頭（一枚目）の遊女は「若菜」、二枚目は「浮ふね」である（並び方は相撲などの番付と一脈通じるものがある）。∧∧や∧∧の記号（合印《あいじるし》）は遊女の格を表わすもので、たとえば、∧∧は当時の最高の遊女である散茶《さんちゃ》女郎を示し、その遊女の揚代《あげだい》は金三分（一両の3/4）だった。遊女の名のあいだに小さく書いてあるのが「禿《かむろ》」と呼ばれる十歳くらいの少女の名で、禿は姉女郎に付き従って身の回りの世話をしながら行儀見習いをする。左の隅には遣手《やりて》と呼ばれる遊女の監視役の年増の名が見える。安永以前の横型細見は廓内の商家や名主などがくわしく記載されており、当時の吉原を知る貴重な資料であるとともに、巻頭に凝った序文や挿絵を置き装幀を凝らしているため、古書籍の世界では現在稀書として一冊数十万円という値が付いている。

　天明期（一七八一〜八九）に入って細見は、蔦屋重三郎《つたやじゅうざぶろう》の独占出版となり、形も竪型中本に変わる。本文も通りを中心にして両側の妓楼を同時に見られるようにした。また、蔦屋は当時著名な戯作者、大田南畝《おおたなんぽ》、朋誠堂喜三二《ほうせいどうきさんじ》、山東京伝《さんとうきょうでん》らに序文を書かせて売行きを伸ばそうとはかった。しかし、文化文政期以後は吉原自体が深川など岡場所に客を奪われ衰退していくなかで細見もしだいにマンネリ化していく。幕末の細見は数のうえでは現在でも比較的多く残っており、しかも旧蔵者は関東周辺や地方にまで広がっている。江戸に商用などで出てきた折、一夜登楼し記念に買っていったものだろうか。なかには勝手にタイトルを案出して表紙に書きつけた御仁もいた。「新吉原武かん（鑑）」「群芳譜」「葭原妻剣」などと！

（丹羽謙治）

上州無宿人与三郎の数奇な生涯

――なぜ百姓の小伜がヤクザになったのか!?

歴史小説や時代劇には、さまざまな無宿人が登場する。上州といえば、国定忠治や大前田英五郎などの侠客が有名だが、そこにはまた多くの無名の無宿人が取りまいていたと思われる。ここに取り上げるのは、まったく名もないひとりの無宿人与三郎が、吟味の役人に申し述べたと思われる裁判調書（口書）の写しである。これによって、彼がどのようにして無宿（帳外）になり、その後どのように過ごし、あげくは人殺しの片棒を担いで召し捕られるようになったかまでが詳細にわかる。

口書に与三郎は「子年二十五歳」とあるもの

の、年号はない。しかし、文中に弘化三年（一八四六）八月六日の「護持院原の敵討」のことが出てくるので、この子年は嘉永五年（一八五二）と推定できる。以下には、与三郎がどのように歩んできたかを口書の述べるところをかなり忠実にたどってみたい。なお史料は、畏友淡路博和氏のご教示にあずかった（所蔵者は小林壮吉氏である）。

無宿人の誕生

与三郎は上州碓氷郡上秋間村大字大戸ヶ谷（群馬県安中市）に住む百姓伝右衛門の伜で、両親のほか、兄一人弟一人妹一人の六人家族だった。父親は農業のあいまに炭の仲買をして少々の商いをしていた。与三郎は幼少のころには、隣村の上後閑村の満行寺に手習の稽古に通っており、後にかかわりのできる金三郎とはそのときの朋輩だった。頃あいを過ぎてからは、農間の稼ぎに「家根《やね》板割《いたわり》渡世《とせい》」（屋根職人）をし、酒は好んで飲むほうで、若気にて多少の手慰み（博奕＝バクチ）はするが、決して悪事などには携わらなかったと述べている。

十九歳になった弘化三年正月二十一日、高崎に出かけた帰りに中山道板鼻宿（安中市）の福田屋に泊まった。暮れ時に銭湯に行く途中、三十歳くらいに見える一人旅の女に会うが、一人では泊めてくれる宿がないと難渋している様子なので声をかけるのである。聞けば中之条の女で、男に誘惑されて駆け落ちし、南方の山中領（群馬県多野郡）辺りに行くと申し合わせて、一緒に出てきたという。相手の男はといえば、ふたり一緒では大戸の関所（吾妻郡吾妻町）は通れないので、脇道を通って、板鼻宿隅田屋で待ち合わせる手筈だったが、来ていないので難儀しているという。与三郎は女を気の毒に思って、今夜はまず福田屋に泊まるように勧め、そのうち男も来るだろうと、与三郎の伯母と偽って、泊めるのだった。思えば、このちょっとした親切心が与三郎にとって終生の仇になるのである。

翌二十二日朝、女の言うには、男が心変わりして、私を捨てて他所へ行ったかもしれず、このうえは在所の中之条に帰りたいので、送ってくれと頼まれる。与三郎は女の風呂敷包を背負って同道して出かけると、途中で男に出会う。ふたりの喜びようはたいへんなもので、そこの店で酒を振るまわれ、空腹だったので与三郎はしたたかに酩酊するが、これから山中へ行きたいので、馬を頼んでほしいという。同道して上秋間村まで来て、ふたりを茶店に待たせ、与三郎は馬雇いに出かける。この途中で、村の若者に出会い、これから板鼻宿へ遊びに行くので、一緒にどうだと誘われる。酒狂のうえ、前後を忘れてそのまま板鼻宿に行き、その夜は嶋田屋に泊まる。翌朝目覚めると、風呂敷包があり、考えてみれば女に頼まれて背負ったものを、そのまま持って来てしまった。驚いて改めてみれば、中には女の着物二つと紅猪口《べにちょこ》があった。もはや秋間村にはいないだろうと、南方に向かうのに必ず通ると思われる八本木村（安中市大字原市）で、様子を聞いて追いかけて荷物は返すつもりだった。しかし、それらしいふたり連れは見かけていないとのことで与三郎は当惑し、かつ途方に暮れるのである。

そうこうするところへ村内の伯父と組合の者が尋ねてくる。伯父から、旅人の荷物を強奪したのが与三郎だとの訴えが昨日村役所に出されて、村中てんやわんやの大騒ぎで、お前を尋ねて来たと聞かされる。さしあたり旅人には詫びを入れ、今日も尋ねに出てきたが、すぐに連れ帰って村役所に届け、与三郎は囲いを拵《こしら》え、当分入って謹慎しろと申し聞かされる。与三郎は先非を後悔し、しかたなく同道するが、一同で蕎麦屋によって、そばを食べている最中に逃げ出してしまうのである。後で聞けば、その風呂敷包は女の行方を尋ね出したうえ、詫びて戻したそうだが、与三郎は「村方帳外」（久離）、いわゆる勘当の憂き目にあうのである。ここに無宿人与三郎が誕生する。

二年の逃亡生活

その後、与三郎はすぐに信州佐久郡大谷村の甚兵衛という香具師《やし》を訪ねている。先年この辺に来て知り合いになったからで、甚兵衛に頼んで、薬法つまり膏薬（家伝薬）を教えてもらい、この商いをしながら讃州金比羅（四国香川県琴平）まで参っている。約半年後の六月末に立ち戻るが、親元には行けず、中山道を下るうち、本庄宿（埼玉県本庄市）で万吉にふと出会い、初めてにもかかわらず香具師仲間ということで心やすくなる。そのとき偶然に万吉の親分で水戸の香具師岩之進が居合わせ、万吉の世話で与三郎も子分にしてもらう。三人で野州から大間々辺を徘徊する。

翌弘化四年正月、与三郎は二十歳。水沼観音（群馬郡倉淵村）まで来るが、なんとも元の百姓に戻りたいと思い、ふたりに別れを告げる。正月十七日室田村（群馬郡榛名町）の伯父を頼り、親元へ詫びてもらうつもりで、詫びがかなうまで伯父の所に逗留し、長岩村（上秋間の小字）で家根板割渡世をしていたが、前年に起こった江戸護持院原の敵討を読売（瓦版）にしたら売れると万吉がやって来た。このときも若気のいたりで、同道して越後（新潟県）辺を歩き回り、それから白井（北群馬郡子持村）に戻って来る。そこで、与三郎は持っていた脇差が短いので、長脇差に買い替えようとするが、長脇差は喧嘩好きなので追い払うべしとの触れがあると、知人の杢之捨が知らせてくれる。ただちに与三郎と万吉は伊香保に出、薬師に参詣する。そこへかねて万吉と知り合いの与之八が居て、引き合わされ、初めて近づきになる。そこの茶屋に両人を残して、与三郎が越前屋へ行ってみると、万吉は近々召し捕られるらしいから早く別れたほうがよいと、ごく内密の話として前記の杢之捨から聞かされ、驚いて両人には無沙汰に別れる。八月十五日は八幡に、十六日は板鼻に遊び、十七日は安中に参り、谷津村坂で金三郎に出会う。二十四日には刈稲（上秋間の小字）に芝居があるとのことで、金三郎と同道して二十八日まで留まり、そこで上後閑村の千吉と会う。たまたま金三郎は千吉に二両二分の貸金があり、これを催促すると返済するというので、居村まで三人で行くが、自宅では母や女房の手前迷惑だとのことで、近所の簗小屋で待つことにする。けれどいっこうに金を持って来る様子がないので、千吉の家に出かけてみると千吉は就寝中で、これをたたき起こして交渉し、ようやく金三郎は銭五貫文を受け取る。金三郎と与三郎両人は松井田宿（碓氷郡松井田町）に二十九・晦日まで滞在するが、たまたま松井田に万吉・与之八も伊香保から来るし、名は知らないが猪之木の者、前からそこにいた米吉の六人連れとなる。九月朔日、一同は人足部屋で落ち合い、夕方道具屋で酒を飲み、晩になると万吉が吾妻辺に行こうと言い出し、出発する。途中は博奕のできる場所を探して、転々としている。まず高梨子（松井田町）・後閑（安中市）、ついで中後閑の字原の佐渡直方、ここで猪之木の者とは別れ、酒屋に立ち寄るなどしながら、博奕場を探すが、すでに九ツ時（午前零時）も過ぎたので、一同疲れ果てて、上後閑村の簗小屋で休むことにした。

金三郎は千吉への貸金の残金を催促に出かけ、あとには四人が残った。万吉がどこから聞いてきたか、勘四郎が近ごろ無尽で金十五両ほど手にしているはずだから、小遣いだけでも借りようと言う。与三郎は近所で顔見知りでもあるからと断わるが、万吉・与之八・米吉三人は出かける。与三郎も後から立ち出で、金三郎の親元宅の脇道で金三郎を待ち、二人で三の倉道（群馬郡倉淵村）の勘四郎宅前まで来ると、中では火が盛んに焚かれているのが見える。そのときすでに勘四郎はくびり（首を絞めて）殺されたものとみえ、内から婆さんが逃げ出すのを万吉が追っかけ、道脇でこれもくびり殺して家に戻るところだった。与三郎たちは後から来たのと、闇夜のことで最初の人殺しの様子はわからなかったらしい。見張りを頼まれた与三郎が人声がするので知らせると、五人ともそろって逃げ出し、松井田金比羅坂まで来る。そこで、万吉は盗んだ金が五両二朱あるので、このなかから壱両ずつ与三郎と金三郎にくれた（もっとも実際はいくら盗んだものかは両人には知らせてもらえなかった）。衣類などは与之八と米吉がもらう。

夜明けが近くなったので、二日に妙義で一同落ち合う約束で、二手に別れるが、与三郎と金三郎は万吉・与之八とは別れたいと申し合わせ、与三郎は道を変えて二軒在家を通り、安中谷津村おべん方に行く。金三郎はいったん妙義には行くが彼らと別れ、安中に来る。二人は安中祭りを見物し、その夜は板鼻、三日には安中のおべん方に立ち寄り、四日には上秋間村のおべんの夫方に寄り、五日には国越えしようと金三郎と申し合わせ、永岩（長岩）にて落ち合う約束で、金三郎は三の倉のほうへ、与三郎は風戸峠を登るつもりで金三郎の姉の家の前を通ると呼びとめられ、親も来ていて金三郎と与三郎が上後閑村の人殺しとの風聞があり、召し捕りの者が向かっている由を聞かされる。山越えをして長岩に逃げ、夜通し在所近くを通って、武州本庄辺から、秩父へ出、また上州に戻って大間々、ついで水戸まで徘徊している。嘉永二年（一八四九）七月末、本庄宿に来、二十二日そこから越後に国越えするつもりで、三ノ倉まで行き、そこでお召し捕りになったところで、記述は終えている。殺人から約二カ年の間、所々を逃亡していたことになる。

驚くべき香具師ネットワーク

口書をありのままに紹介したが、簡略に一、二の点を指摘しておきたい。

まず、これが裁判調書であるので、無宿人を内側からその心情まで把握することができる。縁もゆかりもない女になまじ親切心が仇になり、また泥酔して前後を忘れ、強盗の嫌疑がかけられたとはいえ、謝って座敷牢類似の囲いに入っていればすんだのになぜ逃げ出したのか、さらに荷物強奪の訴えが手形も持たない駆け落ちの女から出されたのに、なぜ村役人がその訴えを受理し、右往左往したのであろうか、理解に苦しむところである。それにしても、無宿人になるのはいとも簡単なことのようである。もっともただちに信州の香具師のところに行っているので、元来アウトロー的世界へ憧れがあったのかもしれない。

次に、香具師の交際と活動範囲の広さに驚かされる。香具師ということで、初対面で気心を通じ、簡単に親分子分の関係を結んでいる。また与三郎は無宿人になってから捕まるまでの三年余りの間に、上州各地はもちろん、四国から越後・水戸・信州・野州・武州辺をかなり自由に往き来しているのである。もっともそれは簗小屋に休むとあったように、飢えと寒さとの背中合わせの自由であったかもしれないが……。

与三郎は召し捕られてから、この口書がとられるまでに三年が経過している。おそらく強盗殺人の頭取（主犯）である万吉が逮捕されて、はじめて取り調べが開始され、この時期にようやく結審にいたったものと思われる。その後に執行されたはずの与三郎の刑種は不明である。

なお、与三郎はいちど足を洗って、百姓に戻りたいと心底思い、伯父を頼って家根板割渡世に励むが、そこへかつての仲間が来て、再び元の道に帰ってしまう。与三郎の気の弱さもさることながら、いったん悪の道にそまるとなかなか更生するのは難しいことがうかがえる。そして、逃げ回りながらも生まれ在所近辺に戻って召し捕られる、哀しい生涯と言うべきであろうか。

（高木侃）

著者紹介

（五十音順）

●江森一郎　えもり・いちろう
'48年東京都生まれ。東京大学教育学部卒業。現在金沢大学教育学部教授。著書に、『体罰の社会史』（新曜社）、『勉強時代の幕開け』（平凡社）など。編著に『江戸時代女性生活絵図大事典』（大空社）。

●大場利康　おおば・としやす
'67年兵庫県生まれ。東京大学教養学部卒。国立国会図書館職員。

●緒形康　おがた・こう
'59年大阪府生まれ。東京大学教養学部教養学科卒業。現在、愛知大学現代中国学部教授。季刊学術誌『中国21』編集長。著書に『危機のディスクール』（新評論）。同書により96年度発展途上国研究奨励賞受賞。

●加藤晃　かとう・あきら
'56年札幌生まれ。駒澤大学仏教学部卒業。大正大学大学院宗教学科修士修了。専攻は宗教学。

●加藤敦子　かとう・あつこ
'62年東京都生まれ。東京大学大学院博士課程単位取得退学。放送大学非常勤講師。「五代目市川団十郎の芸風」（和泉書院『近世文学論叢』）、『竹本座浄瑠璃集〔三〕』（共著、国書刊行会）などがある。

●川村邦光　かわむら・くにみつ
'50年福島県生まれ。東北大学文学部卒業。現在、大阪大学文学部教授。著書に、『オトメの身体』（紀伊國屋書店）、『憑依の視座』（青弓社）、『セクシュアリティの近代』（講談社）など。

●菊地明範　きくち・あきのり
'63年埼玉県生まれ。中央大学大学院修了。中央大学杉並高等学校教諭。共著に『小倉和歌百首註尺』『小倉百首大意』など。

●小林昌廣　こばやし・まさひろ
'59年東京都生まれ。大阪大学大学院医学研究科博士課程単位取得。現在、京都造形芸術大学専任講師。専門は医療人類学、芸術批評、身体論。著書に『病い論の現在形』（青弓社）、『臨床する芸術学』（昭和堂）など。

●佐伯順子　さえき・じゅんこ
東京大学大学院比較文学比較文化博士課程修了。学術博士。帝塚山学院大学助教授。著書に『遊女の文化史』（中公新書）、『美少年尽くし』（平凡社）、『色と愛の比較文化史』（岩波書店、サントリー学芸賞）ほか。

●佐伯孝弘　さえき・たかひろ
'62年佐賀県生まれ。東京大学文学部大学院博士課程単位修得退学。博士（文学）。現在、清泉女子大学助教授。編著に『八文字屋本全集』（共編、汲古書院）、論文に「其磧気質物の方法」（『日本文学』38巻8号）など。

●櫻井進　さくらい・すすむ
'56年名古屋生まれ。現在、南山大学教授。著書に『江戸の無意識—都市空間の民俗学』（講談社現代新書）、『〈半島〉の精神誌—熊野・ナショナリズム・ファシズム』（新曜社）、『江戸のノイズ—監獄都市の光と闇』（NHKブックス）。

●杉下元明　すぎした・もとあき
'62年兵庫県生まれ。東京大学卒業。東京家政学院・東海大学非常勤講師。編著に『鳩巣先生文集』（ぺりかん社）、『龍門石詩巻』（太平書屋）、『近世漢文選』（共編、和泉書院）など。

●鈴木健一　すずき・けんいち
'60年東京都生まれ。東京大学大学院修了。現在、茨城大学助教授。著書に、『近世堂上歌壇の研究』（汲古書院）、『江戸詩歌の空間』（森話社）、『林羅山年譜稿』（ぺりかん社）、『江戸名所図会』（ちくま学芸文庫）など。

●高木侃　たかぎ・ただし
'42年ソウル生まれ。中央大学大学院法学研究科修了。関東短期大学教授（縁切寺満徳寺資料館長）。著書に『三くだり半と縁切寺』（講談社現代新書）、『増補　三くだり半—江戸の離婚と女性たち—』（平凡社）など。

●武田雅哉　たけだ・まさや
'58年北海道生まれ。北海道大学文学部助教授。著書に『清朝絵師呉友如の事件帖』『星への筏』『猪八戒の大冒険』『蒼頡たちの宴』、訳書に『サイと一角獣』『スキタイの子羊』『世紀末中国のかわら版』など。

●坪田良江　つぼた・よしえ
'65年東京都生まれ。北海道大学文学部卒業。同大学大学院修了（近世文学）。現在、札幌にある、庶民の穴銭資料館「方泉處（ほうせんか）」にて学芸員、東洋鋳造貨幣研究所にて研究員をつとめる。

●丹羽謙治　にわ・けんじ
'62年愛知県生まれ。東京大学大学院人文科学研究科修士課程修了。現在、鹿児島大学法文学部助教授。著書に『吉原細見年表』（八木敬一氏との共著、青裳堂書店）がある。

●野崎守英　のざき・もりひで
'34年東京都生まれ。東京大学文学部卒業。現在、中央大学文学部教授。著書に『本居宣長の世界』（塙書房）、

『道―近世日本の思想』（東大出版会）、『歌・かたり・理《ことわり》―日本思想の姿と構造』（ぺりかん社）など。

●真栄平房昭　まえひら・ふさあき
'56年沖縄県生まれ。九州大学大学院博士課程単位取得退学。現在、神戸女学院大学教授。共著に、『近世日本の海外情報』（岩田書院）、『アジアのなかの日本史Ⅲ　海上の道』（東京大学出版会）など。専門は琉球を中心とする東アジア国際交流史。

●森瑞枝　もり・みずえ
'61年岐阜県生まれ。國學院大学大学院文学研究科博士課程後期単位取得修了。現在、㈶国際宗教研究所宗教情報リサーチセンター研究員。共著『ワードマップ神道』（新曜社）など。

●森下みさ子　もりした・みさこ
'57年東京都生まれ。お茶の水女子大学家政学部児童学科卒業。現在聖学院大学児童学科助教授。著書に『江戸の微意識』（新曜社）、『江戸の花嫁』（中公新書）、『娘たちの江戸』（筑摩書房）など。

●守屋毅　もりや・たけし
'43年生まれ。早稲田大学文学部卒業。立命館大学大学院文学研究科修士課程修了。京都市史編さん所員、愛媛大学助教授を経て、国立民族学博物館教授。専攻日本文化史。著書に『元禄文化』（弘文堂）など。

●渡辺善次郎　わたなべ・ぜんじろう
'32年東京都生まれ。早大政経、同商研博士課程修了。商学博士。国立国会図書館退職後、都市農村関係史研究所主宰。主著『都市と農村の間』（論創社）、『巨大都市江戸が和食をつくった』（農文協）など。

本書は、一九九一年二月に小社より刊行された
別冊宝島１２６号『江戸の真実』を改訂したものです。

宝島社
文　庫

江戸の真実（えどのしんじつ）

2000年3月10日　第1刷発行

編　者　別冊宝島編集部
発行人　蓮見清一
発行所　株式会社 宝島社
〒102-8388 東京都千代田区一番町25
電話：営業部03（3234）4621／編集部03（3234）3692
振替：00170-1-170829（株）宝島社
印刷・製本　中央精版印刷株式会社

乱丁・落丁本はお取替いたします。
Copyright © 2000 by Takarajimasha, Inc.
First published 1991 by Takarajimasha, Inc.
All rights reserved
Printed and bound in Japan
ISBN4-7966-1740-X

新しいから、ここまで売れる！

今月の新刊

～活劇！三国志正史～
真実の『三国志』

大澤良貴◎著

定価：本体 六九〇円＋税

三顧の礼は劉備の自作自演だった！

〝三国志正史〟を〝冒険活劇〟にした、史上初の書
「演義」を超えた戦闘！知略！殺戮！

一《いち》からわかる**朝日新聞〝ニュースな言葉〟**

朝日新聞東京本社企画報道室◎編

定価：本体 六九〇円＋税

常識・知力をシェイプ・アップ！

介護保険、遺伝子組換食品、ペイオフ、公的資金、日本版401K、
普天間返還、PKF……重要キーワードを、やさしく・深く解説。

心霊写真

小池壮彦◎著

定価：本体 六八〇円＋税

闇の日本近代史を炙り出す

明治の写真師が、日本初の「心霊写真」を撮影した歴史的瞬間から、現代人が、家庭用ビデオの映像に幽霊を発見するまでの120年史。

新しくなければ新書ではない。

TJ宝島社新書

http://www.takarajimasha.co.jp/宝島社